이기적 인류의 공존 플랜

이기적 인류의 공존 플랜

21세기를 위한 새로운 사회계약

미노슈 샤피크

이주만 옮김

까치

역자 이주만(李柱滿)
서강대학교 대학원 영어영문과를 졸업했으며, 현재 번역가들의 모임인 바른
번역의 회원으로 활동 중이다. 옮긴 책으로는 『끌림』, 『괴짜들의 비밀』, 『탈출
하라』, 『다시, 그리스 신화 읽는 밤』, 『처음으로 기독교인이라 불렸던 사람들』,
『심플이 살린다』, 『회색 코뿔소가 온다』, 『사장의 질문』, 『다시 집으로』, 『경제
학은 어떻게 내 삶을 움직이는가』, 『나는 즐라탄이다』, 『모방의 경제학』, 『법은
왜 부조리한가』, 『케인스를 위한 변명』 등이 있다.

편집, 교정_김미현(金美炫)

이기적 인류의 공존 플랜 : 21세기를 위한 새로운 사회계약
저자 / 미노슈 샤피크
역자 / 이주만
발행처 / 까치글방
발행인 / 박후영
주소 / 서울시 용산구 서빙고로 67, 파크타워 103동 1003호
전화 / 02 · 735 · 8998, 736 · 7768
팩시밀리 / 02 · 723 · 4591
홈페이지 / www.kachibooks.co.kr
전자우편 / kachibooks@gmail.com
등록번호 / 1-528
등록일 / 1977. 8. 5
초판 1쇄 발행일 / 2022. 3. 25

값 / 뒤표지에 쓰여 있음
ISBN 978-89-7291-761-8 03300

차례

감사의 말

당연한 이야기이지만, 이 책을 쓰면서 많은 사람들에게 큰 빚을 졌다.

루퍼트 랭커스터는 2018년에 레버흄 재단에서 내가 한 강연을 듣고 나서 내게 책을 집필할 생각을 심어주었다. 런던 정치경제대학교에서는 운영위원회 동료들을 비롯해 이 책의 주제에 관심을 보인 흥미로운 사람들에게 둘러싸인 덕분에 많은 도움을 받았다. 여러 동료들이 생각을 공유하고 초고를 읽고 호평을 해주었다. 특히 오리아나 반디에라, 닉 바, 팀 베슬리, 타니아 부르크하르트, 딜리 펑, 존 힐스, 에밀리 잭슨, 줄리언 르 그랜드, 스티브 머신, 닉 스턴, 앤드루 서머스, 안드레스 벨라스코, 앨릭스 보르호브에게 감사한다. 여러 친구들과 전 동료들이 관련 문헌을 소개해주고 유용한 의견을 제공했으며, 내게는 너무나 필요했던 격려의 말을 해주었다. 퍼트리샤 알론소-가모,

소냐 브랜치, 엘리자베스 콜리, 다이애나 제럴드, 안토니오 에스타슈, 힐러리 레오네, 거스 오도널, 서배스천 말라비, 트루먼 패커드, 마이클 샌델, 앨리슨 울프에게 감사한다. 이들은 좋은 의견을 들려주었다. 혹시 이 책에 오류가 있다면 그것은 전적으로 나의 잘못이다.

맥스 키펠은 자료를 조사할 때에 엄청난 도움을 주었다. 코로나 때문에 직접 대면한 것은 한 번뿐이지만 흥미로운 자료를 찾아주고 유익한 제안을 해주었다. 와일리 출판사의 내 대리인인 제임스 풀렌은 출판계에서 길을 인도해주었고, 지속적으로 좋은 조언을 건네주었다. 펭귄 랜덤하우스 출판사의 편집자 윌 해먼드는 학술적 모호성과 전문용어를 피하도록 격려했고, 본문의 가독성을 높이도록 도움을 주었다. 프린스턴 대학교 출판사의 조 잭슨 역시 유익한 의견을 제공했다.

나의 어머니께도 많은 빚을 졌다. 어머니는 나를 여러 도서관에 데려갔고, 무슨 일이 있어도 항상 나를 지지해주셨다. 동생 나즐리와 조카 레일라, 그리고 나의 대가족 식구들에게 감사한다. 그들은 모든 이들에게 큰 힘이 되는 사회계약이 어떤 모습을 하고 있는지에 대한 훌륭한 사례를 보여주었다. 나의 남편 라파엘에게도 감사한다. 그는 내게 용기를 주고 더 큰 도전에 뛰어들도록 격려해주었다. 우리의 아이들인 애덤, 해나, 한스-사일러스, 올리비아와 노라는 세대 간 사회계약에 관해서 집필할 때에 머릿속에 가장 먼저 떠올랐다. 그들을 위해, 그리고 모든 아이들과 미래의 손자들을 위해 나는 모든 사람이 성공할 수 있는 더 좋은 사회계약을 우리 사회가 성취하기를 희망한다.

서문

"모든 것이 무너져내린다. 중심이 지탱하지 못하니.……어떤 계시가 임박한 것이 분명하다."

윌리엄 버틀러 예이츠가 이 시를 쓴 시기는 제1차 세계대전의 참화에 뒤이어 1918-1919년 사이에 대유행한 스페인 독감에 걸려 임신한 아내가 몸져누웠을 무렵이었다. 그리고 2016년, "모든 것이 무너져내린다"는 이 구절은 과거 그 어느 때보다 자주 인용되었다.[1] 예이츠의 시는 피할 길 없는 변화를 예감할 때의 감정을 담고 있다. 2008년 금융위기, 갈수록 심화되는 정치의 대립, 환경 시위 그리고 코로나바이러스의 대유행이 초래한 경제적 여파로 세계는 후유증을 앓고 있다. 불안정한 시기는 사회질서가 급격하게 재편되는 결과를 낳기도 한다. 재편된 사회질서가 어떤 모습을 하느냐는 시행되는 제도와 권력

을 행사하는 지도자들 그리고 그 시기의 지배적인 사상에 따라서 달라진다.[2]

수년 전부터 나는 이 세계를 움직이던 수많은 전제, 그리고 여러 제도와 규범이 무너지는 모습을 목격했다. 나는 25년간 국제개발 분야에서 일하면서 "빈곤 없는 세상"을 만들기 위한 노력을 통해서 인류가 매일 누리는 삶의 질이 얼마나 많이 좋아졌는지 두 눈으로 확인했다. 인류는 역사상 유례없는 물질적 풍요를 누리고 있다. 하지만 정치를 비롯해 각종 매체 및 공적 담론에서는 세계의 수많은 나라의 시민들이 희망을 잃고 좌절하고 있음이 여실하게 드러난다. 사람들이 느끼는 분노와 불안이 점점 커지는 현상은 스스로가 미래를 구축할 수단이나 힘이 없다고 여기고 자신의 삶을 더 불안정하게 느끼는 것과 관련이 있다. 제2차 세계대전 이후 국제협력기구(나 역시 오랜 세월 이곳에서 일한 바 있지만)가 탄생한 뒤 꾸준히 이어지던 지지와 지원도 국수주의와 보호무역주의가 대두하면서 약화되고 있다.

2020년 코로나바이러스가 전 세계적으로 대유행하면서 우리 사회가 안고 있는 취약성이 극명하게 드러나기 시작했다. 가난한 사람들과 일자리가 불안정한 사람, 의료 서비스를 받지 못하는 사람들이 어떤 위험에 노출되어 있는지 탄로 났다. 저임금을 받고 일하는 "필수 노동자들"이 없으면 우리 사회가 제대로 굴러가지 않는다는 사실은 인간의 상호의존 관계를 뚜렷하게 드러냈다. 우리는 은행가와 변호사가 없어도 생존할 수 있지만, 식료품 상인과 간호사, 치안 인력은 우리 삶에 없어서는 안 될 존재였다. 코로나바이러스의 대유행은 생존 문제는 물론, 책임감 있는 시민으로 살아가는 일에서도 상호협력이 얼마나 중요한지를 드러냈다.

위기의 순간은 기회의 순간이기도 하다. 어떤 위기는 우리가 보다 나은 방향으로 사회를 바꿀 결단을 내리는 계기가 된다. 대공황에 맞선 뉴딜 정책이나 제2차 세계대전 이후 법에 따라서 재편된 국제질서가 여기에 해당한다. 반면 어떤 위기는 새로운 문제가 싹트는 계기가 된다. 제1차 세계대전에 대한 부적절한 대응이나 2008년 금융위기 및 이후 만연한 정치권의 대중영합주의가 그런 사례이다. 코로나바이러스 사태가 어떤 영향을 미칠지는 아직 더 두고 볼 일이다. 이를 계기로 사회가 더 나은 방향으로 나아갈지, 그렇지 못할지의 여부는 어떤 대안을 선택할 수 있는지 또 그 대안을 선택하기까지 정치가 어떻게 전개되는지에 달려 있다.[3] 수많은 글을 읽고, 고견을 경청하고, 깊이 사고하고, 사람들과 대화를 나눈 끝에 나는 사회에서 함께 살아가는 방식을 좌우하는 정책과 규범인 사회계약Social Contract이라는 개념이 우리가 직면한 난제를 해결할 대안을 이해하고 규정하는 데에 유용한 구조물임을 알게 되었다.

오랜 역사를 돌아볼 때, 사회계약에 관한 사유의 근간이 되는 여러 사상들은 현재 내가 총장을 맡고 있는 런던 정치경제대학교에서 탄생한 경우가 많았다. 페이비언 협회와 런던 정치경제대학교를 설립한 비어트리스 웹과 시드니 웹을 필두로, 이곳에는 경제와 사회의 관계를 탐구하는 전통이 있다. 비어트리스는 오랜 시간 런던의 빈민가에서 빈곤이 미치는 영향을 직접 관찰하고 자료를 수집했다. 1909년도 왕립빈민법위원회 위원이었던 그녀는 구빈원의 열악한 운영체제를 지적하고 주먹구구식으로 이루어지는 빈곤층 지원에 반대하는 보고서를 작성했다. 해당 보고서에서 비어트리스는 영국이 사회계약을 새롭게 써서 "최소한의 인간다운 삶을 성별과 계층의 차별 없이 모두에게 보장해야" 하며, "여기서 인간다운 삶이란 충분한 영양을 섭취하고, 어려서는 교육을 받고, 신체가 건강하면 생활임금을 벌고, 병이 들면 치료를 받고, 몸에 장애가 생기거나 고령이 되어서도 인간다운 생계를 보장받는 삶을 의미한다"고 설명했다.[4] 그로부터 100년이 지났음에도 그녀가 주장한 목표는 세계 대부분의 나라에서 여전히 성취하지 못한 목표로 남아 있다.

비어트리스의 주장은 영국 사회에 지대한 영향을 끼친 또다른 보고서에 반영되었다. 이 보고서를 작성한 윌리엄 베버리지(1919-1937년까지 런던 정치경제대학교의 총장을 역임했다)는 최저임금, 실업보험 및 연금에 대한 종합적인 접근법과 국민보건 서비스를 포함하여 영국을 현대 복지국가로 변모시키는 청사진을 제시했다. 1942년에 발표된 베버리지 보고서의 내용은 그야말로 혁명이었고, 사람들은 영국 시민의 권리와 책임을 근본적으로 재편성한 이 보고서의 내용을 알고자 구매 행렬에 섰다. 역대 영국 정부가 발표한 간행물 가운데 가장 많이 팔렸을 정도였다. 베버리지 보고서에서 제안한 정책들은 클레멘트 애틀리가 총리로 재임하면서 대부분 실행에 옮겨졌다. 한때 런던 정치경제대학교 교수였던 애틀리가 베버리지 보고서에 지지를 표명한 일은 그가 선거에서 이기는 데에도 한몫했다. 웹 부부와 베버리지가 주시한 것은 영국 사회였지만, 그들의 사상은 유럽 전역을 비롯해 식민지배 시대 이후 세계의 수많은 나라, 특히 인도와 파키스탄, 동아시아, 아프리카, 중동 지역에 큰 영향을 끼쳤다.[5]

런던 정치경제대학교는 이후 세계의 질서가 다시 한번 바뀔 때에도 그 중심에 있었다. 오스트리아 태생으로 영국에 건너와 런던 정치경제대학교 교수로 재직하며 노벨 경제학상을 수상한 프리드리히 하이에크가 1944년 『노예의 길The Road to Serfdom』을 발표했을 때였다. 하이에크는 베버리지가 주창한 국가개입주의가 영국 사회를 전체주의로 끌어내리는 효과를 낳는다고 생각했다. 하이에크는 개인의 자유와 시장의 효율성을 강조하며 고전적 자유주의 경제학의 기초를 놓았다. 1950년에 그는 런던 정치경제대학교를 떠나 시카고 대학교로 갔다. 그의 사상은 밀턴 프리드먼에게 영향을 끼쳤고, 훗날 자유주의와 자유방임주의 경제학을 신봉하는 시카고 학파의 사상적 기반을 제공했다. 마거릿 대처와 로널드 레이건은 자유주의와 자유시장을 중시하는 그들의 정치철학이 하이에크에게서 깊게 영향을 받았다고 언급했다.[6] 또 하이에크는 중부 유럽과 동부 유럽에도 크나큰 영향을 미쳤는데, 특히 소비에트 연방의 붕괴를 이끈 반체제 인사들 사이에서 하이에크의 저작이 널리 읽혔기 때문이다.

이후 등장한 제3의 길은 페이비언 사회주의와 하이에크의 자유방임주의를 벗어나 새로운 대안을 규정하고자 시도했다. 앤서니 기든스(1997-2003년까지 런던 정치경제대학교 총장을 역임했다)가 1998년 『제3의 길The Third Way』을 출간하고 런던 정치경제대학교를 중심으로 평등을 실현하면서 시장을 활용하는 방법에 관해 여러 사상이 발전한 것이다.[7] 이 관점은 전 세계 사회민주주의 정치인들에게 수용되었는데, 미국의 빌 클린턴, 영국의 토니 블레어, 브라질의 루이스 이나시우 룰라 다시우바, 독일의 게르하르트 슈뢰더, 남아프리카 공화국의 타보 음베키 등이 대표적이다. 2008년 금융위기로 세계 경제가 대침체에 빠지자 "제3의 길" 노선이 지지를 잃고 무너졌고, 중도를 지향하는 정치인 대신 대중영합주의 지도자들이 차츰 전면에 나섰다.

이제 우리에게는 다시 새로운 패러다임이 필요하다. 기술 및 인구구성비에 나타난 거대한 변화는 낡은 사회구조를 바꿀 것을 요구한다. 기후위기, 코로나바이러스의 대유행, 이에 따른 불가피한 경제적 여파는 기존의 사회계약이 더는 제대로 작동하지 않는다는 사실을 여실히 드러낸다. 나는 이 책에서 이와 같은 변화의 기저에 놓인 원인을 이해하고, 더 중요하게는 21세기에 걸맞은 사회계약이 어떤 모습이어야 하는지 제시하려고 했다. 새로운 사회계약을 위한 청사진까지는 아니라도 적어도 이 책이 관련 논의를 촉진하고 앞으로 정책을 결정하는 과정에서 우리가 나아가야 할 방향을 제시하는 데에 도움이 되기를 바랄 뿐이다.

지구적 관점에서 수많은 문제들을 다루려고 하다 보니 이 책에서 강조하는 논점에 적합하지 않은 몇몇 사례를 발견하는 독자가 있을지도 모르겠다. 나는 주로 전문가의 심사를 거친 학술 논문 및 메타분석 연구 자료(많게는 수백여 연구의 발견 사실을 요약한 자료)를 이용했다. 자료의 출처는 대부분 미주에서 확인할 수 있다. 나는 객관적인 증거와 전문성 그리고 정밀한 논쟁의 중요성을 신봉하는 사람이다. 하지만 사회 구성원들이 서로에게 어떤 의무를 지는지, 각국에서 이 질문에 어떤 해결책을 마련했는지와 관련하여 내가 참고한 문헌들이 함의하는 바가 무엇인지에 대해서는 나의 판단도 표명했다.

나의 판단은 가족과 교육, 직업과 연관한 개인의 경험 그리고 사회와 국가로부터 받은 영향에 기반할 수밖에 없다. 경제학에 내가 관심을 둔 것도 기회가 주어지는 사회구조를 이해하려는 욕망에서 비롯되었다. 어린 시절 나는 이집트에 있는 어머니의 고향마을을 방문하고는 했다. 그곳에서 본 내 또래의 소녀들은 학교에 다니지 못하고 밖에서 돈을 벌어야 했고, 결혼 상대에 대해서도 아이를 몇 명 가질지에 대해서도 선택권이 거의 없었다. 그 아이들이 가지지 못한 기회를 내가 누리는 것은 그저 우연의 산물이었고, 불공평하기 짝이 없는 일로 보였다. 내가 그들이 될 수도 있었고, 그들이 내가 될 수도 있었다. 내가 지닌 기회가 완전히 변한 것은 1960년대에 이집트 정부가 우리 가족의 토지와 재산을 대부분 국유화하고 이후 우리 가족이 미국으로 이민을 가면서 아버지가 미국에서 공부한 이후부터였다.

화학 박사학위 빼고는 가진 것이 거의 없었던 아버지에게 성공의 유일한 통로는 학업이었다. "그놈들이 다른 것은 다 빼앗아도 내가 공부한 것만은 빼앗지 못했지"라고 아버지는 입버릇처럼 말했다. 하지만 차별철폐 운동으로 긴장과 혼란이 이어지던 시절의 미국 남부 지역에서 우리에게 열린 교육의 기회에는 좋은 것과 나쁜 것이 섞여 있었다. 나는 다 기억하지 못할 만큼 전학을 많이 다녀야 했고, 어떤 학교에서는 가르침다운 가르침을 주는 교사들도 만났지만, 어떤 학교에서는 그저 버티기만 해도 다행이었다. 그 시기에 나를 구원해준 곳은 지역의 도서관들이었다. 어머니는 주말마다 나를 도서관에 데려갔다. 나는 매주 최대한 많이 대여하려고 여러 도서관의 회원권을 만들었고, 그 책들을 집에 가져와서 세상을 탐구하며 소파에서 오랜 시간을 보냈다.

고등교육까지 마친 후 나는 내가 누린 기회의 구조에 대한 궁금증에 이끌려 경제 분야에 발을 들였고, 세계은행과 영국의 국제개발부, 영국 중앙은행을 두루 거치며 경험을 쌓았다. 대학이라는 공간을 좋아해 그곳에서 18년을 보내기도 했지만, 대부분은 국가 정책을 수립하는 치열한 현장에서 경력을 쌓았다. 특별한 점이라면 남수단과 방글라데시처럼 세계에서 가장 가난한 국가부터 영국과 유로존처럼 부유한 국가들에 이르기까지 다양한 국가에서 그 일을 수행했다는 것이다. 정치적 스펙트럼에서도 다양한 정치인들과 함께 일했다. 나는 영국 노동당 정부는 물론 보수당–자유민주당 연립 정부하에서도 사무차관을 역임했다. 세계은행과 IMF국제통화기금에서 근무하는 동안에는 이름 붙일 수 있는 온갖 당파의 정치인 수백여 명과 함께 일했다. 이 책에는 정치학 학도로서 또 정책 실무자로서 내가 얻은 관점이 녹아 있다.

국제 금융기관에서 25년을 일하고 나니 각국이 경험을 공유하는 일이 참으로 유익하다는 사실을 알게 되었다. 물론, 사회계약에서 개인과 집단 간의 균형을 유지하는 문제 등에는 나라마다 고유한 사정이 있다. 미국 같은 나라들은 개인의 자유를 더 강조하고, 아시아 국가들은 개인의 선호보다 집단의 이익을 우선하는 경향을 보인다. 유럽은 그 중간 어디쯤에서 개인의 자유와 집단의 이익 간에 균형을 유지한다. 그리고 이들 원칙의 뒤편을 보면, 각기 다른 상황에 맞게 해결책을 조정하는 방법에 관해서 우리에게 시사점을 주는 개별 사례와 예외가 다수 존재한다. 정답이 하나뿐인 경우는 드물기 때문에, 대개는 일련의 선택지 가운데 다양한 가치 판단에 따라서 비용과 편익을 고려해서 대안을 취사선택한다.

이 책을 쓸 때에는 시야를 국내에 한정하지 않고 국제적 관점에서 바라보며 문제의 해결책을 찾는 데에 초점을 두었다. 더 나아가 이 책이 공적인 영역에만 국한되지 않고 개인에게도 도움이 되기를 바랐다. 사회계약의 조건을 결정하는 일은 전문가에게만 맡겨야 하는 추상적 학문 활동이 아니다. 교육 시스템을 조직하는 방식, 의료 서비스의 재원을 조달하는 방식, 실직했을 때 발생하는 일과 관련한 정책결정은 모두 개인의 인생에 지대한 영향을 미친다. 내가 살아온 인생, 그리고 내 어머니의 고향에서 살아가는 소녀들의 인생 사이의 차이를 만든 것은 바로 이런 정책결정이다. 이 책의 차례가 육아와 교육, 질병과 실직 그리고 노화 등 인생의 여러 단계를 따른 것도 이런 이유에서였다. 인생의 중대한 문제를 어떻게 해결해야 하는지 쉽게 이해하고 나름의 견해를 형성하는 데에 내 생각과 관점이 도움이 되기를 바랄 뿐이다.

제1장
사회계약이란 무엇인가?

사회가 가장 중요하다. 우리 가운데 적지 않은 사람들이 자신은 자수성가했으며 혼자서도 잘 살아갈 수 있다고 자부하며 살아간다. 인생에서 누리는 행운(혹은 불운)을 부모 덕(혹은 탓)으로 돌리는 사람도 있을 것이다. 운명을 결정짓는 더 큰 힘이 있음을 고려하는 사람들은 드물다. 우연히 결정된 출생지, 역사상 특정한 시기를 지배하는 사회 풍조, 경제와 정치를 통제하는 여러 제도 그리고 무작위로 주어진 행운. 실제로는 이처럼 광범위한 요소들이 우리가 사는 사회의 속성과 인간의 경험을 결정짓는다.

우리의 삶에 사회가 미치는 영향이 미미한 사례를 하나 살펴보자. 2004년에 나는 에콰도르의 아마존 지역에 있는 한 가정에서 잠시 지낸 적이 있다. 그 집의 안주인인 안토니아는 슬하에 12명의 자녀를 두었으며, 그중 큰딸은 첫 출산을 앞둔 상황이었다. 그들은 도로나 전기, 수돗물과 위생시설이 없는 열대우림의 가장자리에서 살았다. 학교가 하나 있기는 했지만 거리가 너무 멀어서 아이들의 출석은 들쑥날쑥했다. 안토니아는 현지 마을에서 보건 지도원으로 근무했는데, 그녀와 동료들은 이웃마을에 사는 의사와 무선통신으로 소통하며 조언을 받았다. (자선단체의 주선으로 성사된) 이 의료 서비스를 제외하면, 안토니아와 남편은 열대우림에서 식량을 채집하고 자녀들에게 야생에서 생존하는 법을 가르치며 철저하게 자급자족하는 삶을 살았다. 드물게 현지에서 직접 구하거나 만들 수 없는 (솥단지 같은) 물건이 필요해질 때면, 아마존 강에서 사금을 채취해서 시장에서 필요한 물건과 교환하기 위해 카누를 타고 먼 길을 나서야 했다.

이들의 이야기는 현실과 너무 동떨어지기 때문에 극단적인 사례인 감이 있지만, 사회라는 집단 속에 살기 때문에 우리에게 주어진 것들, 즉 돈을 벌고 재화와 서비스를 구할 수 있는 시장이라는 시스템이 작동하도록 돕는 법률제도, 사회기반시설, 교육과 보건의료의 혜택을 우리가 얼마나 당연시하며 살고 있는지를 상기시킨다. 영광스럽게도 안토니아와 큰딸은 곧 태어날 아기에게 나의 이름을 따서 미노슈라는 이름을 주겠다고 약속했다. 이 어린 미노슈가 나와는 너무나 다른 사회에서 태어난 결과 어떤 인생을 살게 될지 종종 궁금해진다.

사회를 구성하는 방식은 그 안에서 살아가는 사람들이 접하는 기회의 성격과 그들의 인생에 막대한 영향을 미친다. 그것은 물질적 조건뿐 아니라 행복, 대인관계, 인생의 전망까지 결정한다. 사회구조는 정치, 법률, 경제처럼 가정과 공동체의 생활을 조직하는 여러 제도에 의해서 결정된다.[1] 모든 사회는 어떤 일을 사적인 영역에 두고 어떤 일을 공적인 영역에 둘지를 선택한다. 이렇게 사회제도가 작동하는 방식을 규정하는 규범과 법규를 나는 사회계약이라고 부른다. 사회계약은 우리가 살아갈 인생의 성격을 결정짓는 가장 중요한 요소이다. 사회계약은 너무도 중요하고, 또 대다수의 사람들이 자신들이 속한 사회를 쉽게 떠나지 못한다는 점에서 대다수의 동의를 필요로 한다. 또한 환경이 달라지면 주기적으로 사회계약을 둘러싼 재협상이 이루어져야 한다.

지금 우리 시대에는 수많은 사회의 사람들이 사회계약이 제공하는 삶에 좌절하고 있다. 지난 50년간 전 세계가 물질적으로 엄청난 진보를 이루었음에도 말이다.[2] 다수의 설문조사에 따르면, 미국, 유럽, 중국과 인도를 비롯한 여러 개발도상국에서 5명 가운데 4명이 "사회 시스템"이 자신들을 위해서 작동하지 않는다고 생각하는 것으로 나타났다.[3] 여러 선진국에서 대다수 부모들은 자녀들이 자신들보다 더 나은 삶을 살게 되리라고 생각하지 않는다. 개도국에서는 교육, 보건의료, 취업을 향한 사회적 열망에 비해서 이를 구현할 사회적 역량은 한참 모자란 경우가 많다. 그리고 지구상의 수많은 노동자들은 기술 부족이나 자동화 기술의 발전으로 인해서 생계수단을 잃게 될까봐 근심하고 있다.

사람들의 불만은 다양한 형태로 표출된다. 시골과 소도시에 거주하는 사람들은 국가가 자신들을 희생시키고 대도시에만 재원과 관심을 집중하고 있다고 주장한다. 몇몇 국가의 내국인들은 이민자들이 정당한 대가를 치르지도 않고 혜택을 누리며 기존 사회를 바꾸려고 한다면서 불만을 터뜨린다. 과거에 위세를 떨쳤던 인종의 일부 구성원들은 다른 인종이 평등한 대우를 요구하는 데에 분개한다. 일부 남성들은 여성할당제처럼 그들에게 불리한 정책들을 통해서 여성의 권한이 강화되는 데에 위협을 느낀다. 모두 그런 것은 아니지만, 청년들은 노인들을 향해서 불만의 목소리를 높인다. 노인 세대가 의료 혜택과 연금으로 갈수록 많은 자원을 소비하는 반면, 그들에게서 물려받을 것이라고는 무거운 빚과 망가진 환경뿐이라고 느끼기 때문이다. 한편 노인들은 과거에 그들이 치른 희생에 대해서 젊은이들이 감사할 줄 모른다고 생각한다.

나는 이 책에서 사회계약이라는 렌즈를 통해 사람들이 희망을 잃은 근본적인 원인을 파악하고자 한다. 이 관점에서는 사회 구성원들의 기대와 상호성을 무엇보다 우선시하고, 개인이 아니라 집단이 위험을 분담하는 복지 정책의 효율성과 가치를 인정한다. 아울러 시민 의식과 사회의 근간이 되는 상호신뢰를 무너뜨리지 않으려면 사회계약 또한 변화된 세계에 적응해야 한다는 점을 중시한다. 사회는 개인에게 얼마나 많은 의무를 지고 있으며 또 개인은 사회에 얼마나 많은 의무를 지고 있는가? 지금과 같이 격변하는 시대에 사회와 개인이 감당해야 하는 상호의무는 어떤 형태로 바뀌어야 하는가? 이들 질문에 대한 답변은 오늘날 세계가 직면한 정치, 경제, 사회 분야의 여러 난제들을 해결하는 데에 중요한 열쇠가 된다.

상호기대와 사회계약

"우리는 서로에게 무엇을 빚지고 있는가?"라는 질문에서 "우리"는 누구를 지칭하는가? 과연 우리는 누구에게 의무를 지는가? 이는 개인의 차원은 물론 문화와 역사의 차원에서 답해야 하는 복잡한 질문이다. 상호의무를 생각할 때에 나는 동심원을 먼저 떠올린다. 가장 안쪽에는 대부분 가족과 친구가 있고, 이들을 향한 의무감이 크게 자리한다. 부모는 자녀를 위해서 큰 희생을 감수하고, 가까운 친구들은 서로 버팀목이 되고자 애쓴다. 그다음 원에는 우리가 더불어 살아가는 공동체가 위치해 있고, 여기에는 흔히 자원봉사 단체, 종교단체, 이웃사촌, 지방정부 조직 등이 놓인다. 보다 바깥쪽 원에는 국가의 정부가 위치해 있는데, 여기에는 납세 의무, 준법 의무, 투표 의무, 공적 생활에 성실히 참여할 의무를 비롯해 시민으로서 가지는 의무가 포함된다. EU유럽연합처럼 지역 간의 통합을 꾀하는 프로젝트에서는 연합 회원국의 시민들을 "우리"로 묶어 공동체 의식을 형성하는 절차가 따른다. 마지막으로 가장 바깥쪽 원은 세계를 나타낸다. 이 영역에서 사람들이 느끼는 의무감은 안쪽의 동심원보다는 약하겠지만, 인도적 위기나 기후 변화처럼 전 지구 수준의 위기에 직면할 때에는 국제연대가 중요해지므로 의무감도 명확해진다.

　사람들은 자신의 이익에만 연연하지 않고 가족은 물론 지역 공동체와 국가 차원에서도 타인을 챙기고 상호의무를 살핀다. 우리가 내는 세금으로 다른 지방(때로는 다른 나라)에 사는 얼굴도 모르는 이들에게 편익을 제공하는 것만 보아도 이 사실을 알 수 있다. 우리가 이렇게 하는 이유는 공정한 사회를 만드는 일이 우리가 더 나은 삶을 사는 데에 도움이 된다고 믿기 때문이다. 그러므로 우리는 자신의 이익을 위해서 기능하는 사회를 만들고자, 또 동료 시민과 연대를 꾀하고자 기꺼이 자신의 몫을 내놓는다. 적지 않은 국가들에서 사업주는 육아 휴직과 연금 같은 혜택을 직원에게 제공할 의무가 있고, 이외에도 많은 사업주들이 자발적으로 추가 혜택을 제공한다. 우리는 공공기반시설에서 제공하는 연료와 식수, 교통과 위생시설을 이용하고, 누구나 이러한 시설을 공평하게 이용할 수 있어야 한다고 생각한다. 우리는 시민으로서 법을 준수하고 그 대신 거리에서 안전을 보장받으며, 좋은 학교와 보건의료의 혜택을 누릴 수 있기를 기대한다. 이 모두는 다른 사회 구성원들과 더불어 살아야 하는 당위성과 개인의 욕망 사이에서 균형을 이루는 방법이다. 사회적 연대감은 현세대에만 국한되지 않고 미래 세대의 가능성을 박탈할 자원 위기 앞에서 세대를 초월하기도 한다.

역사적으로 사람들은 크게 무리를 지어서 사는 혜택을 누리면서 다양한 차원에서 위험을 관리하기 위한 자원을 비축했다. 여기에서 말하는 혜택에는 노동의 전문화, 상호방위 및 기반시설의 공유 등이 있다. 가족에서 마을, 대도시, 국가로 무리의 규모가 커질수록 상호의무는 더 관념적인 성격을 띠며, 제도와 정치적 절차를 통해서 조정된다. 이에 따라서 가족이나 공동체에 우리가 진 "의무"는 동료 시민들과의 연대나 국가를 향한 의무로 형태가 달라졌다. 일례로 과거에는 가정이 자체적으로 자녀를 교육하고 병들거나 실직한 식구를 돌보았지만, 오늘날에는 대다수의 사람들이 국가에서 제공한 학교와 보건시설, 그리고 (일부 국가에 해당하는 이야기이지만) 실업급여에 의존한다. 그런 까닭에 오늘날에는 생산가능한 성인이라면 마땅히 공공의 이익에 일조해야 한다고 여기고, 그 대신 국가가 어린이와 청소년에게 교육을 제공하고 병들고 늙었을 때나 실직했을 때에 보호해주기를 기대한다. 개인과 사회의 관계에서 구성원들이 사회에 어떤 역할을 얼마나 요구하는지는 개인의 권리와 의무를 규정하는 법률과 정책, 제도, 문화규범에 따라서 각기 차이가 있지만, 구성원들이 사회에 무엇인가를 요구하는 것은 전 세계 공통이다.

사회를 향한 구성원들의 기대는 인류 사회만큼이나 역사가 오래되었고, 시간이 흐름에 따라서 그 내용이나 기대치가 제법 많이 달라졌다. 역사를 돌아보면 어린이와 노인을 돌보는 일은 오랜 시간 거의 모든 사회에서 여성의 책임이었던 반면, 교육이나 보건의료, 다음 세대의 고용 문제는 지금처럼 공공의 책임으로 간주된 경향이 있다. 그뿐 아니라 대다수의 국가에서는 더 부유한 시민들이 공동체 내의 가난한 사람들을 일정 부분 지원하고 보호해야 한다는 기대가 형성되어 있었다. 역사적으로 볼 때 이와 같은 자선 활동은 주로 종교단체에서 주도했지만, 이 방식은 사회 전반에 골고루 혜택을 제공하기에는 역부족이라는 사실이 입증되었다. 국가가 부강해지자 시민들은 점차 정부가 과세를 통해서 재정을 확보하고 일관되고 공정한 방식으로 시민을 지원하는 정책을 펼치기를 기대하게 되었다.[4]

철학자들은 오랜 세월 동안 어떻게 하면 자유로운 개인들이 사회를 이루고 함께 살아가도록 설득할 수 있을지, 그리고 사회의 역할을 이야기할 때에 어떤 기대가 합리적인지를 두고 논쟁을 벌여왔다.[5] 사회를 구성하지 않으면 얻지 못할 특정한 혜택을 얻기 위해서 자발적으로 상호의존한다는 생각은 계몽시대에 이르러 사회계약이라는 개념으로 알려졌다. 여러 사상가들이 다양한 사회계약을 주장했지만, 다들 처음에는 당시의 지배적인 체제 안에서만 논의를 전개했다. 그것은 "군주제 안에서 개인이 가진 주권"이라는 개념이었다.

토머스 홉스에 따르면 이기적이면서도 합리적인 개인이 야만적인 자연 상태에서 벗어나는 유일한 방법은 주권자의 권위에 스스로 복종하는 것이었다.[6] 존 로크는 사회계약의 목적이 시민들의 생명과 자유, 행복을 지키는 것이라고 보았다. 따라서 그는 주권자가 그 권리를 보호하지 못할 때에는 시민들이 봉기하여 새로운 권력구조를 창조해야 마땅하다고 보았다.[7] 장 자크 루소는 인간이 상호의존적인 존재가 되었기 때문에 좋은 사회에서 함께 살아가려면 타협이 필요하다는 점을 인정하면서도 개인의 자유를 지키는 일을 중시했다. 루소에 따르면 사회계약에는 의회와 같은 정치제도가 필요했고, 이것은 시민들이 입법권자가 되어서 자발적으로 복종할 법률을 제정하고 국가의 권위에 정당성을 부여하도록 했다.[8] 현대의 기준에서 보면, 개인과 국가 간의 상호기대를 규정할 때에 세 철학자는 모두 최소한의 권리와 의무만을 규정했다. 그들에게 사회계약은 사회에서 착취당하지 않고 살기 위한 최소한의 전제 조건에 불과했다.

그러나 시간이 흐르고 주권자가 점차 시민들에게 더 많은 권력을 이양할 수밖에 없어지자, 사회계약을 둘러싼 논쟁은 국가에 대한 시민의 의무가 무엇이고 또 상호의무가 무엇인지에 초점을 맞추게 되었다. 현대 경제학의 토대를 놓은 사상가 애덤 스미스는『도덕 감정론*The Theory of Moral Sentiments*』에서 각 차원에서 작동하는 "동감의 원리"가 필요하다고 말했고, 이 원리가 작동할 때에 이기적인 개인도 타인의 복지에 관심을 보인다고 설명했다.[9] 스미스에 따르면 동감의 원리는 사회적 연대가 필요한 도덕적, 정치적, 경제적 근거를 마련한다.[10] 도덕적 근거란, 기본적인 보건의료와 안전보장 서비스 이용, 사회에서 배제되지 않고 생활하기에 충분한 소득, 일자리를 얻고 지식을 갖춘 시민으로 살아가기에 충분한 교육 등 개인의 기본적인 필요를 모든 사회가 충족시켜야 하며, 이를 제공하지 않는 사회는 도덕적으로 부당하다는 것을 말한다. 한편 정치적 근거란 민주주의가 제대로 작동하려면 시민들이 공동의 목표를 가졌다고 느낄 만큼 공동의 경험을 충분히 공유해야 한다는 것이다.[11] 마지막으로 경제적 근거란 질병, 실업, 생활 보조금 등에 대비하여 다수의 시민이 위험을 분담하는 편이 개인이 혼자 자신을 보호하려고 노력하는 일보다 훨씬 효율적이라는 의미이다.

애덤 스미스의 관점에서 동감의 정도에는 적정선이 있다. 즉 개인에게 기대할 수 있는 동감에는 한계가 있다. 개인은 "불량하게" 행동하는 개인과는 위험을 분담하지 않으려고 하며, 이것은 오늘날에도 마찬가지이다. 대다수의 사람들이 동감하고 분담할 수 있는 것은 사고나 갑작스러운 경제위기로 인한 장애 혹은 실직처럼 개인의 과오로 발생하지 않은 위험이다. 흡연이나 음주운전 또는 저조한 업무수행 능력으로 인해서 손실이 발생한 경우에는 당사자가 결과에 책임을 져야 한다고 많은 이들이 생각한다. 아울러 일각에서는 불량한 행동이 잘못된 훈육이나 정서적 박탈 내지는 정신질환의 결과라고 주장하기도 한다. 고통 분담 측면에서 사회계약이 얼마나 관대해야 하는지를 결정하는 문제는 개인의 행동과 책임에 관한 도덕적 판단으로 이어지는 경우가 많다.

20세기의 가장 영향력 있는 철학자로서 공정한 사회를 창조하는 초석으로 사회계약을 검토한 사람이 있는데, 바로 존 롤스이다.[12] 롤스는 "무지의 장막" 뒤에서 사회계약을 체결해야 한다고 주장했다. 이는 새롭게 건설하려는 사회에서 자신이 어떤 계층에 속할지 알지 못하는 상태에서 조건을 작성해야 한다는 뜻이다. 그는 자신이 새로운 사회에서 특권을 누리게 될지 궁핍한 삶을 살게 될지 알지 못하면 사회계약을 공정하게 체결하리라고 보았다. 롤스가 말한 기회균등의 원칙은 "재능과 능력에 차이가 없고 이것을 이용하려는 의지 역시 차이가 없다면, 사회체제 속에서 그가 처음에 차지한 지위가 어떠하든 그것과 무관하게 성공 가능성에 대한 전망도 차이가 없어야" 함을 의미한다.[13] 오늘날 기회균등 개념은 수많은 세계 시민이 기대하는 핵심 가치이며, 기회가 공평하지 않다는 인식은 사람들이 느끼는 불안과 불만의 중요한 원인이다.

현대 사회에는 열심히 노력하는 사람에게 운이 따른다는 기대가 있다. 그러나 이러한 기대가 늘 실현되지는 않는다. 전통 사회에 속한 수많은 사람들은 아직도 기존의 사회계층을 숙명처럼 여기면서 받아들이고 있으며, 심지어 이와 같은 계층구조가 사회질서를 유지하는 데에 꼭 필요하다고 주장하기도 한다. 그러나 오늘날 대부분의 나라에서는 사회계약을 통해서 계층 간의 이동이 가능하도록 기회를 제공한다. 그렇게 함으로써 공정성을 확보하고, 사회를 결속시켜서 공동행동을 끌어낼 수 있다고 보기 때문이다. 가난한 사람들은 자신과 자녀들의 처지가 더 나아지리라고 기대할 수 있어야 한다. 한편 부자들은 자녀가 가난해질지도 모른다는 사실을 두려워함으로써 사회적 약자를 향한 복지에 관심을 두고 공공의 이익에 관한 감각을 키울 수 있다.

실제로 사회 구성원에게 제공되는 기회의 구조는 국가에 따라서 매우 다양한 형태를 띤다. 일례로 덴마크에서는 저소득 계층에 속한 사람이 중위소득 계층으로 이동하는 데에 평균 2세대가 걸린다. 영국에서는 5세대가 필요하고, 브라질, 남아프리카 공화국, 콜롬비아처럼 불평등이 심한 사회에서는 무려 9세대 이상이 지나야 한다. 이처럼 시간이 지나도 자신의 운명을 개척할 가능성 자체가 크지 않은 나라, 또는 그 가능성이 근래에 급격하게 감소한 나라일수록 계층 간 이동 가능성의 차이로 인해서 사람들이 사회계약에 좌절한다는 사실이 밝혀졌다(그림 1). 계층 간의 이동이 쉽지 않은 가정과 국가에서는 그에 따른 불이익이 여러 세대에 걸쳐서 지속된다는 사실을 보여주는 조사 결과들도 있다.[14]

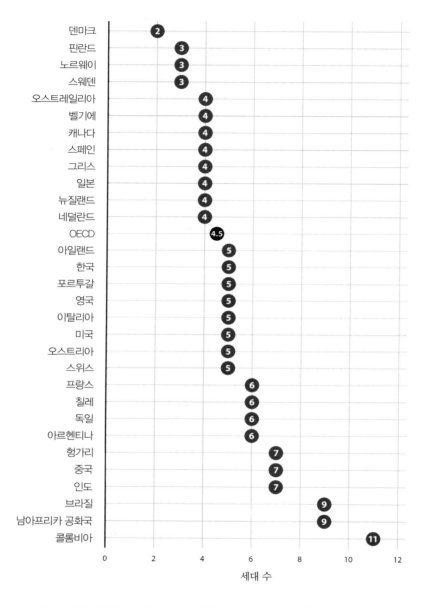

그림 1 사회 이동성 : 각국에서 저소득층이 중산층에 오르기까지 걸리는 세대

사회계약, 국가, 민간 부문

많은 사람들이 사회계약과 복지국가의 개념을 혼동하지만, 이 두 개념은 동의어가 아니다. 사회에 무엇을 제공할 것이며, 누가 그것을 제공하는지를 규정하는 개념이 사회계약이라면, 복지국가는 사회에 그것을 제공하는 여러 가능한 수단들 가운데 하나이다. 사실 모든 사회에서 사회계약에 속하는 수많은 것들은 가족에 의해서 쉬지 않고 제공되고 있다. 가령 부모는 대가를 받지 않고 자녀들을 양육하기 위해서 애쓰고, 질병이나 실직에 대비하여 자원을 비축하거나 보험에 가입한다. 지역 사회, 자선단체와 봉사단체는 불우이웃과 고령 인구를 돌보기 위해서 애쓰고, 인도적 위기에 대응하면서 사람들이 일터로 복귀할 수 있도록 지원한다. 각국이 정한 법에 따라서 차이는 있지만, 사업주 또한 다양한 수단으로 사회계약의 한 축을 담당한다. 이들은 의무적으로 실업급여를 분담하거나 건강보험을 제공하고, 이 밖에도 보육시설, 교육 혜택, 정신건강 및 복지 지원 프로그램 등을 추가로 제공한다.

내가 말하는 사회계약이란 공공복리 시스템을 구축하기 위해서 개인과 기업, 시민 사회, 그리고 국가가 서로 약속하고 협력하는 것을 의미한다. 한편 복지국가란 사회가 공동으로 위험을 분담하기 위해서 자원을 비축하거나 공공복지 재원을 마련하고 정치적 절차를 거쳐서 정부가 사업을 시행하는 메커니즘을 의미한다. 국가는 과세와 공공 서비스를 이용해서 직접 혜택을 제공할 수도 있고, 아니면 민간 영역에서 이를 제공하도록 규정을 마련함으로써 간접적으로 혜택을 제공할 수도 있다. 공공복리에는 자연재해나 유행병이 발생했을 때에 사람들이 굶주리거나 집을 잃고 궁핍하게 지내지 않도록 돕는 등, 최후의 보루가 되어서 국민의 생존권을 보장하는 일도 포함된다.

국가가 형성되기 이전에는 주로 부족 및 지역적 유대 차원에서 사회계약을 맺고 상호방위를 약속하거나 필수 식량과 은신처를 공유했다. 봉건시대에 들어서는 왕족의 지배하에 지방의 봉건 영주가 치안을 유지하는 대신 세금을 거두었다. 국가의 개념이 발전해서 세금을 거두는 대신 구성원들의 안전을 보장하고 기반시설 같은 공공재 공급에 필요한 재원을 조세의 형태로 조달한 것은 근대에 이르러서야 가능해졌다. 자본주의가 발달하면서 분업이 가속화되자 자급자족 시대가 저물고 사회계약은 훨씬 복잡해졌다. 체계적인 규정이 생기기 시작했고, 위생시설과 전기시설 같은 공공 서비스를 보급할 재원이 필요해졌다. 고급 인력을 비롯한 공공재를 제공하는 일이 사회계약에서 중요한 부분을 차지하게 되었고, 이윽고 오늘날과 같은 복지국가가 등장했다.

사회보장에 관한 규정을 최초로 법제화한 사람은 프로이센의 보수 정치인 오토 폰 비스마르크로 알려져 있다. 프로이센의 수상이었던 그는 1889년에 연금보험과 의료보험제도를 도입했다. 자신의 정적인 사회주의자들이 제안하는 재산 몰수 등의 급진적인 조치를 막고 경제를 활성화하기 위함이었다. 독일 의회에 보낸 그의 획기적인 교서에서 비스마르크는 이렇게 썼다. "나이가 들어서 일하지 못하는 자와 질병이나 사고로 거동이 불편해 일하지 못하는 자들은 마땅히 국가의 배려를 요구할 권리가 있습니다." 정년은 70세로 정해졌는데, 이는 당시 독일 국민의 은퇴 후 평균 수명을 고려할 때 평균 7년간 정부가 노령연금을 제공해야 한다는 뜻이었다.[15]

영국에서 보건의료에 대한 사회적 책임을 최초로 주장한 사람은 왕립빈민법위원회 소속으로 1909년에 국립의료제도의 신설을 건의한 비어트리스 웹이다. 그러나 일반적으로는 윌리엄 베버리지가 "요람에서 무덤까지" 시민들의 필요를 충족하는 복지국가의 청사진을 최초로 제시한 사람으로 알려져 있다. 베버리지는 불결, 무지, 궁핍, 나태, 질병이라는 "5대 사회악"을 정복하기 위해서 모든 사람들에게 사회보험료를 징수하고 대신 보건의료와 실직수당 같은 혜택을 동일하게 제공하는 제도를 설계했다.[16]

복지국가 제도는 20세기를 지나면서 나라에 따라서 매우 다른 형태로 발전했다. 가령 미국과 오스트레일리아 등의 나라는 개인의 책임을 더 강조하면서 낮은 수준의 사회보험료를 거두었고, 소득 재분배의 효과가 사회에서 가장 취약한 계층에만 돌아가는 구조를 형성했다. 유럽 대륙에서는 복지 시스템이 대개 노동 현장과 직결되어 있으며, 사업주와 노동자들이 내는 사회보험으로 실업급여와 의료 혜택을 제공한다. 북유럽 국가들의 복지 예산은 다른 나라보다 훨씬 높은 수준이고, 보편적 혜택과 선별적 혜택을 결합하여 사회보장 범위도 넓은 편이다. 이러한 차이들은 나라마다 실직자들을 얼마나 오랫동안 지원하는지를 살펴보면 분명하게 드러난다. 미국에서는 실업급여가 보통 6개월간 지급된다. 프랑스나 독일 등의 국가에서는 그 기간이 대략 1년이고, 덴마크와 네덜란드 같은 국가에서는 약 2년간 실업자를 지원한다.[17]

개도국들에서도 시민들이 더 나은 서비스와 사회보장을 요구함에 따라서 복지에 지출하는 금액이 급증하고 있다. 이런저런 형태로 사회보장 서비스를 갖춘 저소득 국가와 중위소득 국가는 72개국에 불과했다가 지난 20년 동안 2배 증가하여 2017년에는 149개국으로 늘어났다.[18] 대다수의 국가(77퍼센트)에서는 현금을 급여하는 방식으로 극빈층을 지원하기 시작했고, 이 가운데 적지 않은 나라(42퍼센트)에서 자녀를 학교에 보내거나 예방접종을 맞히는 등 몇몇 조건을 충족해야 보조금을 지원한다. 현금급여형의 경우 금액 자체는 무척 적은 편이지만 빈곤 완화, 학교 출석률 향상, 영양 개선, 가계생산성 향상 측면에 의미 있는 변화를 이끄는 것으로 나타났다.[19] 보조금 액수는 지역 사회에 기근이나 전염병 등의 사태가 일어나면 긴급하게 조정되기도 한다.[20]

대다수의 개도국에서는 사회계약을 이행하기 위해서 가정과 지역 공동체에 의존하던 방식에서 벗어나 점차 사회복지 지출을 늘리는 추세이다. 개도국들의 경우 오늘날 복지급여로 혜택을 받는 이들은 전 세계 빈곤층의 약 3분의 1에 불과하지만, 그 규모는 고령화가 진행되면서 시민들의 요구가 커지고, 복지급여가 학교 출석률과 국민건강, 경제 활동 참가율에 긍정적인 효과를 가져온다는 사실이 입증되면서 빠르게 확대되고 있다. 그러나 개도국의 부유층은 값비싼 사립

학교와 민간 의료보험을 이용하고 심지어 안전 및 기반시설까지 사설로 해결하는 경우가 많아서 세금을 납부해야 한다는 의무감을 별로 느끼지 않는다. 전기 공급이 원활하지 않은 나이지리아나 레바논 같은 국가에서는 부자들이 자가발전기를 소유하는 일이 흔하다. 고소득 계층에게 공공 서비스가 필요하다고 설득하는 일은 더 나은 사회계약을 구현하기 위한 세수를 확보하는 데에 중요한 열쇠이다.

국가마다 복지에 대한 접근법이 다른 이유는 무엇인가? 일각에서는 미국이나 오스트레일리아처럼 인종과 민족이 다양한 국가보다는 구성원 간의 동질성이 강한 국가일수록 보다 견고한 연대를 기반으로 포괄적 복지 정책을 시행하는 경향이 있다고 주장했다.[21] 하지만 최근에는 다른 요소와의 연관성이 밝혀지면서 이보다 복잡한 양상이 드러나고 있다. 이주민의 증가 속도, 문화다양성을 측정하는 방식과 아울러 부의 재분배에 대한 인식, 소득을 결정하는 데에 운과 노력이 차지하는 역할에 대한 신념 등의 문화적인 요인들이 더 중요하다는 것이다.[22]

사람들은 흔히 복지국가의 목적이 부자로부터 빈민에게로 부를 재분배하는 데에 있다고만 오해하는데, 이는 일부 국가들이 보편 복지국가로 발전하지 못하는 이유 가운데 하나이다. 물론 복지국가에는 부를 재분배하는 기능도 있지만, 실제로 이는 전체에서 아주 작은 부분에 불과하다. 복지국가의 기능을 따져보면, 돼지 저금통(생애 주기별 위험에 대비하는 공동 보험) 기능이 4분의 3을 차지하고 로빈 후드(부자들의 부를 가난한 사람들에게 나눠주는) 기능은 4분의 1에 불과하다.[23] 즉 복지국가 제도의 중요한 역할은 **생애 주기에 걸쳐서 돈을** 재분배하는 것이다. 아이들은 미래에 일자리를 얻을 전망이 밝더라도 당장 학비를 대출할 능력이 없다. 또한 사람들은 나이가 들어서 자신이 어떤 질병에 걸릴지, 혹은 얼마나 오래 살지 알지 못한다.

대다수의 사람들은 노동이 가능한 성인기에 국가에 보험료를 내고, 미성년기와 노년기에는 각각 국가에서 지원하는 교육과 연금 및 보건의료로 복지국가의 혜택을 누린다. 복지국가에 기여하는 정도를 연령대에 따라서 나타내는 **그림 2**를 보면, 이러한 패턴이 영국의 사례에서 분명하게 드러난다는 사실을 알 수 있다. 실제로 대다수의 영국인들은 보험료를 내는 것 못지않게 사는 동안 많은 혜택을 받는다.[24] 생애 주기 차원에서 위험에 대비하는 사회복지 제도가 필요한 이유는 사회 구성원에게 투자하는 것이 곧 국가의 경제성장 전략이라는 주장과 일맥상통한다. 사회복지가 유능하고 생산성이 높은 노동력을 보호하고 확보하는 데에 도움이 되기 때문이다.[25]

국가마다 사회계약 조건에 접근하는 방식이 다른 이유는 다음의 질문에서 비롯된다. 사회계약의 목표는 무엇이어야 하는가? 19세기 후반과 20세기 초반에 발달한 고전주의 복지경제학에서는 사회에서 개개인이 성취하는 총 "효용" 내지는 만족도를 극대화하는 것이 복지의 목표여야 한다고 주장했다. 시장가격에는 효용이 반영되므로, 특정한 임금을 받고 기꺼이 일하려고 한다거나 특정한 금액에 어떤 상품을 기꺼이 구매하고자 한다면 그 가격은 그러한 행위에서 얻는 효용을 보여준다. 최근에는 효용의 의미를 확대하여 (단순히 재화와 서

영국에서의 세금, 공공 서비스, 그리고 복지 지출에 대한 연령대별 개요도

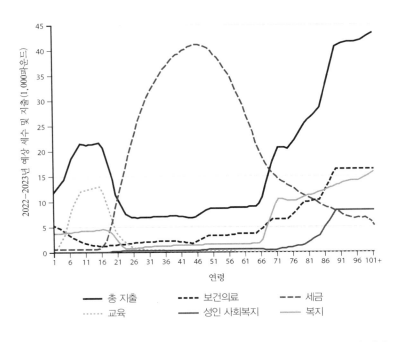

그림 2 장년기에는 국가에 세금을 내고, 유년기와 노년기에는 국가로부터 혜택을 받는다

비스의 소비가 아니라) 웰빙이라는 개념으로 정의하는 경제학자들이 늘고 있다. 여기에서 웰빙이란 몸과 마음의 건강, 좋은 대인관계, 의미 있는 노동처럼 사람들을 행복하게 만드는 요소들을 모두 포함한다. 설문조사를 실시하여 웰빙 지수를 측정하기도 하는데, 부탄, 아일랜드, 뉴질랜드, 스코틀랜드 등지에서는 이 지수를 이용해서 사회계약의 성과를 알리고 있다.

노벨 경제학상을 수상한 아마르티아 센처럼 공리주의 전통을 비판

하는 학자들은 사회계약이 그저 사람들의 필요를 충족하는 데에서 그치지 않고 모든 시민의 역량을 개선하여 그들이 가치 있게 여기는 인생을 살도록 함을 목표로 해야 한다고 주장한다.[26] 글을 깨치고, 적절한 영양을 섭취하고, 주거지와 정치적 자유를 획득하는 데에 필요한 자원은 개인마다 다르기 때문에, 소득과 시장가격은 웰빙이라는 전체 그림에서 일부만을 차지할 뿐이다. 여기에서 사회계약의 목적은 소득의 영역을 넘어서 보다 공평한 결과와 좋은 삶을 실현할 역량을 기르는 것으로 확장된다. 그렇다면 이는 교육이나 보건의료 혜택을 받지 못하는 곳처럼 선택지가 빈곤한 곳에서 살아가는 사람들이 사회계약에 절망했음을 뜻하기도 한다. 이 책의 논지를 전개할 때에 바탕이 되는 나의 견해는, 사회는 사회계약의 목적을 정해야 하며, 소득과 주관적인 웰빙을 비롯하여 개인의 역량과 기회, 자유를 측정할 다양한 방법을 토의해야 한다는 것이다.

이러한 문제들을 둘러싸고 사회가 어떤 합의를 이루느냐에 따라서 사회계약 조건을 공공 서비스 형태로 제공할지 아니면 민간에 맡길지를 결정하게 되는데, 그 방식은 국가별로 무척 다양하다. 최근 몇 년 사이에 경계가 모호해졌지만, 사회계약을 규정하는 방식은 지난 수십 년 동안 좌파와 우파를 가늠하는 기준으로 쓰였다. 가령 영국의 총리 마거릿 대처는 이런 유명한 말을 남겼다. "사회 같은 것은 없습니다. 개인으로서 남자와 여자가 있고 가족이 있을 뿐입니다. 정부는 사람들을 통해서만 일을 할 수 있습니다. 사람들은 먼저 자기 자신을 돌봐야 합니다. 자기 자신을 돌보고 그다음 이웃을 돌보는 일이 여러분의 의무입니다."[27] 이와 같은 관점에서 사회계약은 주로 개인에게 책임을 부여한다. 이 경우 정부는 자녀를 돌보는 일은 부모에게 맡기고, 사립학교를 장려하며, 최소주의를 지향하는 소득 지원 정책을 수립하며, 사고나 장애를 비롯해서 홍수 같은 자연재해에 대비하는 일은 주로 민간보험 시장에 의존한다.

이와 달리 국가의 역할 측면에서 최대주의를 지향하는 쪽에서는 뜻하지 않은 불행으로 개인이 겪는 피해를 보상하고, 경제적으로나 사회적으로 더 공정한 결과를 얻을 수 있도록 국가가 도움을 주어야 한다고 주장한다. 프랭클린 루스벨트는 두 번째 대통령 취임 연설에서 이렇게 말했다. "우리 사회가 얼마나 진보했는지는 많이 가진 자들이 더 풍요로워졌는지의 여부가 아니라, 적게 가진 사람들에게 우리가 충분히 도움을 제공하는지에 달려 있습니다."[28] 대공황 이후 루스벨트는 적극적으로 시장에 개입하는 정부를 선언하고 최저임금제를 도입했으며, 대규모의 공공사업을 시행하여 최대 사업주로서 일자리를 창출했다. 뉴딜 정책 역시 또다른 금융위기를 예방하는 차원에서 은행에 대한 규제를 더욱 엄격하게 강화하는 한편, 노사 간 힘의 균형을 위해서 노동조합을 지원하고 소작농과 이주노동자를 원조했다.

사회계약에서 민간 부문이 수행하는 역할에 관해서는 논쟁이 끊이지 않았지만, 경제위기 이후 대중의 요구가 커지고 경제계의 지도자들이 기업이 더욱 폭넓게 사회적 책임을 져야 한다고 주장함에 따라서 전례 없이 주목받고 있다. 흔히 밀턴 프리드먼과 연관 짓는 보수적 관점에 따르면, 기업이 할 일은 규제를 지키면서 이윤을 창출하고 시장임금을 지급하고 세금을 내는 것이며, 이 역할에 충실하다면 사회에 최대한 일조하고 있다고 볼 수 있다.[29] 하지만 오래 전부터 자신들의 역할을 포괄적으로 규정한 기업들은 시장임금보다 더 많은 임금을 지급하거나 연금이나 건강보험 등의 혜택을 제공했고, 기업의 수익을 직원들과 공유해왔다. 오늘날에는 이처럼 사회적 책임을 실천하는 기업의 전통이 주목을 받고 있으며, 단기 수익뿐만 아니라 사회 전체의 이익에도 초점을 맞춰야 한다는 압력이 거세지고 있다. 이른바 다중 이해관계자 자본주의multi-stakeholder capitalism인 것이다. 이 사상을 지지하는 사람들에 따르면, 이는 자선 행위가 아니라 장기적 관점에서 기업이 가치를 극대화하는 방법이다.[30]

사실 대다수의 국가들은 사회계약을 규정할 때에 영역에 따라서 개인의 책임과 사회의 책임을 혼합하는 접근법을 택한다. 전통적으로 보수주의 성향을 보인 스위스를 생각해보자. 작은 정부를 지향하는 나라가 흔히 그렇듯이 스위스 시민은 세금을 비교적 적게 내지만, 젊은이들의 고등교육 진학률이 높다. 고등교육을 대부분 국가에서 무상으로 제공하기 때문이다. 물론 학생들 가운데 절반가량은 순수하게 학문을 추구하기보다는 취업 전선에 나선다. 이보다 복잡한 방식으로는 국민투표를 통해서 고도의 지방 분권화와 지방 민주주의를 구축하고 지역적으로 부의 재분배를 실행하는 경우가 있다. 가령 싱가포르는 "큰 정부"에 비해서는 자유시장의 원칙을 지향하고 세율과 규제 수준이 낮지만, 인구의 80퍼센트 이상이 인종 간 사회적 통합을 위해 정부에서 사회공학적으로 설계한 공공주택에 거주하는 것으로 유명하다. 또한 싱가포르는 다양한 민족이 섞여 사는 신생 국가로서 시민들 간의 결속력을 다지기 위한 수단으로 모든 남성들에게 최소 2년간 병역의 의무를 부과한다. 반면 명목상 공산주의 국가인 중국은 최근까지도 공공의료나 실업급여를 제공하지 않았으며, 부유층에 대해서는 여전히 어떠한 상속세도 부과하지 않고 있다.

　개인과 사회의 책임 범위를 설정하는 문제와 마찬가지로 각 부문 안에서도 책임의 범위는 매우 다양하다. 고등 교육기관에 재정을 지원하는 문제를 살펴보자. 경제적 관점에서 교육은 사적 재산(더 높은 개인 소득을 창출할 수 있는 수단)이면서 공공재(더 유능하고 생산적이며 범죄를 저지를 가능성이 적은 활동적인 시민을 육성하는 수단)이다.[31] 다음 세대의 생산성을 향상시키기 위해서 얼마나 많이 투자할지, 또 그 비용을 누가 부담할지 각국은 어떻게 합의했는가? 스펙트럼의 한쪽 끝에는 시장 기반의 정책을 지향하는 미국이 있다. 자격이 까다롭지는 않지만 미국에서 학자금 대출은 엄연한 대출상품으로, 채무자는 나중에 직장을 다니며 대출 금액을 전부 상환해야 한다. 스펙트럼의 중간에 자리한 영국의 경우 학생들은 대출을 받고 훗날 그들의 소득이 일정 수준에 도달하는 경우에만 상환의 의무를 진다. 반면 유럽 대륙 국가들과 신흥시장에서는 주로 국가에서 고등교육을 무상으로 지원하는데, 이런 경우 학생 수가 많다는 사실은 종종 교육 품질이 좋지 않음을 의미하기도 한다. 오랫동안 한 자녀 정책을 시행해온 중국은 국가에서 지원하는 공교육 체계를 갖추고 있는데, 정부 지원 외에도 자녀 1명당 성인 6명(부모 2명과 조부모 4명)이 노후를 대비하기 위해서 사교육에 상당한 돈을 투자한다. 각각의 사례들을 보면 기성세대가 다음 세대에 어떤 의무를 지는지와 관련해서 각국이 가진 다양한 관점들이 드러난다.

무엇이 사회계약을 깨뜨리는가?
첨단기술과 변화하는 여성의 역할

과거에 사회가 격변할 때면 사람들은 사회계약을 다시 규정하고는 했다. 이를테면 미국은 대공황을 극복하기 위해서 뉴딜 정책을 도입했고, 영국은 세계대전을 치른 뒤에 사회보장 제도를 확대하는 베버리지 보고서를 발표했다. 탈식민지화로 독립한 국가들은 경제 및 사회의 발전을 위해서 정부의 개입을 강조하는 정책을 펼쳤다. 대처-레이건이 주도한 보수 혁명의 이념적 배경에는 오랜 경기 침체와 인플레이션이 있었고, 당시의 보수주의는 현재 영국과 미국의 정책 기조를 구성하는 뼈대가 되었다. 나는 이 책에서 수많은 과제들이 산적한 오늘날 역시 새로운 사회계약이 필요한 시점이라고 주장한다. 대중영합주의의 부상, 세계화와 신기술에 대한 반발, 2008년 금융위기로 인한 여파, 코로나바이러스, 여성의 역할을 둘러싼 문화 전쟁, 인종차별, 그리고 기후 변화에 따른 대책을 요구하는 청년들의 시위가 바로 그 과제이다.

20세기 후반까지의 사회계약은 가정에서 남성은 생계를 유지하고, 여성은 어린이와 노인을 돌본다고 전제했다. 또한 사람들이 죽을 때까지 결혼생활을 유지하고, 부부 사이에서만 아이가 태어나리라는 통념도 존재했다. 사람들은 경력을 쌓는 과정에서 거의 회사를 옮기지 않았고, 학교에서 얻은 지식과 기술은 평생 써먹기에 충분했다. 은퇴 이후에 오래 사는 사람은 많지 않았고, 노년에 필요한 도움은 가족으로부터 제공받았다.

오늘날의 사회계약 조항도 많은 부분이 이러한 전제 조건에 토대를 두고 있다. 그러나 이는 현실과 너무 동떨어져 있다. 오늘날에는 세계 여성의 절반이 노동시장에 고용되어 있고, 여성의 노동시장 참여율은 전 세계적으로 상승 추세이다. 선진국에서는 3분의 1에서 절반가량의 부부가 이혼한다. 이에 비해서는 낮지만, 대다수의 개도국에서도 이혼율이 증가하는 추세이다. 비혼 출생률도 증가하고 있다. 보통의 노동자는 평생에 걸쳐서 여러 차례 직장을 옮기고, 이와 같은 추세는 기술이 발달하면서 가속될 가능성이 크다. 많은 개도국이 여전히 정규직(계약상 의무가 명시되어 있고 정규임금을 받는 평생직장)의 채용 비율이 높은 초기 단계에 놓여 있지만, 선진국에서는 거의 아무런 혜택도 제공되지 않는 불안정한 일자리가 늘어나고 비정규직도 증가하는 추세이다.

20세기 말, 기술이 진화하고 여성의 역할이 변화함에 따라서 새로운 사회계약을 요구하는 목소리가 커졌다. 1980년대와 1990년대에 이루어진 인터넷 및 컨테이너 수송 등의 기술 혁신은 통신과 운송에 필요한 비용을 획기적으로 절감했고, 전 세계 공급망을 통해서 부품을 공급받을 수 있게 했다. 이러한 상황 속에서 저렴한 비용으로 제품을 생산할 수 있게 되자 곧 세계화 시대의 포문이 열렸다.[32] 수많은 제조업 업체들이 선진국에서 신흥 시장, 특히 중국으로 공장을 이전했다. 그 결과 여러 선진국의 중산층에서 일자리 공동화 현상이 발생했다.[33] 나라 전체로 보면 더 부유해졌지만, 사회는 더 불평등하고 불안정해졌다. 여러 개도국과 선진국에서 고급 인력의 임금은 오른 반면, 저기술 노동자들은 어려움을 겪었다. 노동자를 해고하기가 쉬운 미국과 영국처럼 노동시장에 대한 규제가 적은 국가에서는 저기술 노동자들의 임금이 거의 제자리 수준이다. 한편 유럽 대륙의 국가들처럼 규제가 훨씬 많은 곳에서는 기업이 새 일자리 창출을 꺼리기 때문에 저기술 노동자들의 실업률이 높아졌다.

세계화의 물결을 타고 신흥국들, 특히 중국에서 수백만 명이 제조업 일자리를 확보하면서 지구촌 전체의 빈곤은 그 어느 때보다 빠르게 감소했다. 그림 3은 흔히 코끼리 곡선이라고 불리는데, 1990년 베를린 장벽의 붕괴에서부터 2008년 금융위기까지 전 세계 소득 분포의 변화를 보여준다. 이 기간에 기술 혁신과 세계화로 가장 큰 수혜를 입은 이들은 최상위 1퍼센트였다. 이들은 도표의 가장 오른쪽에 위치한다. 다음으로 눈에 띄는 수혜자들은 전 세계 소득 분포도에서 10분위와 60분위 사이에 있는 사람들로, 신흥국의 빈곤층과 중산층이었다. 실질소득이 가장 감소한 이들은 선진국의 중하위층으로 이들은 세계 소득 분배 분포도에서 70분위와 90분위 사이에 속한다.

이는 선진국에서 정치적 불만이 터져 나오는 중요한 요인들 가운데 하나이다. 제조업 등의 분야에서 넉넉한 보수를 받으며 중산층의 삶

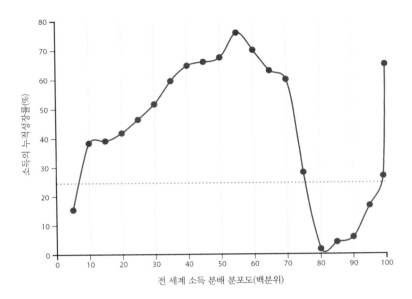

그림 3 근래의 경제성장으로 가장 큰 혜택을 받은 상위 1퍼센트와 개도국 국민

을 기대했던 사람들이 소득의 감소로 인해서 힘겨운 처지에 놓였기 때문이다. 어떤 이들은 이 고통의 원인이 세계화에 있다고 비난하고, 또 어떤 이들은 이민자들을 탓한다. 세계화가 실질소득의 감소를 가속화한 것은 사실이지만, 객관적인 자료에 따르면 실질소득 감소의 가장 큰 원인은 기술의 발달로 인해서 선진국의 고용시장이 고급 인력을 선호하게 됨에 따라서 저기술 노동자들이 대체된 데에 있다. 말할 나위 없겠지만, 이러한 추세 덕분에 이득을 보는 최상위 1퍼센트를 향한 분노도 커졌다.

반드시 이렇게 되라는 법은 없었다. 정치가 제대로 작동해서 노동자들이 새로운 환경에 적응하도록 도왔다면 사람들이 입는 타격은 훨씬 줄어들었을 것이다. 일례로 중국이 세계 경제에 통합되면서 가장 크게 피해를 본 미국은 직업 적응 프로그램이라는 정책을 마련하고 노동자들의 직업훈련 비용, 인력 재배치 지원금, 임금보전 보험을 지원하도록 했다. 하지만 만성적인 재정 부족과 까다로운 지급 요건 탓에 실제로 이 프로그램을 통해서 지원금을 받거나 새 일자리를 찾은 노동자는 별로 없었다.[34] 이주민들의 급속한 증가세에 직면한 영국은 지방정부가 제대로 대처할 수 있도록 돕기 위해서 이주민 영향 기금Migration Impacts Fund이라는 제도를 마련했지만, 지방정부의 가용 재원이 너무 적어서 제대로 효과를 보지는 못했다. 반면 덴마크를 비롯한 국가들은 이른바 적극적 노동시장 정책에 재원을 넉넉하게 투자해서 모든 노동자들이 경제적 충격에 적응하도록 도왔기 때문에 훨씬 좋은 결과를 얻었다.

새로운 사회계약을 요구하는 두 번째 중요한 변화는 여자아이들에게 제공되는 교육의 기회 확대와 노동시장에 참여하는 여성 인구의 엄청난 증가율이다. 이제 여자아이들은 거의 누구나 초등교육을 받을 수 있고, 대다수 국가에서 성별에 따른 중등교육의 격차가 줄었다. 대학생 성별 비율을 보면 역사상 최초로 여성이 차지하는 비율이 남성보다 높다. 이와 같은 교육 부문의 성과로 현재는 여성 인구의 절반가량이 정규직 노동시장에서 일하고 있으며, 공짜로 아이와 노인을 돌보는 전통적인 역할을 담당하기가 갈수록 어려워지고 있다.

여성의 노동시장 참여율은 노르웨이, 스웨덴 같은 부유한 국가와 모잠비크, 에티오피아, 니제르처럼 가난한 아프리카 국가에서 특히 높다(60-80퍼센트).[35] 이 비율이 가장 낮은 곳(20-40퍼센트)은 주로 남아시아와 중동 지역의 국가로, 여성의 교육 수준이 올라갔음에도 불구하고 전통적인 가치관이 진보의 발목을 잡는 곳들이다.[36] 남아시아와 중동의 여러 국가들은 아직 평균 연령이 젊은 편이고, 여성들이 무보수로 아이와 노인을 돌보는 노동에 더 많은 시간을 할애한다. 그러나 이러한 추세도 향후 수십 년 사이에 바뀔 것이 분명하다. 여성들의 교육 수준이 향상되면서 그들에게 주어지는 기회와 그들의 선호가 변하고 있기 때문이다.

여성이 무급 가사노동에 소비하는 시간이 적은 나라(상수도 시설이 갖춰지고 노동에 대한 부담을 경감하는 가전제품을 이용할 수 있는 곳) 혹은 남성이 가사를 분담하는 나라일수록 여성의 노동 능력은 빠르게 향상되었다.[37] 아울러 어린이집과 육아휴직 같은 가정 지원 정책에 더 많이 지원한 국가일수록 더 많은 여성이 노동시장에 참여할 수 있다는 사실도 입증되었다. 반면 이와 같은 지원이 부족한 나라일수록 여성고용률은 낮게 나타나는 편이다.

여성의 노동시장 참여는 세계적인 흐름으로 앞으로도 가속화될 것이며, 새로운 사회계약의 중요한 토대가 될 가능성이 크다. 제조업(남성 고용률이 높은 분야) 일자리가 줄어들고, 의료나 교육 서비스 같은 서비스업 일자리(여성을 위한 일자리가 더 많은 경향을 보인다)가 늘고 있어서 여성고용률은 증가 추세에 있다. 더욱이 고등교육을 받은 남성보다 여성 인구가 더 많아지고 있으므로 여성의 노동시장 참여는 앞으로도 증가할 것으로 보인다.

한편, 정책입안자들은 경제적인 압력 때문에 여성의 재능을 최대한 활용할 방법을 모색할 수밖에 없을 것이다. 최근 IMF 보고서에 따르면, 노동시장에서 성별 격차를 해소하는 일은 경제성장률을 높일 뿐만 아니라 생산성을 향상시키기도 한다. 각자의 능력을 발휘할 수 있는 자리에 노동자들을 배치할 수 있기 때문이다.[38] 잠재적 경제 효과 역시 매우 크다. 여성고용률의 상승은 특히 국민연금 등을 안정적으로 운영하는 데에 중요한 열쇠가 된다. 일본 등의 국가들은 더 많은 여성이 노동시장에 참여하여 연금 납부자가 되는 일이 고령 인구를 부양하는 데에 필수적이라는 사실을 알게 되었다. 이와 관련해 제2장에서는 양육 방식의 변화가 어떻게 여성의 재능을 효과적으로 활용하는 결과를 낳았는지 살필 것이다.

새로운 사회계약을 요구하는 변화 :
고령화, 인공지능, 기후 변화

기술의 발달과 여성의 경제적 역할 변화 외에 기존 사회계약에 압력으로 작용하는 몇몇 변화들을 더 살펴보자. 진행 속도에 차이는 있지만, 보건의료가 발전함에 따라 평균 수명이 증가하면서 세계 각국이 고령화 사회로 진입하고 있다. 2018년에는 역사상 처음으로 64세 이상의 인구가 5세 이하의 인구를 앞질렀다.

인구구조의 변화는 세대 간 사회계약에 크나큰 영향을 미친다. 고령화가 가장 빠르게 진행된 일본에서는 노동자 10명당 노인 4명과 15

세 이하 어린이 2명을 부양해야 한다. 이와 대조적으로 평균 연령이 젊은 나이지리아에서는 노동자 10명당 어린이 8명과 노인 0.5명을 부양해야 한다. 유럽에서는 평균적으로 노동자 10명이 어린이 2명과 노인 3명을 부양한다. 현재의 인구 전망에 따르면 노인부양 비율은 더욱 높아질 것이다. 일례로 2100년이 되면 일본의 생산가능 인구는 절반에 그치고, 나머지 절반은 어린이와 노인이 될 것이다. 앞으로 사회는 어떻게 노인 인구를 부양해야 하고, 가족과 국가는 부양의 책임을 어떻게 분담해야 할까? 생산가능 인구가 감소하는 상황에서 정부는 어떻게 노인부양 비용을 부담해야 할까? 여성을 노동시장에 참여시키는 일은 부분적인 해결책에 지나지 않는다. 이와 관련해서 나는 제6장에서 노년층을 존중하면서도 지속가능한 방식으로 돌볼 방법을 살펴볼 것이다. 급증하는 의료 수요를 다루는 방법에 관해서는 제4장에서 다룬다.

고령화 문제와 아울러 우리 사회는 인공지능과 머신러닝이 주도하는 기술 변화의 물결을 경험하고 있다. 신기술은 도시 지역에 거주하는 고기술 노동자들을 선호한다. 과거에 세계화는 자본이 값싼 노동력을 찾아서 세계를 돌아다니게 했다. 유럽이나 미국의 의류 제조업자들은 방글라데시나 베트남 같은 저임금 국가로 공장을 이전했다. 현대의 지식기반 경제에서는 자본이 대도시의 고기술 노동자들을 찾아서 세계를 누빈다. 일례로 고기술 노동자들을 찾는 디지털 회사들은 주로 상하이나 벵갈루루, 혹은 샌프란시스코에 거점을 둔다. 원하는 인력이 주요 대학과 문화시설을 중심으로 몰려 있기 때문이다. 이 새로운 역학은 제대로 관리되지 않으면 소득 불평등과 지역 간 격차를 악화시킬 위험이 있다.

추정치마다 차이가 있지만, 향후 20년이면 전체 일자리 가운데 50퍼센트가 자동화될 가능성이 크다. 과거의 기술 변화 물결과 달리 자동화의 바람은 제조업뿐만 아니라 상점 직원에서부터 트럭 운전자, 변호사, 회계사를 아우르는 서비스 업종에도 영향을 미칠 것이다.[39] 또한 로봇공학이 발달하면 과거에 저임금 국가로 이전했던 수많은 제조기업들이 고임금 국가로 "회귀할" 수 있기 때문에 선진국은 물론 개도국에도 그 여파가 상당할 것이다. 이러한 추세는 코로나바이러스 전염병으로 인해서 가속될 가능성이 다분하다. 기업이 그들의 공급망을 간소화하고 지역화하려고 노력하기 때문이다. 다만 일자리 분산 측면을 따진다면, 세계 어느 곳에서든 유연하게 일하는 편이 효과가 더욱 좋을 것이다.

여기저기에서 일자리 소실, 대량 실업을 운운하며 로봇으로 대체될 노동자들의 생계를 지원할 기본소득제에 관해서 과장 보도를 쏟아내고 있다. 하지만 우리가 마주할 가능성이 가장 큰 시나리오는 일자리가 사라지는 미래가 아니라 일자리의 성격이 바뀌는 미래이다. 자동화의 바람은 노동을 대체하기도 하지만 노동을 보완하고 새로운 일자리를 창출하기도 한다. 일정하게 반복하는 작업은 자동화될 것이고, 기계가 인간의 능력을 보강할 것이다. 그리고 로봇을 보완하는 기술을 갖춘 사람이 가장 성공할 것이다.[40] 이때 로봇을 보완하는 기술에는 창의성, 감정 지능, 사람들과 협업하는 능력 등이 해당한다. 자동화 바람이 거세지면 고급 기술을 가진 이들이 신기술에 힘입어 앞서가는 동안 일정하게 반복하는 직업을 가진 이들은 낙오할 위험이 있다. 제3장 "교육"과 제5장 "노동"에서는 자동화 시대의 도전과제에 대처할 방법을 제시한다.

세계 곳곳에서 젊은이들이 주도한 환경 시위는 사회계약에 대한 그들의 불만을 나타낸다. 젊은이들은 기존의 사회계약이 안전하고 살기 좋은 지구를 물려받을 그들의 권리를 무시한다고 생각한다. 기후 변화에 관한 정부 간 협의체가 추산한 바에 따르면, 인간의 활동은 이미 지구의 온도를 산업화 이전보다 섭씨 1도 상승시켰으며, 이상기후, 해수면 상승, 동식물의 멸종을 초래했다.[41] 전 세계적으로 약 80퍼센트의 산림이 이미 손실되었고, 농경지는 매년 600만-1,200만 제곱미터가 유실된다.[42] 지난 40년 사이에 전 세계 야생동물의 절반이 사라졌다.[43] FAO유엔식량농업기구가 밝힌 바에 따르면, 전 세계 어업의 33퍼센트가 지속 불가능한 방식의 남획으로 행해지고 있다.[44]

이러한 환경 훼손으로 인한 피해를 현재 세대와 미래 세대에게 보상할 수 있을까? 많은 이들은 환경에 내재된 가치를 생각하면 경제적 관점에서 보상을 이야기하는 일은 적절하지 않다고 주장한다. 동식물의 멸종과 같은 손실은 돌이킬 수 없으며, 이와 같은 손실로 인해서 사라진 미래의 편익이 무엇인지 알아보기란 불가능하다. 게다가 과학자들은 기온이 일정 수준을 넘어서면 재앙에 가까운 홍수나 기상이변, 농업 붕괴를 비롯해서 최종적으로는 생태계의 붕괴를 초래할 수 있고, 이렇게 되면 아무리 큰돈이라도 이를 보상하지 못할 것이라고 주장한다. 제7장에서는 이와 관련해서 세대 간의 사회계약을 살피고 장기적인 관점에서 더욱 공정한 합의에 도달하는 방법을 다룬다.

사회계약은 어디로 향하는가?

사회계약은 서로에 대한 사회 구성원들의 요구를 규정한다. 기술의 발전, 여성의 역할 변화, 고령화, 그리고 환경에 대한 우려로 낡은 경제 모델과 사회 모델은 현재 변화의 압력을 받고 있다. 코로나바이러스가 대유행하는 동안 사회의 어느 계층이 가장 취약한지가 분명해지면서 우리의 사회계약에는 뚜렷한 균열이 생겼다. 여러 국가들에서 관찰되는 정치적 분쟁은 우리가 서로에게 어떤 의무를 가지고 있는지 재고하지 않을 경우 조만간 우리에게 닥칠 일을 예고한다. 만약 우리가 서로의 요구사항을 재조정하고, 새로운 기회를 제공하고, 변화에 대처하도록 협력한다면, 우리와 우리 자녀들이 미래에 번창할 수 있는 새로운 합의에 이를 가능성이 있다.

21세기에 꼭 필요한 새로운 사회계약은 어떤 모습일까?

이어지는 각 장에서는 아이를 양육하고 교육하는 일, 아픈 사람을 돌보는 일, 새로운 경제 현실에 적응하도록 돕는 일, 노인을 부양하는 일 그리고 세대 간 이해관계에서 균형을 유지하는 일 등 요람에서 무덤까지 적용될 사회계약의 주요 요소들을 다룬다. 이 과정에서 지구촌 곳곳에서 경험한 여러 사례들을 들어 오늘날의 사회계약이 다방면으로 압박을 받고 있음을 확인하고, 문제의 사회계약을 재규정할 수 있다는 사실을 살펴보고자 한다. 문제의 해결책에 초점을 두고 성공적으로 사회계약을 재규정하는 방법에 집중하겠지만, 정해진 "정답"은 없다. 사회계약이란 사회의 가치관을 반영한 목적대로 기능하도록 설계해야 하고, 구성원 모두가 이러한 가치들을 규정하는 데에 일조해야 한다.

내 생각에 새로운 사회계약을 설계하는 지침에는 크게 세 가지 원칙이 있다. 첫째, 사람은 누구나 인간다운 삶을 누릴 수 있는 최소한의 요인들을 보장받아야 한다. 이 최소한의 요인들에는 기본적인 의료 서비스, 교육, 복리후생 보험금 그리고 노년에 빈곤에서 벗어나게 해줄 연금이 포함되어야 한다. 이때, 최소한의 수준은 해당 사회의 경제적 형편에 따라서 달라진다. 둘째, 모든 사람은 할 수 있는 만큼 사회에 일조해야 한다. 이를 위해서 사회계약은 은퇴 후까지 평생에 걸쳐 교육과 훈련의 기회를 최대한 보장해야 하고, 보육 지원 사업을 제공하여 여성들이 일할 수 있도록 도와야 한다. 셋째, 질병과 실직, 노화와 같은 위험 요인과 관련해서 최소한의 것을 제공하는 일은 개인과 가정 혹은 사업주에게 감당하도록 요구하지 말고, 사회가 분담하는 편이 낫다.

세계화, 자본주의, 인구구조의 변화, 기술 혁신, 환경 파괴 등 오늘날 세계 경제를 주도하는 요인들은 엄청난 물질적 진보를 낳았지만, 사회계약은 그 부작용을 관리하는 데에 실패했다. 나는 이 책에서 기존과 다른 사회계약을 맺는다면 진보가 낳은 혜택은 그대로 유지하면서 모두에게 더 좋은 기회가 돌아가는 구조를 창출할 수 있음을 보여주고자 한다. 그렇게 되면 좌절과 분노로 촉발되는 정치의 악순환도 끊을 수 있다. 새로운 사회계약을 상상하는 작업은 가족과 공동체 내에서 상호 간에 무엇을 요구하고 어떻게 행동해야 하는지 근본적인 개념을 정립하는 일에도 도움이 될 것이고, 장차 우리가 사업주와 정부에 요구하는 내용에도 영향을 미칠 것이다. 미래에 우리가 서로에게 어떤 의무를 지는지에 관한 담론을 가능하게 만드는 일이 지금부터 이어지는 논의의 목적이다.

제2장

아이들

부모가 될지 말지, 만약 아이를 낳는다면 특히 아이가 어릴 때 누가 아이를 돌볼지 등을 결정하는 일은 지극히 개인적인 문제에 속한다. 육아휴직을 신청할지, 국공립 보육시설을 이용할지 아니면 조부모에게 맡길지 등을 선택하는 문제는 개인의 기호부터 도덕적 가치관이나 종교적 신념, 사회규범과 경제 상황까지 다양한 요인들에 의해서 결정된다. 하지만 개인의 선택으로 보이는 이 결정은 사회적으로 중대한 결과를 초래한다. 보살핌을 제대로 받지 못한 아이들은 학교와 직장에서 어려움을 겪는 경우가 많다. 그리고 이런 아이들이 커서 자신의 잠재력을 실현하고 생산적인 시민이 되어서 공공의 이익에 일조할 가능성은 그다지 크지 않다. 더욱이 그들이 짊어진 불운과 불이익은 후대에도 대물림되기 때문에 그 자녀들 역시 사회에서 성공하기는 쉽

지 않다. 이렇듯 사회에 광범위하게 미치는 파급력을 고려해서 정부는 수시로 양육 지원 정책을 검토하고 설계한다. 이 말은 가정을 어떻게 체계적으로 지원하는 것이 좋을지 각 정부에서 특정한 (암묵적 혹은 명시적) 관점을 취하고 있음을 의미한다.

서로 경험이 판이했던 동독과 서독을 예로 들어보자. 1980년대 말까지 동독의 공립 유치원 보육 비율은 세계에서 가장 높았다. 3세 이하 유아의 약 70퍼센트, 그리고 3–6세 사이의 거의 모든 아동이 공립 보육시설에 등록했다.[1] 출산한 여성을 신속하게 직장으로 복귀시키는 데에 중점을 둔 정부 정책에 따라서 육아휴직 기간은 짧았고, 국립 보육시설은 장기간 무료로 제공되었다. 이 정책은 당시의 통념에도 엄마와 아이 모두에게 바람직하게 여겨졌다. 아울러 사회주의 국가로서 성 평등주의 관점에도 부합했다.

이와 대조적으로 가족에 대해 훨씬 전통적인 접근법을 택한 서독에서는 육아휴직 기간이 더 길었지만 휴직급여가 훨씬 적었으며, 국가 보조금을 지원받는 보육시설이 부족했고 부부 합산 과세제도도 없었다. 이러한 여건은 직장에 다니고자 하는 출산 여성의 의욕을 저하했다. 보충성의 원리초국가기구 및 연방제에서 정책을 결정할 때 최소 단위의 의사결정권을 존중하려는 자세/역주를 따른 이러한 접근법은 분권화된 연방체제에서 중앙정부가 사회 서비스의 책임을 대부분 지방정부에 넘기도록 만들었다. 공적 지원보다는 가족의 책임이 우선시되었고, 국가보다는 자선단체의 지원이 우선시되었으며, 중앙정부보다 지방정부의 지원이 우선시되었다. 그 결과 서독에서는 출산한 여성이 집에 남아서 자녀를 돌보는 것이 사회규범으로 자리를 잡았다. 통일된 지 30년이 지났지만, 보충성의 원리와 자녀 양육의 책임을 공공의 영역에 두기를 주저하는 통념은 오늘날에도 지역에 따른 보육 정책의 차이를 지속시키고 있다.[2]

어느 시스템이 더 나은지를 선택하는 일은 사람들의 관점과 우선순위에 좌우된다. 한쪽에서는 사회적 선택은 공평의 가치를 따라야 하고, 성별과 무관하게 동등한 삶의 기회를 누리도록 해야 한다고 주장한다. 반면에 엄마가 어린 자녀를 돌보는 것을 선호하는 쪽에서는 그렇게 하는 편이 아이와 가족에게 가장 이롭다고 주장한다.

아이들을 돌보는 가장 좋은 방법은 무엇일까? 이 질문에는 정답이 여러 개일 수 있고, 어떤 해결책을 택하든지 여성의 직장생활에 엄청난 영향을 미치게 된다. 여성의 육아와 직장생활 문제는 불가분의 관계이다. 또 하나 분명한 사실은 아이들이 가장 좋은 조건에서 인생을 출발하도록 보살피려면 육아를 무급 노동으로 취급하지 말고 사회기반시설의 차원에서 다루어야 한다는 점이다. 이번 장에서 나는 입증된 사실을 차례로 제시하고, 이를 토대로 사회계약에 따라서 여성의 경제적 역할과 아이들의 복지가 어떻게 달라지는지를 평가하고자 한다.

모든 인재를 활용하는 경제

오늘날 화제가 되는 여러 논쟁들은 여성의 경제적 역할 변화를 둘러싸고 갈등이 빚어지고 있음을 보여준다. 가령 고등교육을 받은 여성이 점차 증가하고 있음에도 특정 산업과 국가에서 여전한 성차별을 어떻게 극복할 것인가? 어째서 여성이 남성보다 임금이 낮고, 동일임금법의 영향은 어째서 그토록 미미한가? 가정과 직장에서 이중으로 노동하는 여성의 부담을 어떻게 완화해야 하는가? 지구에 인구가 넘쳐나고 수입이 불안정한 시대에 저출산 국가는 어떻게 젊은 세대를 설득해 결혼과 출산을 선택하도록 이끌 것인가? 출산율이 여전히 높은 아프리카의 경우, 어떻게 하면 여성에게 교육의 기회를 제공하여 피임법을 익히게 하고 가족의 규모를 정하는 데에 더 많은 선택지가 자신들에게 있음을 깨닫게 할 것인가? 상기한 논란은 모두 사회계약에 균열이 생겼음을 알리는 징후이다. 방금 예로 든 교육과 경제적 필요가 사회계약을 다시 쓰도록 압력을 주고 있다면, 그 반대 방향에서는 통념이 이를 막아서고는 한다.

경제적 관점에서 볼 때 여성의 노동시장 참여를 보다 적극적으로 지원하지 않아서 발생하는 손실은 엄청나게 크다. 1960년을 기준으로 미국의 의사와 변호사 가운데 94퍼센트는 백인 남성이었다. 50년 후에 이 수치는 62퍼센트로 떨어졌는데, 이는 더 많은 여성과 흑인 남성, 소수 민족이 이들 직업군에 진입할 기회를 얻었기 때문이다. 미국에서는 1960년부터 2010년까지 경제 전반에서 가용 인재를 제대로 활용할 때 생산성이 20-40퍼센트 향상된 것으로 나타났다.[3] 우리는 이 사실을 곱씹을 필요가 있다. 미국 경제는 백인 남성만의 좁은 인재 풀에서 벗어나 폭넓은 인재 풀을 활용하면서 적절하게 인재를 배치함으로써 생산성을 대폭 상승시켰다. 이와 같은 효과는 여성이 자신의

재능에 맞는 일자리에 진입함과 동시에 재능이 부족한 남성을 대체할 수 있었기 때문에 가능했다.[4]

역사적으로 보면 적절한 일자리에 인재를 배치하지 못하는 데에는 여러 원인들이 있다. 누가 어떤 종류의 일을 해야 하는지를 구분하는 통념(과거의 차별적인 기준이 오늘날까지 별 차이 없이 유지되는 경우가 많다)도 한 요인이었다. 미국 대법관을 역임한 루스 베이더 긴즈버그는 1959년에 콜롬비아 로스쿨을 수석으로 졸업했음에도 직장을 구하는 데에 많은 어려움을 겪었다. 그녀는 인터뷰에서 이렇게 말했다. "유대인에 여성이고 게다가 아이까지 있으니 말 다했죠. 이 세 가지 조건이면 게임에서는 아웃이죠."[5] 부모, 교육기관 혹은 사업주가 어느 한 집단을 더 선호한다면, 그 밖의 집단은 공정하게 평가받을 기회를 놓칠 수 있다. 많은 곳에서 불법으로 규정되어 있지만, 여전히 성별과 인종, 장애, 성적 취향 등을 기준 삼아서 사람을 차별하는 행위가 만연하다. 일례로 여러 연구 결과에 따르면, 구직 신청서에 여성의 이름이 적혀 있으면 지원자의 실력이 부족하다고 전제하는 경향이 있으며, 여성을 고용한 회사들은 아이를 키우면 여성이 남성보다 덜 유능하고 회사에 덜 헌신적이라고 전제하는 경향이 있다.[6]

오늘날에는 과거보다 교육의 기회가 훨씬 공평하게 주어지며, (전부는 아니어도) 많은 나라에서 다양한 양상의 성차별을 불법으로 규정한다. 기계화와 자동화 덕분에 수많은 수작업에서 신체적 조건에 구애받지 않게 되자 훨씬 다양한 노동자들에게 기회의 문이 열렸다. 군인이나 택시 운전 같은 일은 과거에는 남성의 영역이었지만 지금은 이런 분야에서 일하는 여성을 목격하는 일이 특별하지 않다. 온라인 구직 플랫폼은 노동자와 적합한 일자리를 연결하는 작업을 혁신적으로 바꾸어놓았다. 그리고 남자가 할 일과 여자가 할 일을 나누던 사회 규범도 바뀌고 있다. 가령 간호사로 일하는 남성의 수가 증가했고, 전통적으로 남성의 영역으로 여겨지던 공학과 법률 같은 분야에서 일하는 여성의 수가 증가했다. 더욱이 아들과 딸을 키우다 보면 대다수의 부모는 아이들의 재능과 관심이 성별에 대한 고정관념과 꼭 일치하지는 않는다는 사실을 알게 된다.

사정이 이러함에도 불구하고 여성은 가정에서 아이와 노인을 돌보는 일을 대부분 홀로 감당한다. 나라가 부유해지고 가사노동에서 "여성을 해방하는" 세탁기와 진공청소기 같은 기계가 각 가정에 보급되면서 청소나 요리, 쇼핑 등을 기계로 처리하게 되었지만, 아이와 노인을 돌보는 일에는 여전히 많은 시간이 필요하고 이 시간은 선진국이나 개도국이나 별 차이가 없다. 직장생활을 하는 여성은 유급 노동을 끝내고 집에 돌아오면 흔히 말하듯 "2교대 근무"인 무급 가사노동의 대부분을 떠안는다.[7] 가사노동 시간은 전 세계적으로 여성이 남성보다 일일 평균 2시간이 더 길다. IMF가 90개국의 자료를 토대로 밝힌 바에 따르면 무급 가사노동의 남녀 간 격차는 여성의 무급 가사노동 시간이 남성보다 20퍼센트 더 많은 노르웨이에서 가장 적고, 여성의 무급 가사노동 시간이 남성보다 1,000퍼센트 많은 파키스탄에서 가장 크다(그림 4).[8]

선진국 통계를 보면 가사노동을 분담하는 데에 변화가 있음을 알

여성의 일일 평균 무급 가사노동 시간

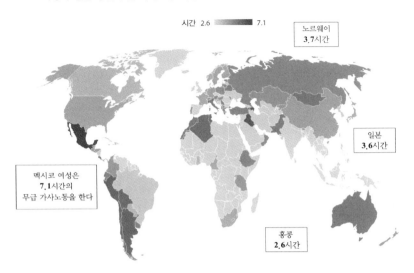

시간 2.6 ▨▨▨ 7.1

노르웨이
3.7시간

멕시코 여성은
7.1시간의
무급 가사노동을 한다

일본
3.6시간

홍콩
2.6시간

남성 대비 여성의 무급 가사노동 시간 비율

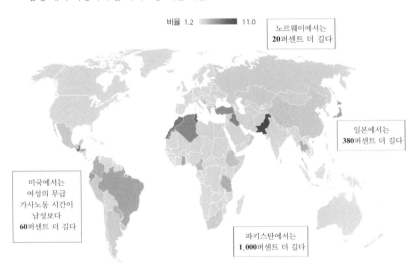

비율 1.2 ▨▨▨ 11.0

노르웨이에서는
20퍼센트 더 길다

미국에서는
여성의 무급
가사노동 시간이
남성보다
60퍼센트 더 길다

일본에서는
380퍼센트 더 길다

파키스탄에서는
1,000퍼센트 더 길다

그림 4 전 세계에서 여성이 남성보다 무급 가사노동을 더 많이 한다

수 있다. 한 연구에 따르면 1916년부터 1989년까지 여성이 가사에 소비한 시간보다 2000년 이후 가사에 소비하는 시간이 하루에 30분 줄어들었고, 줄어든 30분은 유급 노동에 투입되었다. 반면에 남성은 일자리에서 일하는 시간이 줄고 무급 가사노동에 소비하는 시간이 하루에 40분 늘었다.[9] 남녀가 가사노동을 분담하는 경향은 고학력 여성들 사이에서 특히 두드러진다.

개도국에서는 가사 분담방식의 변화가 아직 드러나지 않는다. 66개 개도국에서 나온 자료에 따르면 여성의 가사노동 시간은 남성보다 3.3배 높다.[10] 가사 분담을 가장 불공평하게 하는 나라들에서는 여성이 남성보다 매년 10주일 이상의 추가 근무를 하고 있다. 나이가 많은 아이들(거의 언제나 여자아이)이 어린 동생들을 돌보기도 하는데, 전 세계적으로 5세 이하 아동 약 3,500만 명이 부모의 보살핌을 받지 못한 채 방치되고 있는 것으로 추정된다. 개도국의 남성들이 육아에 참여한다고 해도 육아에 대한 남성들의 보고와 그 배우자들의 보고는 불일치하는 사례가 많다(아마도 많은 여성 독자들이 이 대목에서 미소를 지었을 것이다). 가령 인도 남성의 37퍼센트는 자신이 매일 아이들을 돌본다고 답했지만, 남편이 육아를 한다고 답한 인도 여성은 17퍼센트에 불과했다. 브라질에서는 이 차이가 훨씬 더 크다. 남성의 39퍼센트가 매일 육아를 한다고 답했지만, 이 답변을 인정한 브라질 여성은 10퍼센트에 그쳤다.

이처럼 여성의 교육 수준이 올라가고 직업 선택 기회가 증가하고, 노동이 기계화되고 사회규범이 변화했음에도 인재를 적소에 배치하는 일의 가장 큰 걸림돌은 그대로 남아 있다. 전 세계 여성들은 아이를 가지면 경력 단절을 경험하거나 육아와 일을 양립하는 차원에서 저임금 일자리를 택한다.[11] 성별에 따른 임금 격차는 여성들이 집안일과 병행할 수 있는 일자리가 대개 단기직이거나 시간제 일자리라는 사실을 통해서 상당 부분 설명이 가능하다. 이런 일자리는 시간당 임금이 적기 때문이다. 여성들의 근로시간이 짧아지면 그만큼 경력을 쌓는 시간도 줄어들어 진급이 더뎌지고, 임금 수준도 낮게 형성된다.[12] 게다가 육아로 직장을 그만둔 여성 중에는 경력 단절 기간이 길어지면서 아예 노동시장으로 복귀하지 못하는 경우도 많다.

요컨대, 성차별 없는 노동시장을 조성하여 여성들이 잠재력을 발휘할 수 있도록 하면 여성과 남성 모두의 생산성이 향상될 것이다. 이때 우리가 경제적으로 얻을 수 있는 이득은 매우 크다. 노동시장에서 성차별을 해소하고 여성의 기술력을 더한다면 GDP^{국내총생산}를 35퍼센트까지 증가시킬 수 있다는 연구 결과도 있다.[13] 이러한 경제적 이익을 얻고자 한다면 보육 지원과 연관된 사회계약을 개선할 방안을 고려해야 한다.

가족 중심 vs. 국가 및 시장 중심

모든 국가는 사회계약에서 양성 간의 양육 분담 체계와 양육을 지원하는 주체에 관한 규범을 세운다. 전자의 방침은 여성과 남성의 육아휴직 제도로 나타난다. 후자의 방침은 두 가지로 나타난다. 현금을 지원하여 가정에서의 육아를 권장하거나 육아시설에 정부 보조금을 제공하여 유치원 같은 제도적 환경을 이용하도록 권장하는 것이다.

보육 정책에는 대체로 두 가지 모델이 있다. 하나는 가정의 역할을 강조하는 모델로, 경제적으로나 사회적으로 정부에서 개인을 아예 지원하지 않거나 지원한다고 해도 아주 적은 혜택만을 제공하는 것이다. 남유럽과 동아시아의 국가들이 이 방식을 대표한다. 이런 경우에 정부의 정책은 (일반적으로 여성에게) 육아휴직을 제공하는 데에 초점을 두고 가정에서 여성이 육아의 책무를 맡도록 한다. 정부가 육아를 지원할 때에도 육아 보조금을 개인에게 제공해 가정에서 육아를 책임지도록 장려한다. 다른 하나는 굳이 가족이 아니더라도 무상으로 제공되는 공립 보육시설이나 정부의 보조금을 지원받는 민간기관을 이용해서 아이를 돌볼 수 있는 모델이다. 대표적으로 북유럽의 여러 국가들과 프랑스가 공립 보육시설을 적극적으로 제공한다.[14]

두 모델에 관해서는 당연히 모두 논쟁의 여지가 있다. 각각의 사회계약은 양육 문제에서 개인이나 가족의 책임을 얼마나 중시하는지와 관련된 가치관에 뿌리를 두고 있다. 먼저 가족 중심 모델에서는 남성과 여성에 관한 전통적 역할을 강조한다. 또 대가족 구성원들 간에 그리고 세대 간에 상호의존하면서 의무를 다하도록 장려한다. 이를테면 조부모(일반적으로 할머니)가 손자들을 돌보고 노년에는 자신의 자녀로부터 보살핌을 받기를 기대한다. 두 번째 보육 정책 모델에서는 개인이 전통적인 가족구조 밖에서도(예를 들면 한부모 가정) 자녀를 양육하며 삶을 꾸려나갈 수 있도록 가족의 요건을 폭넓게 정의하고 배려한다.

　조부모가 육아에 관여하는 정도는 국가에 따라서 큰 차이가 있으며, 해당 국가의 보육 정책이 가족을 중심으로 하는지의 여부를 보여준다. 유럽과 미국에서 조부모가 손주를 돌보는 비율은 10퍼센트 미만이지만, 동아시아에서는 30퍼센트, 사하라 이남 아프리카에서는 75퍼센트에 이른다.[15] 이 차이는 인구구조에서 기인하기도 한다. 고령화 사회에서는 출산하는 여성의 연령대가 높고, 이에 따라서 고령의 조부모가 육아를 돕지 못하는 경우가 많다. 반면 조부모의 나이가 주로 50대인 아프리카 여러 나라들에서는 엄마들이 아이를 조부모에게 맡기고 직장에 다닐 수 있다.

　조부모가 육아를 지원하는 비율이 가장 높으리라고 추정되는 곳은 중국이다. 상하이에서는 어린이의 90퍼센트, 베이징에서는 어린이 70퍼센트, 광저우에서는 어린이 50퍼센트가 적어도 한쪽 조부모에게 돌봄을 받고 있고, 이들 조부모의 절반이 단독으로 육아를 담당한다.[16] 이러한 현상은 중국의 한 자녀 정책에서 기인한다. 이 정책을 실행한 후로 중국에서는 아이 1인당 조부모가 여러 명이 되었으며, 육아에 대한 정부 지원도 제한되었다. 또한 한 자녀 정책은 중국의 전통 문화와 낮은 정년 연령, 대규모 이촌향도離村向都 현상과 맞물려 어린 아이들과 조부모들만 함께 지내는 시골 마을들을 형성시켰다.[17]

　조부모에게 손주를 맡기는 쪽과 공립 보육시설을 이용하는 쪽, 둘 중에 어느 방법이 나은가? 여기에 "정답"은 없다. 가족은 그들의 여건과 기호에 따라서 양육방식을 선택한다. 한 연구 결과에 따르면, 조부모의 보살핌을 받은 아이들은 평균적으로 더 많은 어휘를 익힌다. 아마도 조부모와 긴밀하게 일대일 소통을 경험하기 때문인 듯하다. 하지만 조부모가 돌본 아이들은 취학 전 학습 준비도와 관련된 비언어적 추론이나 수학 개념 등의 인지 평가에서는 점수가 훨씬 저조했다. 이와 같은 인지 능력의 차이는 취약계층의 아동들에게 가장 문제가 되었다.[18]

전통적인 가족 중심의 보육 모델을 실행하는 국가, 그리고 남성을 육아에 참여시키고 공공과 민간시설 중심의 보육 모델을 장려하는 국가를 비교할 때 각 정책이 여성의 노동시장 참여율에 미치는 영향은 어떠한가? 그리고 어느 모델이 미래에 가장 적합한가?

선진국의 보육 정책

선진국이 보육 지원에 지출하는 평균 금액(가족 중심의 보육 정책이든 정부 지원 중심의 보육 정책이든)은 GDP의 0.6퍼센트를 차지한다. 개도국에 견주어볼 때 선진국은 교육비에 약 8배를 더 지출하고, 의료비에는 21배를 더 지출한다.[19] 육아휴직(일부라도 휴직급여를 지급하는) 기간은 평균 55주일이다. 위에서 언급했듯이 보육에 지출하는 규모가 가장 큰 나라는 북유럽 국가들과 프랑스이고, 가장 규모가 작은 나라는 남유럽 국가들과 오스트레일리아, 뉴질랜드, 스위스, 멕시코, 터키이다.

선진국에 속하는 OECD 경제협력개발기구 회원국들에서는 평균적으로 남성의 유급 육아휴직이 8주일로 여성보다 훨씬 짧다. 프랑스에서는 아빠들이 비교적 넉넉한 28주일간의 유급 육아휴직을 받지만, 뉴질랜드나 캐나다, 스위스에는 아빠들을 위한 육아휴직 제도 자체가 없다. 하지만 변화가 일고 있다. EC유럽연합위원회는 최근 회원국에 지침을 내려서 2022년까지 최소 4개월의 육아휴직 기간을 법으로 보장하도록 요구했다. 이에 따르면 육아휴직 기간에 보호자 두 사람 모두 최소 2개월은 휴직 기간을 가져야 한다. 독일과 스웨덴은 한 단계 더 나아가서 각각 14개월과 16개월의 육아휴직을 제공하고, 의무 기간을 뺀 기간을 모두 파트너에게 양도할 수 있도록 했다. 현재 핀란드는 모든 남성에게 7개월의 육아휴직을 제공한다.

한편 미국은 특이한 국가이다. 여느 선진국과 달리 법으로 보장하는 유급 육아휴직이 전혀 없다. 다만 미국은 1993년에 제정된 가족의료휴가법The Family and Medical Leave Act, FMLA을 통해서 일정한 자격을 갖춘 노동자에게 출산을 비롯한 의료적 이유로 매년 최대 12주의 휴가를 보장하는데, 이때 따로 휴직급여가 제공되지는 않는다. 미국의 보육 분야 공공지출은 GDP의 0.35퍼센트로 OECD 평균에도 미치지 못하는 수준이며, 이에 따라서 미국의 가정은 개인 소득의 상당액을 보육비로 쓰고 있다. 물론 이는 소득 수준에 따라서 가정마다 큰 차이를 보인다.[20]

각국 정부의 보육 정책 방침은 부부의 근무 형태에 엄청난 영향을 미친다. 보육 분야의 공공지출이 상당히 크고 육아휴직 제도가 마련되어 있는 북유럽에서는 맞벌이 가정이 가장 흔하다. 가령 덴마크와 핀란드의 맞벌이 부부 비율은 각각 55퍼센트와 59퍼센트이다. 유럽 대륙에서는 1.5인 소득자 모델이 더 흔해서 남성이 전일제 노동을 하고 여성은 주로 시간제 노동에 참여한다. 혼합된 모델을 따르는 프랑스와 벨기에는 어린아이를 돌보는 여성에게는 유급 육아휴직을 장기간 제공하지만, 여건이 되는 여성에게는 전일제 노동에 복귀할 수 있도록 지원한다.[21] 영국처럼 복지 정책에서 경제적 자유주의를 지향하는 나라는 민간 시장에서 (보육 바우처childcare voucher 같은) 지원 혜택을 활용하도록 하고, 시장이 실패하거나 긴급한 필요가 발생했을 때, 혹은 극빈 계층의 경우에 해당 가정에 공적으로 보육을 지원하는 방식을 활용한다.[22] 이와 같은 접근방식은 대다수 여성이 부차적 소득자의 지위에 놓이는 결과를 낳았다. 남유럽의 사회계약에서는 보육 책임을 가족에게 두는 방식을 선호하므로 남성 생계 부양자 모델이 가장 흔하다.[23] 대다수 개도국도 남유럽과 비슷하다.

개도국의 보육 정책

개도국들에서는 여전히 가족이 보육을 책임지는 형태를 선호하는 경향이 있다. 더욱이 수많은 여성들이 비정규직으로 일하기 때문에 법적으로 육아휴직을 누릴 권리가 없으므로 이와 같은 경향은 더욱 강화되었다. ILO국제노동기구는 개도국의 여성 노동자 8억3,000만 명이 아직도 육아휴직 혜택을 누리지 못하는 것으로 추정한다.[24] 아시아, 아프리카, 중동 지역의 국가들은 대개 12–13주의 법정 육아휴직 기간과 통상임금의 100퍼센트가 지급되는 휴직급여를 보장하고 있지만, 정규직으로 일하는 여성의 수가 매우 적어서 실제로 이 정책의 혜택을 받는 사람은 거의 없다.

아시아의 몇몇 개도국에서도 남성 육아휴직을 도입하고 있는데, 그 속도가 더디고 혜택이나 지원 수준도 매우 낮다. 필리핀의 남성 육아휴직 기간은 7일이고, 방글라데시와 캄보디아, 베트남은 10일이다. 중국과 인도에는 남성 육아휴직 제도 자체가 없다. 아프리카와 중동에서도 남성 육아휴직 제도를 도입한 나라가 드물다. 개도국 가운데 부부 사이에 양도할 수 있는 남성 육아휴직 제도를 도입한 나라는 더욱 희귀하고(부르키나파소, 차드, 기니, 네팔, 몽골뿐이다), 유급 휴직을 보장하는 나라는 사실상 없다고 해도 무방하다. 하지만 남성 육아휴직을 제공하는 개도국들이 여성취업률의 상승으로 이미 이점을 누리고 있다는 연구 결과가 나오고 있다.[25]

이와 함께 보육에 대한 공공 분야의 지원을 확대하는 사례가 늘어나고 있다. 이는 더 많은 여성들이 사회에 진출할 수 있는 여건을 조성할 뿐 아니라 보육 부문의 일자리도 창출할 수 있다. 멕시코에서 실행하는 에스탄시아스 프로그램Estancias programme은 직원 비율을 일정 이상으로 유지하고 영양가 있는 음식과 교육과정을 갖추고서 일주일에 5일, 하루 최소 8시간의 보육 서비스를 제공한다. 비용을 최대 90퍼센트까지 국가에서 지원하는데, 대부분 극빈층의 자녀에게 혜택이 돌아간다. 보육시설에 아이들을 보낸 여성은 노동시간을 하루 평균 6시간까지 늘릴 수 있다. 또한 이 프로그램은 신규 일자리를 창출하여 최대 4만 명의 여성들에게 일자리를 제공했다. 비슷한 보육 프로그램을 운영하는 인도는 100만 명이 넘는 아이들을 돌보고 있으며, 남아프리카 공화국에서는 2만 명이 넘는 여성들이 일자리를 얻었다.[26]

보육과 여성의 노동

광범위한 연구 결과, 보육 비용이 하락하면 더 많은 여성들이 노동시장에 진출하는 것으로 나타났다.[27] 그리고 출산한 여성이 직장으로 복귀하도록 지원을 많이 하는 나라는 여성의 노동시장 참여율이 더 높은 만큼 경제적 이득도 더 많이 얻었다(그림 5). 경제적으로 부담 없으며 쉽게 이용할 수 있는 양질의 서비스는 여성들이 일과 삶의 균형을 유지하는 데에 도움을 주는데, 이 서비스 이용률은 국가에서 보조금을 지원할 때에 더 높다. 여성의 교육 수준, 통상임금, 사회규범, 보육 관련 규제 등 다른 요인들도 중요하지만, 무엇보다 사회계약에서 보육 지원을 넉넉하게 제공하는 나라일수록 더 높은 여성고용률과 출산율을 기록하며 인구를 안정적으로 유지한다.

구체적인 수치는 국가에 따라서 여전히 상당한 차이를 보인다. 주요 선진국에서는 남성과 여성의 소득이 서로 비슷한 궤도를 그리다가 첫 아이를 출산한 이후 급격하게 벌어진다. 남성은 별로 영향을 받지 않지만, 여성은 소득이 급격히 줄어든다. 이 "출산 불이익첫째 아이를 낳은 후 5-10년에 걸친 임금 하락"은 국가 간의 차이가 커서 스웨덴과 덴마크는 21-26퍼센트, 독일과 오스트리아는 31-44퍼센트, 영국과 미국

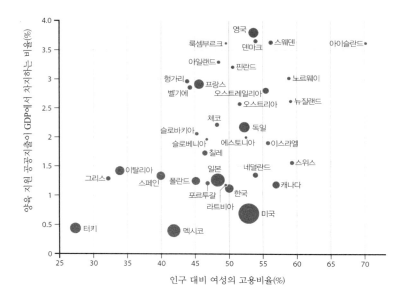

2015년도 OECD 국가의 양육 지원 공공지출과 여성의 고용비율

그림 5　가정 지원제도를 확대한 국가에서는 여성의 유급 노동이 유지된다

은 51-61퍼센트의 소득 하락률을 보인다.[28] 이러한 차이는 단기적으로는 남성 육아휴직 및 보육 정책과 맞물려 있지만 사실 그 영향력은 제한적이다. 장기적으로 보면 남성과 여성의 역할을 구분하는 문화 규범과 더불어 여성이 집에서 가족을 돌봐야 한다는 보수적인 통념이 더 크게 작용하는 것으로 보이기 때문이다.[29]

　한국, 일본, 타이완처럼 인구 감소라는 난관에 봉착한 몇몇 국가들은 출산율 감소 대책을 세우고 재정 지원을 늘렸다.[30] 세계에서 가장 급격하게 출산율이 감소한 한국과 일본은 현재 유급 육아휴직 기간이 1년으로 세계에서 가장 긴 편이지만, 이 제도를 이용하는 남성은 3

퍼센트 미만에 그친다. 왜 그럴까? 이와 관련해 최근 일본에서 발표된 "하고 싶지만, 하지 않을 거야"라는 인상 깊은 제목의 논문은, 일본의 20-49세 기혼 남성들이 남성 육아휴직 제도를 활용하고 싶어하면서도 다른 남성들이 자신을 부정적으로 바라보리라는 인식 때문에 그러지 못한다고 밝혔다. 일본의 기혼 남성들은 실제로는 모두 육아휴직이 필요하다고 여기면서도 그릇된 선입견 때문에 정작 아이가 생겼을 때에 육아휴직을 쓰지 않았다.[31] 사정은 영국도 비슷하다. 남성 육아휴직을 이용할 수 있음에도 40퍼센트가 이 제도를 활용하지 않았고, 2주일 이상 육아휴직을 떠난 남성은 10퍼센트를 넘지 않는다.

이와 같은 정책들의 실패는 무급 돌봄노동을 기꺼이 분담하려는 생각의 전환을 끌어내지 않은 채 가정 중심의 보육 정책을 강화했다는 데에서 기인한다. 남성들의 생각이 바뀌지 않는 한 공공보육 지원을 확대하는 것만으로는 충분하지 않다. 하지만 적절한 방향으로 정책을 설계하면 행동의 변화를 촉진할 수 있다. 아이슬란드는 몇 가지 선택지를 제공함으로써 남녀가 무급 돌봄노동을 공평하게 분담하도록 유도하는 데 성공한 듯하다. 아이슬란드는 9개월간 유급 육아휴직을 제공하는데, 이 가운데 3개월은 여성에게 3개월은 남성에게 주어지고, 나머지 3개월은 서로 양도할 수 있다. 이때 남성이 자신의 몫을 사용하지 않으면, 휴직 기간은 소멸된다. 설문조사에 따르면 2000년에 이 정책이 도입된 이래로 아이슬란드에서는 거의 모든 아빠들이 육아휴직을 사용하고 있으며, 그 결과 아이들의 삶에서 예전보다 훨씬 적극적으로 보호자의 역할을 담당하는 것으로 나타났다.[32]

이탈리아, 스페인, 아일랜드처럼 전통적으로 가톨릭 신앙을 중심으로 대가족을 이루던 나라들도 현재는 인구 감소라는 위기를 현실로 직면하고 있다. 이유가 무엇인가? 이들 나라에서는 가정 중심의 보육을 선호하기 때문에 재정적으로 육아를 지원하지 않고, 남성들은 무급 돌봄노동을 거의 하지 않는다. 여기에 높은 실업률과 고용불안정성도 문제를 악화시킨다. 젊은 세대가 결혼과 출산을 미루고 있기 때문이다. 그 결과 이들 국가의 출산율은 세계 최저 수준이다.

보육 정책이 아이들에게 미치는 영향

공공보육 정책이 더디게 발전하는 데에는 엄마가 직장에 나가는 것이 아이들에게 부정적인 영향을 끼친다는 통념도 한몫한다. 이러한 편견은 엄마만이 아이가 건강히 자라도록 돌볼 수 있다는 믿음에 근거한다. 그렇다면 일하는 여성과 자녀 발달의 상관성을 연구한 자료에서 밝혀진 사실은 무엇인가? 데이터는 아빠가 자녀 발달에 미치는 영향에 관해서 무슨 이야기를 하는가? 이 주제를 놓고 지금까지 방대한 연구가 이루어졌다.

심리학자들 사이에서는 생후 처음 몇 개월이 아이의 두뇌와 정서 발달에 매우 중요하다는 데에 이견이 없다.[33] 여성이 출산 후 곧바로 직장으로 복귀하지 않아도 된다면 모유 수유가 가능해지고, 아이에게 중요한 이 기간 동안 더 오래 또 자주 아이와 교감할 수 있다. 연구에 따르면 여성이 일찍 직장으로 복귀했을 때에 유아기 학업성취도가 다른 아이들보다 떨어지는 것으로 나타났으며, 이에 따라서 둘 사이에 부분적인 연관이 있는 것으로 여겨지고 있다.[34] 여러 실험적인 연구들을 정리한 한 보고서는 여성이 출산 후 1년까지 직장으로의 복귀를 늦추는 것이 아이에게는 유익하다고 결론지었다.[35] 그러나 이러한 조사들은 육아로 인한 경력 단절이나 경제적 자립 능력 상실이 여성에게 미치는 영향을 고려하지 않았다. 또 보육시설에서 양질의 서비스를 받는 아이들을 조사하여 그 영향력을 비교 평가하지도 않았다. 아울러 엄마 대신 아빠가 집에 머물며 생후 초기에 아이를 돌볼 경우에도 똑같이 아이에게 좋은 영향을 미치는지에 관해서도 아직 충분한 연구가 이루어지지 않았으며, 자료도 부족한 형편이다.

아이들이 조금 더 자라면 부모 외의 보호자들과 또래 아이들 그리고 학교로부터도 영향을 받으며 성장한다. 아이가 2–3세가 된 이후에는 여성의 직장 복귀가 아이들의 학업성취도와 행동 발달에 긍정적인 영향을 미치는 것으로 나타났다.[36] 69개 연구를 메타분석한 자료에 따르면, 여성의 노동시장 복귀와 아이들에게 미치는 부정적 결과 사이에는 거의 연관이 없는 것으로 보인다. 실제로 학생 성취도에 관한 교사 평가는 엄마가 직장에 다니는 편이 자녀에게 이롭게 작용하고 있음을 암시한다. 일정 기간 이후에 직장으로 복귀하는 여성과 전업주부로 남는 여성을 비교하면 전자의 경우가 오히려 자녀의 학업성취도와 행동 발달에 유익한 영향을 주는 듯하다.[37] 아이의 학업과 행동 발달에 미치는 긍정적인 영향은 여성이 이용하는 보육 서비스의 품질이 좋을수록 효과가 더 크다.[38] 이렇게 볼 때 중요한 것은 부모가 출산 후에 아이 곁에 머무는 "기간"이다. 생후 1년간은 부모가 집에서 아이를 돌보는 편이 긍정적일지 몰라도 아이가 2–3세가 된 후에는 엄마가 노동시장에 참여하는 편이 학업성취도에 긍정적인 효과를 불러온다.

과거에 몇몇 국가들은 아동 복지를 증진하기 위해서 출산휴가 기간을 늘렸다. 가령 독일은 1992년에 출산휴가 기간을 18개월에서 36개월로 늘렸고, 그 결과 직장에 다니는 여성의 수가 대폭 감소했다.[39] 이러한 정책 변화는 아동 발달에 긍정적인 환경을 조성하는 것을 목표로 했지만, 정책을 바꾼 이후에 태어난 아이들의 학업 및 직업 측면의 성취도가 새로운 정책 이전에 태어난 아이들보다 향상되었음을 증명하는 자료는 없었다. 오히려 출산휴가 기간을 늘린 이후에 아이들의 학업성취도는 약간 떨어졌을 가능성이 있으며, 여기에는 소득 감소 역시 십중팔구 부정적 영향을 미쳤으리라고 추정된다. 출산휴가 기간이 다른 곳보다 긴 유럽 국가들에서 영유아 사망률이 더 낮다는 연구 결과도 있지만,[40] 학업 및 직업 성취도 측면에서는 캐나다와 덴마크에서도 독일과 비슷한 결과가 나왔다. 미국에서는 무급 출산휴가를 도입하면서 저체중 및 미숙아 출산율이 감소하고, 영아 사망률이 낮아졌다.[41]

저소득층 가정일수록 여성이 직장으로 복귀하는 쪽이 아이들에게는 유익하다. 재정적으로 위기에 놓인 가정, 특히 한부모 가정이나 복지수당에 의존하는 가정의 아이들은 부모가 직장에 다닐 때에 더 잘 지내는 경향을 보인다.[42] 엄마가 직장에 다니면 경제적으로 안정감을 느껴 가정 내의 스트레스가 감소하고, 이는 엄마의 부재라는 결핍을 보완한다. 반면 부유한 가정의 아이들은 여성의 직장 복귀로 소득이 더 늘어난다고 해서 아동의 웰빙 수준이 크게 달라지지는 않는다.

여자아이와 남자아이에게 미치는 영향도 매우 다르다. 최근 한 연구는 북아메리카와 남아메리카, 오스트레일리아, 유럽, 아시아, 중동을 비롯한 29개국에서 10만5,000명의 어린이를 성인이 될 때까지 추적조사했다.[43] 그 결과, 직장을 다니는 여성의 슬하에서 자란 딸들은 전업주부에게 양육된 딸들보다 취업 및 승진 가능성이 더 크고, 더 오래 직장생활을 하며 더 높은 소득을 올린다는 사실이 발견되었다. 한편 직장생활을 하는 여성 밑에서 자란 아들은 성인이 되어서 가족을 돌보는 데에 더 많은 시간을 쏟았고, 딸들은 성인이 되어서 무급 가사노동에 더 적은 시간을 썼다. 이러한 차이는 직장 여성이 집안에서 유급 노동과 무급 노동을 분담하는 일에서 훨씬 평등한 태도를 보여주기 때문으로 보인다.

엄마가 직장으로 복귀하는 것이 아이들에게 이롭고 재정적으로 유익하다는 점 외에 아빠가 아기와 교감을 나누는 일이 얼마나 유익한지 증명하는 연구도 속속 발표되고 있다. 성장기에 아빠와 자주 교감한 아이들은 정서 및 행동 측면에서 보다 발달된 것으로 나타났다. 소득이 증가하면 아빠들은 자녀와 더 많은 시간을 보내는 경향이 있는데, 아빠와의 교감은 속성상 엄마와 나누는 교감과는 차이가 있으므로 상보적인 역할을 하게 된다. 몇몇 관찰연구에 따르면, 아빠가 유아와 나누는 활동적인 상호작용은 호기심을 자극하고 모험심과 탐구심을 고취할 수 있으며, 이는 인지 발달에 유리하게 작용하는 것으로 보인다.[44] 일례로, 생후 3개월까지 아빠와 친밀하게 상호작용한 영아를 대상으로 만 2세에 인지 검사를 진행한 결과 그렇지 않은 아이들보다 더 점수가 좋았다.[45] 또 아이가 태어나고 1년 후에 지능 검사를 진행한 결과, 생후 1개월 동안 아빠가 적극적으로 육아를 할 경우 아이에게 긍정적인 영향을 미치는 것으로 보인다.[46]

미래의 가족

노동시장에서 여성의 재능을 활용하면 재정에 도움이 될 뿐만 아니라 생후 1년이 지난 시점부터는 아이의 복지 향상에도 유익하다. 또 생후 초기에 아빠가 양육에 적극적으로 참여하는 것이 아이에게 이롭다는 사실도 입증되었다. 사회계약에서 양성 간에 육아의 책임을 균형 있게 분담하고, 여성이 무급 노동에서 벗어나 유급 노동에 참여하게 할 때 사회는 더욱 풍요롭고 공정해진다. 아이들이 생후 초기에 부모와 교감하고, 이후 양질의 보육 서비스를 받을 수 있다면 학업 및 정서 발달이 촉진된다. 빈곤층에 속한 아이들일수록 정부의 보육 지원이 중요하며, 보육의 질을 높일 때 아이들의 사회 이동social mobility 가능성도 향상될 것이다.

경제적으로 부담 없는 양질의 보육 서비스를 제공하기 위해서 공공자원을 확대하는 보육 정책에도 여러 가지 형태가 있다. 공공자원으로 가정 중심의 보육 정책을 장려할지 아니면 가정 밖의 보육 서비스를 장려할지는 선택의 문제이고, 그 선택은 개인과 가정의 몫으로 남겨두는 편이 최선이다. 육아휴직과 보육 지원 비용을 사업주가 아닌 국가가 부담하는 정책은 남성과 여성이 경쟁하는 경기장을 평평하게 만드는 길이다. 요컨대 공공 정책은 남성과 여성이 동등하게 육아에 참여할 수 있도록 그들을 지원해야 한다. 남녀에게 이와 같은 선택의 자유가 있을 때 비로소 경제적 관점에서도 적소에 인재를 배치할 수 있다.

이상적인 방안은 정부가 여성 육아휴직, 남성 육아휴직 나아가 부부간에 양도 가능한 육아휴직 등 여러 선택지를 제공하고 재정적으로도 지원하여 가정 내 육아뿐 아니라 보육시설을 이용하는 데에 어려움이 없도록 하는 것이다. 이때 무엇을 선호하는지는 지극히 개인적인 선택이며, 개인이 처한 환경에 크게 영향을 받는다. 다음 세대를 돌보는 일을 무급 노동으로 취급하고 무시하거나 깎아내리지 않으려면 무엇보다 보육에 대한 인식의 전환이 필요하다. 보육 서비스는 의료 서비스와 교육 서비스처럼 공공기반시설의 핵심이 되어야 한다. 또한 보육 정책은 달라지는 노동 현장과 가족구조에 유연하게 대응해야 한다. 이러한 정책은 남성과 여성의 삶의 질을 향상하고, 아이들을 더욱 효과적으로 지원하고, 특히 여성을 위한 신규 일자리를 창출할 것이다.

노동시장의 평등을 위해서는 보육 정책이 무엇보다 중요하지만 그 외에도 여러 정책들이 여기에 영향을 미친다. 직종 변경이나 단축근무제 등의 육아 지원 혜택같이 다양한 유연근무제를 도입하면 남성과 여성 모두 일과 육아를 균형 있게 조정하는 데에 도움이 될 것이다 (이에 관해서는 제5장에서 자세히 다룬다). 부부 합산으로 세금을 신고하도록 장려하기보다는 개별로 과세하는 편이 더 낫다. 부부 합산일 경우에는 두 번째 소득자(대부분 여성)가 배우자와 동일한 세율을 적용받게 되는데, 이렇게 되면 개인으로 신고했을 때보다 세금이 더 많아져 여성의 노동시장 참여를 저해한다.[47] 한편 긴 여름방학은 맞벌이 부부에게는 적지 않은 어려움인데, 현대 사회에는 농업 종사자가 거의 없고 아동노동은 불법이므로 긴 여름방학은 더 이상 필수적이지 않다. 이렇게 여러 방면에서 맞벌이 가정을 지원하는 사회계약을 만들어나가는 일이 중요하다.

물론 정부 정책만으로는 부족하다. 가정 안에서의 사회계약도 바꿔야 한다. 한국과 일본의 사례에서 살펴보았듯이, 육아휴직 기간이 세계에서 가장 길어도 사회적 인식이 바뀌지 않으면 실효성이 떨어진다. 여기에서 북유럽 국가들의 사회계약은 흥미로운 대조를 이룬다. 북유럽의 사회계약은 수십 년에 걸쳐 발전한 것으로, 여성고용률이 높고, 보육 부문의 공공지원 범위가 넓고, 남성들이 무급 돌봄노동을 상당 부분 분담하는 것을 특징으로 한다. 이와 같은 보육 정책 모델 덕분에 북유럽 국가들은 높은 수준의 소득과 안정된 출산율을 유지할 수 있었다. 반대로 한국은 보육 지원 혜택을 확대하고 있음에도 사회적 인식 때문에 활용도가 낮아서 현재 출산율이 0.9명으로 세계에서 가장 낮은 수준이다(인구를 안정적으로 유지하려면 출산율이 2.1명은 되어야 한다).

우리가 사회계약을 전면적으로 바꿀 여유가 있을까? 나는 오히려 현재의 사회계약을 우리가 그대로 두고 볼 만한 여유가 없다고 주장하고 싶다. 가족구조가 빠르게 변하고 있다. 결혼 연령이 갈수록 높아지고, 여성들의 출산 시기 또한 점점 늦어지고 있다. 한부모 가정이 늘어나고, 인구가 고령화되고 있다. 아프리카를 제외한 모든 곳에서 출산율이 떨어지고 있다. 사회계약은 현대 사회의 가족과 경제적 필요를 충족해야 한다. 보육 지원을 확대해서 더 많은 여성이 노동시장에서 재능을 펼친다면 생산성이 올라가고 세수가 증가해 보육 정책을 실행하는 데에 드는 비용쯤은 얼마든지 충당하고도 남는다. 아빠들이 더 많이 육아에 참여하도록 유도하는 것도 아이들의 복지를 증대하고 인지 발달을 촉진해 생산성이 뛰어난 젊은 세대를 양육하는 데에 도움이 된다. 고소득의 젊은 세대는 장차 노인들의 연금과 의료비를 감당할 세수를 늘리는 데에 일조할 것이다. 역사적으로 이미 관찰된 바와 같이, 가족 내의 서로 다른 세대에게만 부양 부담을 지우는 일은 대단히 불평등한 결과를 초래하기 때문에 사회 구성원 모두가 위험을 분담해야 한다.

제3장
교육

2005년에 나는 에티오피아 남부에 있는 한 마을을 방문했다. 그레이트 리프트 밸리의 장관을 감상할 수 있는 곳이자 세계 최빈국 가운데 하나인 에티오피아에서 나는 그 나라에서도 가장 가난한 사람들을 만났다. 내가 만난 가족의 부모는 수척할 대로 수척했고, 틀림없이 꽤 오랫동안 굶주림을 겪은 듯했다. 그러나 그들은 무척 행복한 얼굴이었다. 영국 정부가 시행한 원조 프로그램 덕분에 학교가 건설되어 자녀들이 혜택을 누리고 있기 때문이었다. 다만 문제가 하나 있었는데, 에티오피아 정부 예산으로는 채용 가능한 교사가 1명뿐이라는 점이었다. 따라서 학교에는 학급이 하나뿐이었고, 학생 수는 80여 명이었다. 하지만 그 부모는 학부모회가 십시일반 돈을 모아 교사 1명을 더 채용해서 아이들에게 더 나은 교육을 해줄 수 있었다고 내게 자랑스럽게 말했다.

　자녀가 최적의 조건에서 인생을 시작하도록 도우려는 부모의 마음은 어디든지 똑같다. 부유한 나라에서는 부모들이 자녀를 명문학교에 입학시키려고 치열하게 경쟁하고, 시험에 합격할 가능성을 높이고자 고액의 사교육을 시킨다. 가난한 나라에서는 자녀를 학교에 보내기 위해서 가족이 물질적으로 많은 것을 희생하고는 한다. 두 사례 모두 교육의 가치, 즉 개인에게 주는 혜택과 교육받은 인구가 증가할 때에 사회 전체에 발생하는 이득이 무엇인지를 보여준다.

　모든 나라는 사회계약에서 교육을 핵심 항목으로 삼는다. 거의 모든 사회가 6세부터 20대 초반까지 교육에 집중적으로 투자하고 있다. 그러나 오늘날 우리는 영양 상태, 지적 자극, 부모와의 관계 등 6세 이전의 경험이 아이들의 학업성취도에 큰 영향을 미친다는 사실을 알고 있다. 한편 근로 수명이 길어지고 업무의 형태가 갈수록 다양해지는 현대 사회에서 성인들 역시 날로 발전하는 업무 관련 기술을 익히도록 재교육받을 필요가 있다. 이와 같은 변화는 교육에 관한 사회계약에 어떤 의미를 가지는가?

교육의 가치는 어디에 있는가?

교육은 여러 목표를 달성할 수 있다. 아이들의 신체적 능력과 인지 및 정서를 발달시키며, 공동의 가치관을 나누는 시민을 형성하고, 각자의 타고난 재능을 살려 세상을 이롭게 할 방법을 발견하는 일 등이 그

것이다. 사회계약의 관점에서 보자면 미래의 노동력을 길러내는 경제적 역할도 수행한다. 교육은 직업 수행에 필요한 기술을 가르치고 생산적인 구성원으로서 사회에 이바지하도록 한다.

교육이 지닌 경제적 편익은 세계 여러 나라들에서 초등 및 중등교육이 엄청난 발전을 이루어낸 지난 50년의 역사를 돌아보면 알 수 있다. 주로 아프리카와 남아시아에 거주하는 6,000만여 명의 아이들이 아직도 학교에 다니지 못하고 있지만, 그 외의 모든 나라에서는 무상으로 초등교육을 제공한다.[1] 더 나아가 전 세계 어린이 5명 중 4명이 중등교육과정, 즉 중학교에 입학한다.

사실, 많은 개도국이 교육 발전 속도 면에서 오늘날의 선진국들이 과거에 일군 성과를 능가한다. 일례로 2010년경에 방글라데시의 일반 근로자가 평균적으로 수료한 교육과정은 1975년에 프랑스 근로자가 수료한 교육과정보다 훨씬 길었다. 미국은 여자아이들의 학교 등록률을 57퍼센트에서 88퍼센트까지 끌어올리는 데에 40년을 투자했지만, 모로코는 11년 만에 성과를 거두었다.[2] 그 결과 2008년경에는 저소득 국가의 아이들이 초등교육과정에 등록하는 비율과 흔히 말하는 고소득 국가의 등록률에 거의 차이가 없었다.

종합대학, 단과대학, 전문대학, 직업학교를 포함하는 고등교육은 사정이 약간 다르다. 고등교육이 보급되는 속도는 훨씬 더디기 때문이다. 전 세계적으로 고등교육과정에 등록한 학생 수는 약 2억 명이지만, 학생 수는 국가에 따라서 천차만별이다. 브라질, 중국, 멕시코 같은 중위소득 국가에서는 성인의 약 10-20퍼센트가 고등교육과정에 등록한다. 반면 고소득 국가를 살펴보면 오스트리아에서 30퍼센트, 영국에서는 42퍼센트, 미국에서는 44퍼센트, 캐나다에서는 54퍼센트에 이른다.[3]

전 세계적으로 교육에 대한 투자는 성과가 꽤 좋은 편이다. 경제적인 관점에서 교육투자 수익률은 교육이 생산한 편익(임금 상승 효과에서 교육비를 뺀 값으로 계산)을 교육 연수로 나누어 계산한다. 이렇게 하면 예금이나 주식 수익률과 유사하게 연간 수익률을 산출할 수 있다. 경제학자들은 139개 국가의 1,120년 치 자료를 토대로 교육 연수가 1년 늘어날 때마다 개인에게 평균 10퍼센트의 수익이 창출된다고 발표했다.[4] 이는 S&P 500지수가 만들어진 1957년 이래 미국 증시의 연평균 수익률인 8퍼센트를 훌쩍 뛰어넘는 수치이다.[5]

더욱이 이 수익률은 개인의 임금 상승 기대치만 고려한 값이기 때문에 광범위한 사회적 편익까지 고려하면 값이 더욱 커진다. 사회적 편익의 규모는 엄청날 수 있다. 영국을 예로 들면, 대학교육에 1파운드를 투자할 때마다 개인에게는 7파운드의 수익이 발생하지만, 세수 증가와 복지 지출 감소, 낮은 범죄율의 형태로 국가에 돌아가는 수익은 25파운드에 이른다.[6]

개인이든 사회든 교육투자 수익률은 교육 단계에 따라서 차이를 보인다. 일례로 초등교육은 다른 단계에 비해서 교육투자 수익률이 가장 높은데, 그 이유는 단순히 중등교육이나 고등교육보다 교육비가 더 적게 들기 때문이다. 표 1을 보면 저소득, 중위소득, 고소득 국가에서 교육 단계별로 발생하는 사적 수익과 사회적 수익의 추정치

1인당 소득 수준	개인이 얻는 수익			사회가 얻는 수익		
	초등	중등	고등	초등	중등	고등
낮음	25.4	18.7	26.8	22.1	18.1	13.2
중간	24.5	17.7	20.2	17.1	12.8	11.4
높음	28.4	13.2	12.8	15.8	10.3	9.7
평균	25.4	15.1	15.8	17.5	11.8	10.5

표 1 교육투자 수익률. 초등교육과 가난한 국가의 교육투자가 특히 높은 수익률을 보인다

를 알 수 있다.

교육투자 수익률은 대체로 가난한 국가에서 가장 높게 나타난다. 그도 그럴 것이 이들 나라에서는 교육으로 습득 가능한 기술을 보유한 인재가 희소하기 때문이다. 여기에서 의문이 생길지도 모른다. 이와 같은 수익 증가의 원인이 다른 데 있는 것은 아닐까? 사업주에게 학교교육은 단지 노동자를 선별하는 장치일 뿐이고, 정작 임금 상승 효과를 내는 것은 학교교육 자체가 아니라 학교 졸업장이 아닐까? 하지만 조사 결과에 따르면 그렇지 않다. 기업이 고학력 노동자들을 계속 고용하는 이유는 단순히 학위 때문이 아니라 생산성이 더 높기 때문으로 나타났다.[7]

보다 놀라운 사실은 고등교육을 받은 노동자의 수가 많은 나라에서도 교육투자 수익률이 그다지 감소하지 않는다는 점이다. 기술 혁

신으로 인해서 고학력 노동자를 선호하는 일자리가 새로 생겼기 때문인데, 이는 이미 상대적으로 고액 연봉을 받는 대졸자들의 임금 역시 증가하는 경향이 있음을 의미한다. 즉 기술이 진보할수록 고학력자의 임금은 향상되었을 가능성이 크다. 이러한 현상은 많은 나라에서 불평등이 증가하는 원인 가운데 하나이다.[8] 만약 우리가 공평하게 교육의 기회를 누릴 수 있도록 만들지 않는다면, 기술의 진보가 불평등을 심화하는 경향은 강화될 수밖에 없다.[9]

그러나 이 문제는 빙산의 일각에 불과하다. 우리 앞에는 두 가지의 거대한 난제(하나는 기술 진보와 연관된 문제이고, 다른 하나는 인구 구조와 연관된 문제이다)가 놓여 있으며, 여기에 대처하기 위해서는 보편교육을 더욱 확대할 뿐 아니라 교육을 보급하는 데 이용하는 시스템 자체를 뜯어고쳐야 할 것이다. 나아가서 무엇을 또 언제 교육할지 재고할 필요가 있다.

문제 해결 능력과 유연성이 필요한 시대

앞으로 교육이 어떻게 달라져야 하는지를 놓고 수많은 논의가 이루어지고 있다. 사람들은 주로 무엇을, 어떻게 가르쳐야 하는지에 집중한다. 전통적인 교육은 주로 암기교육을 강조한다. 교사들은 정보를 전달하고, 학생들은 그 정보를 외워 각종 시험에서 써먹기 위해서 최선을 다한다. 그러나 오늘날 교육학자들은 대부분 이런 과정이 시간 낭비임을 알고 있다. 오늘날 지구촌에서는 35억 명이 검색 엔진을 갖춘 스마트폰을 가지고 무한에 가까운 정보에 접근할 수 있기 때문이다. 이제는 정보를 꼼꼼히 살펴서 타당성을 판별하고, 그것이 함의하는 바에 관해서 자신의 관점을 정립하는 능력이 더 중요하다. 따라서 교육은 아이들이 그러한 능력을 갖추는 데에 집중해야 한다.

선진국에서는 신기술이 노동시장을 양분하고 있다. '고기술' 노동자(과학자나 데이터 분석가 등)와 '저기술' 노동자(간병인 등)에 대한 수요가 증가하는 사이에 중간 노동자들의 일자리(공장 노동자 또는 사무직)는 사라지고 있다. 한편 개도국에서는 양상이 훨씬 복잡하다. 고기술 노동자에 대한 수요는 어느 지역이든 예외 없이 증가하고 있지만, 저기술 노동자와 중간 노동자에 대한 수요는 자동화 및 세계화의 영향에 따라서 다르게 나타난다.[10] 그러나 중단기적으로 새로운 해결책을 창출하는 인지능력이 노동시장에서 높이 평가받는 현상은 선진국과 개도국을 가리지 않고 일어나고 있다. 예를 들면 덴마크와 프랑스, 독일, 슬로바키아, 스페인, 스위스 등의 나라에서는 복잡한 문제를 능숙하게 해결하는 인재의 소득이 다른 사람들보다 10-20퍼센트 더 높다.[11]

고령화 사회에서는 정년이 늦춰지기 때문에 앞으로는 과거보다 더 오래 일하고 그만큼 이직 횟수가 늘어나리라는 점도 자명하다. 지금까지는 10대와 20대 때에 습득한 지식을 바탕으로 40년의 근로 수명을 잘 버텼을지도 모른다. 하지만 근로 수명이 60년으로 연장되면 어릴 때 배운 지식만으로 버티기는 불가능에 가깝다. 오늘날 선진국에서 태어나는 아이들은 장차 100세까지 살 확률이 높다.[12] 100세라고

하면 87만3,000시간에 달한다. 새로운 기술을 하나 익히는 데에 1만 시간이 걸린다고 치면 100세 시대에는 여러 기술을 습득하는 일도 가능해진다.[13]

사실 사람들에게는 기술 재교육이 필요하다. 이미 많은 나라에서 노동자들이 과거보다 이직을 자주 한다는 조사 결과가 있다. 선진국에서는 평균 근속 기간으로 측정하는 고용안정성이 하락하는 추세이다.[14] 특히 고졸 학력을 갖추지 못한 저기술 노동자들이 가장 큰 타격을 입었다. 또한 불완전고용(전일제 근무를 원하면서도 시간제로 고용된 사람들)도 증가하고 있다. 이는 수요의 변동에 대처하기 위해서 시간제로 사람을 고용하는 호텔, 식당 같은 서비스업 분야에서 가장 흔한 형태이다. 불완전고용은 특히 저기술 노동자와 청년, 여성들에게 부정적인 영향을 미쳤다.

근로 수명이 길어진다는 것은 지속적인 재교육이 필요함은 물론이고, 경력을 쌓는 방법 또한 과거와는 달라지리라는 사실을 예고한다. 나는 종종 학생들에게 경력을 쌓는 일은 사다리가 아니라 나무에 오르는 것과 같다고 이야기한다. 다음 단계로 나아가려면 종종 곁가지로 이동해야 할 때도 있고, 길을 우회하다가 흥미롭고 새로운 지평을 발견할 수도 있다. 이제는 사람들이 나무에 올라서 새로운 기회를 탐색하고 자신의 호기심을 따라갈 수 있도록 가르치는 교육이 절실하다. 나무 꼭대기까지 오른 후에는 어느 날 곧장 땅으로 뛰어내려서 은퇴하는 대신에 다양하고 부수적인 역할을 거치며 서서히 나무에서 내려와야 한다.

이렇게 고기술 노동자에 대한 수요가 급증하는 한편, 일자리 구조가 바뀌고 고용안정성이 감소하는 현실을 고려할 때, 우리는 이전보다 훨씬 **유연한** 교육 시스템을 갖춰야 한다. 아이들에게 지식과 기술만 전달하는 것이 아니라 그것을 자신의 것으로 **습득하는** 능력을 갖추도록 가르칠 필요가 있다. 근로 수명이 늘어난 만큼 성인에게도 재취업 및 재교육 기회를 자주 제공해야 한다. 연구 결과에 따르면 이런 종류의 교육을 제공할 때에는 적기를 놓치지 않는 것이 무엇보다도 중요하다.

최고의 교육이란 언제나 배우는 방법 자체를 배우는 것이었다. 이튼 대학의 학장1845－1872이었던 윌리엄 코리의 다소 진부한 말을 빌리자면, "학교에서는 지식의 습득보다는 비판 속에서 지적 활동에 매진해야 한다."[15] 이렇게 지적 훈련을 받은 사람은 남은 생애 동안 스스로 지식을 습득하는 법을 익힌다. "비판 속에서"라는 말이 교사들에게 의미하는 바는, 오늘날 교육계에서 흔히 말하듯이 "가르침을 주는 현자가 아니라 곁에서 길을 안내하는 안내자"로 역할을 바꾸어야 한다는 뜻이다. 이와 같은 학습법은 학생들에게 평생에 걸쳐서 배움의 기회가 생길 때마다 자신의 능력을 개발할 능력을 심어준다는 이점이 있다.

자주 간과되는 사실은 이러한 학습 능력이 아주 이른 시기에 확립된다는 점이다. 뇌의 구조는 5세 이전에 완성되며, 이때 인지 기능과 사회성 발달에 가장 중요한 단계를 거친다. 이 사실이 밝혀지면서 이른 시기에 이루어지는 교육의 중요성이 강조되고 있다. 만약 이 적기를 놓치면 성인이 되었을 때의 학습 능력에 부정적인 결과가 초래된다. 배움은 누적되는 것이기 때문에 조기에 기초를 탄탄하게 놓을수록 그 위에 더 많은 것을 쌓아서 혜택을 증폭시킬 수 있다. 반면에 조기에 기초를 놓지 않으면 불이익도 크다. 이런 까닭에 취약계층의 아이들이라도 유아기는 사회 이동 가능성을 높일 수 있는 최적의 시기에 해당한다.

그림 6에서 사례로 든 나라들을 보면 GDP에서 초, 중등교육에 투자하는 비용의 비율이 다른 교육 단계에 투자하는 비용보다 약 5배나 더 높다. 고등교육 단계는 비용만 따지면 많은 나라에서 상당한 투자를 하고 있음에도 전체 인구에서 일부만이 그 혜택을 누린다. 그렇다면 상황이 어떠한지 분명해 보인다. 취학 전 교육과 성인교육(교육과정을 기준으로 가장 아래 단계와 위 단계), 즉 인생에서 어느 때보다 교육이 필요하고 미래에는 필요성이 더욱 커질 두 시기에 대한 투자비용이 가장 적다. 우리는 이 문제를 해결해야 한다.

유아기가 가장 중요하다

최근 실시된 여러 연구들에 따르면, 아이의 인지 발달과 학습 능력에 생후 1,000일이 무척 중요하다. 3세 이전까지 인간의 두뇌는 영양 공급과 지적 자극에 따라서 사회성 및 정서를 발달시키고 학습 능력의 기초를 놓는다. 이 시기의 중요성은 가정에서 자란 아이들과 소위 기회를 박탈당해 고아원 등에서 자란 아이들을 비교 조사한 여러 연구

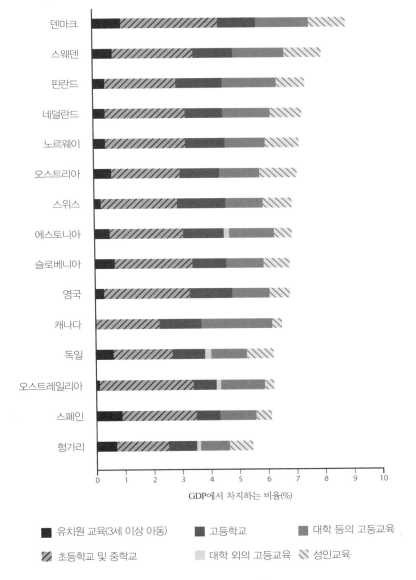

GDP 대비 교육 지출(%)

덴마크	
스웨덴	
핀란드	
네덜란드	
노르웨이	
오스트리아	
스위스	
에스토니아	
슬로베니아	
영국	
캐나다	
독일	
오스트레일리아	
스페인	
헝가리	

GDP에서 차지하는 비율(%)

■ 유치원 교육(3세 이상 아동)　　■ 고등학교　　■ 대학 등의 고등교육

▨ 초등학교 및 중학교　　□ 대학 외의 고등교육　　▧ 성인교육

그림 6 초등 및 중등교육에 가장 많이 지출하는 국가들

들에서 수차례 입증되었다.[16]

신체, 인지, 언어, 사회성 및 정서 발달이 늦어진 아이들은 다른 아이들보다 학교에서 뒤처져 유급을 당하거나 중퇴할 가능성이 크고, 평생 허약하게 살거나 위험한 일에 발을 담그고 혹은 성인이 되어서 저임금으로 연명할 가능성이 크다. 유아기의 발달과정에 대한 적절한 개입은 성인이 된 후의 건강과 교육, 경제적 성공에까지 영향을 미치는 것으로 드러났다.[17] 그러나 많은 나라들이 유아기 교육을 가족의 책임으로 여기고 사회계약에 포함시키지 않기 때문에 이 시기의 교육 투자 정책은 국가에 따라서 천차만별이다(나중에 살펴보겠지만 유아교육 정책 역시 바뀌어야 한다).

정부가 유아교육에 개입할 때, 가장 뚜렷한 혜택을 보는 나라는 5세 이하 어린이의 30퍼센트가 발육부진 상태에 있는 개도국이다. 발육부진이란 나이에 비해서 키가 작은 상태를 이르는데, 대개는 만성적인 영양실조 때문에 생긴다.[18] 발육부진을 겪는 아이들은 학업성취도가 떨어지고, 인지 발달 측면에서 뒤처져 있을 가능성이 크다.[19] 다시 말해서 많은 아이들이 두뇌 발달 장애 혹은 읽기, 쓰기 측면에서의 기능 부진으로 이미 불리한 조건에서 입학을 하기 때문에 설령 좋은 학교에 다니더라도 그곳에서 얻을 혜택을 온전히 흡수하지는 못한다. 이런 아이들은 시간이 지남에 따라 뇌의 가소성이 떨어지기 때문에 수업 내용을 이해하는 데에 어려움을 겪는다. 이는 조기에 발생한 학습 격차가 시간이 지날수록 더 커진다는 의미이다. 유아기의 발달부진은 평생 개인에게 영향을 미치고, 결과적으로는 한 나라의 경제 및 사회 발달에도 영향을 미친다.

세계적으로 저명한 의학 학술지 『랜싯*The Lancet*』에 게재된 아동 발달을 다룬 일련의 중요한 논문들은 조기 개입의 중요성을 주장한다.[20] 이들 논문에 따르면 5세 이하 아동 가운데 2억 명이 넘는 아동들이 주로 발육부진, 요오드 및 철분 결핍, 부족한 인지 자극으로 인한 발달 손실을 경험하고 있다. 여기에 산모의 우울증, 가정폭력 혹은 열악한 위생 환경이나 말라리아도 문제를 악화시킨다.

그러나 이와 같은 취약계층의 문제는 해결할 수 있다. 취약계층의 아이들을 일정 수준 이상으로 지원하고 관리하는 프로그램을 마련하고 교육과정을 제공하여 아이와 그 가족이 건강과 영양, 교육의 필요성을 이해하도록 도와야 한다. 예컨대 에콰도르, 멕시코, 니카라과 같은 나라들은 극빈층 가정에 대한 현금 지원금과 더불어 태교 및 보육 지원 프로그램을 집행하여 아이들의 인지 발달을 향상하고 발육부진 문제를 감소시켰다. 이들 프로그램에서는 긍정 훈육법부터 스토리텔링이나 노래 부르기 등의 인지 자극 활동을 이용하는 법, 그리고 양육 스트레스를 관리하는 법 등 양육자를 대상으로 한 프로그램도 지원한다. 육아 지원은 가정 방문, 지역 연계 모임, 정기 건강검진 등을 통해서 제공할 수 있으며, 지금까지 밝혀진 바에 따르면 아이의 건강과 신체 및 인지 발달에 상당히 유익한 것으로 보인다. 취약계층 아동에 대한 조기 개입 프로그램의 수익률은 지원 프로그램의 목표, 노출 기간, 품질 등 여러 요인들에 따라서 달라지지만, 1달러당 6-17달러의 수익을 발생시키는 것으로 보인다.[21] 아동의 관점에서 이와 같은 조기 개입은 공평한 출발을 보장하는 기회이다.

취약계층 영유아의 교육을 지원하는 제도로 발생하는 편익은 개인에게 평생 긍정적인 효과를 미친다. 자메이카 빈곤층 가정의 유아들을 장기간 추적조사한 연구 논문을 예로 들어보자. 해당 연구에서 지역 사회 의료인들은 빈곤층 가정의 영아를 매주 1시간씩 2년 넘게 방문했다. 이 기간 동안 의료인들은 엄마들에게 아이와 놀며 상호 작용하는 법을 안내하고 아이들의 인지 발달과 정서 발달을 촉진하도록 장려했다.[22] 20년 후에 이 아이들을 추적조사해보니 의료진의 방문 혜택을 받지 못한 아이들에 비해서 42퍼센트나 더 소득이 높았다. 영유아에 대한 비교적 단순한 개입만으로도 결손을 보완하고 미래 소득 증가에 큰 영향을 미칠 수 있는 것이다.

여러 선진국들에서도 유아기 교육이 제공하는 주요 혜택이 입증되었다.[23] 미국 시카고 빈민가의 취약가정을 최대 6년 동안 지원하는 취학 전 교육 프로그램을 집행하고 그 영향력을 평가한 연구를 예로 들어보자. 25년 후에 이 프로그램에 참여한 아이들과 그렇지 못한 아이들을 비교했더니 전자가 후자보다 교육 성과, 소득, 사회경제적 지위, 의료보험 접근성이 더 좋았다. 범죄율과 약물 남용 비율도 더 낮았다. 해당 프로그램의 편익을 측정했을 때 가장 많은 혜택을 받은 이들은 남성, 그리고 중등교육을 받지 않은 부모를 둔 아이들이었다.[24]

이처럼 엄청난 편익이 입증되었음에도 불구하고 대다수 국가에서는 유아교육에 대한 투자가 저조하다. 취학 전 교육을 받는 아이들은 전 세계 3-6세 아이들 가운데 절반에 지나지 않고, 저소득 국가에서는 5분의 1에 불과하다.[25] 2012년도 유아교육 예산은 북아메리카와 서유럽에서는 전체 교육 예산의 8.8퍼센트를 차지했으나, 사하라 이남 아프리카에서는 0.3퍼센트에 불과했다.[26] 라틴 아메리카 정부들은 6세 미만의 유아보다 6−11세 아동을 교육하는 데에 3배나 더 많은 돈을 지출한다. 유아교육에 대한 투자라고 하면 대다수 정부는 유아를 위한 교육시설을 세우는 데에 초점을 맞추는데, 이 사업 자체는 인지 발달이 가장 필요한 미취학 아동들에게 그다지 도움이 되지 않는다. 선진국들은 유치원 등록률이 높은 편이지만 투자 비용은 나라마다 크게 달라서 아이슬란드와 스웨덴은 GDP의 1.5퍼센트 이상을 투자하는 반면, 미국과 일본, 터키 같은 나라들의 투자 비율은 그것의 3분의 1 수준에 불과하다.[27]

유아교육에 대한 투자는 어째서 저조한가? 우선 많은 사람들이 조기 개입에서 발생하는 혜택을 제대로 알지 못하고 향후 그 혜택이 어떤 영향을 끼치는지 알지 못하기 때문이다. 아울러 유아교육은 정부가 나설 일이 아니라 가정이 알아서 책임질 일이라는 통념도 정치인들이 문제 자체를 인식하지 못하도록 막고 있다. 의무교육으로 제공되는 초중등 교육에 비해 한정된 예산도 걸림돌이다. 마지막으로 양질의 유아교육을 제공하는 일은 건강, 영양, 교육 분야에 모두 걸쳐 있기 때문에 정책 부서를 정하고 예산을 할당하는 일이 불분명하다는 문제도 있다.

질 낮은 유아교육은 하지 않으니만도 못할 수 있음을 알아야 한다. 케냐에서 3−6세 아동을 대상으로 시행한 교육 프로그램 중에는 아이들에게 필기시험을 강요하며 지나치게 학업에 치중했던 사례도 있었다. 페루에서는 유아교육을 담당하는 돌보미들이 유아를 보살피고 영양을 챙기는 일에는 충분했지만, 제대로 훈련받은 인력이 아니었던 탓에 유아의 언어 발달과 운동 능력 부문에서 어떤 향상도 이루어내지 못했다.[28] 3세 이하 아동에게 양질의 육아 서비스를 제공하기 위해서는 아동 대비 교사의 비율이 높아야 하기 때문에 비용이 많이 들 수 있다. 이런 경우, 특히 재원이 한정되어 있을 때에는 부모들에게 적절한 육아기술을 교육하고 지원함으로써 비용효율성을 높일 수 있다. 그러나 에티오피아와 미국을 비롯한 여러 나라들에서는 생후 1,000일간 부모들을 대상으로 하는 보육 지원을 시작으로, 3–6세 유아를 위한 탁아소 및 유치원 프로그램을 결합시킨 양질의 보육 정책을 실행했다. 이러한 정책은 향후 학교교육과 직장생활에 기초가 되는 언어 및 인지 발달, 운동 능력, 사회성 및 정서 발달에 효과가 큰 것으로 드러났다.

요컨대, 유아교육에 대한 투자는 정규교육을 이수하고 기술을 습득할 능력을 갖춘 노동력을 생산하는 방법으로서는 비용효율성이 무척 높은 선택지 가운데 하나이다. 이렇게 투자해서 성장한 시민은 정기적으로 세금을 내는 구성원으로서 사회에 이바지할 가능성이 높고, 사회보장 지원 대상으로 분류되거나 범죄를 저지를 가능성이 낮다. 정부가 유아교육에 일찍 관여해서 발생하는 비용 문제는 조기에 개입하지 않아서 훗날 발생할 재교육 비용과 각종 복지급여에 견주면 그리 크지 않다. 아울러 이견의 여지는 있지만, 취약가정에서 태어난 아이들에게 공평한 기회를 제공할 수 있는 가장 좋은 방법이기도 하다.

평생학습

나는 해마다 런던 정치경제대학교 졸업식에 참여해서 수천 명의 학생들에게 학위를 수여한다. 학생 중에는 나보다 나이가 많은 이들도 이따금 있는데, 이런 졸업생을 보면 그들이 사회계약을 재규정하는 데에 앞장서고 있다는 점에서 뿌듯하다. 근로 수명의 연장과 잦은 이직에 대비해야 하는 세계에서 그들은 재교육을 통해 인생 후반기에도 직업적으로나 개인적으로 새로운 가능성을 열고 있다.

　사람들은 수십 년 전부터 평생교육의 중요성에 관해서 이야기했지만, 대다수 국가에서 평생교육은 이수하면 좋은 선택사항일 뿐 필수는 아니었다. 하지만 오늘날에는 근로 수명이 50-60년으로 늘고 기술이 빠르게 변하면서 직무의 속성이 바뀌고 있으므로, 이제 성인교육은 사회계약의 필수조항이 되었다. 각종 시험과 줄 세우기로 어려서부터 특정한 진로를 강요받는 등 전통적인 교육 환경에서 부딪힌 수많은 장애물들로 인해서 자신이 원하는 진로에 접근하지 못했던 많은 이들이 두 번째 기회를 원하고 있다.[29] 게다가 어떤 사람들은 자신의 호기심을 충족하거나 삶의 질을 개선하기 위해서 다시 교육기관을 찾는다. 이러한 필요를 충족하기 위해서 교육 시스템은 성인 학습자들을 보다 적극적으로 수용하면서 시대의 변화에 유연하게 대응해야 한다. 아울러 평생교육을 지원할 새로운 재원 또한 찾아야 한다. 이를 위해서 어떤 방법이 가장 좋을까?

성인교육은 아동교육과는 큰 차이가 있다.[30] 실제로 교육 전문가들은 가르치는 대상에 따라서 성인교육을 일컫는 "안드라고지 andragogy"와 아동교육을 뜻하는 "페다고지pedagogy"를 구분해서 말한다.[31] 먼저 성인의 뇌는 아이들의 뇌에 비해서 새로운 것을 습득하는 데에 효율성이 떨어진다(5세 아이가 새로운 언어를 50세 성인보다 얼마나 쉽게 배우는지를 생각해보면 된다). 성인은 직장과 가족, 자녀를 비롯해서 처리하고 챙길 일이 많고, 근무 시간을 조정해서 따로 시간을 투자하는 만큼 소득의 감소도 감수해야 한다. 그러나 성인은 과거의 경험과 지식을 학습에 활용할 수 있다(반대로 지장을 받을 수도 있다).

미성년의 경우에는 교사와 학생의 관계가 수직적이고, 교과과정 체계에 따라서 순차적으로 역량을 쌓는다. 이에 비해서 성인교육은 교사와 학생이 동등한 위치에서 협력하고, 능동적으로 문제 해결에 참여할 때 학습의 효율이 오른다. 성인은 아동보다 학습 동기가 확실할 수밖에 없고, 목표와 관련된 학습에 집중하는 경향이 있다.

나아가 미성년 교육은 흔히 학교나 대학에서 제공되는 반면, 성인이 기술을 배우고 개발하는 기관은 이보다 훨씬 다양하다. 사실 많은 국가에서 대부분의 성인교육을 제공하는 기관은 기업이고, 그 외에 지역 전문대학, 기술학교나 직업학교, 사설 학원, 대학, 노동조합 등에서 성인을 대상으로 교육을 하고 있다. 한편 갈수록 많은 성인들이 온라인 서비스 업체를 이용해서 정규 혹은 비정규 교육을 받고 있는데, 이에 따라 현재는 여러 교육기관에서도 인터넷으로 강의를 제공한다.

기업이 제공하는 교육을 나쁘게 볼 이유는 없다. 사업주가 제공하는 교육은 대개 노동시장의 필요에 기반하므로 노동자에게는 다른 어떤 교육보다 유효적절할 때가 많다. 기업은 뛰어난 인재와 함께 일하면서 기업의 목표를 충족하고 생산성을 높이고자 하므로 직원교육에 신경을 쓴다. 그들은 자신들이 교육에 투자한 비용 이상으로 수익을 창출하는 방법을 알고 있다. 하지만 기업교육으로 직원들의 경쟁력이 강화되면 자신들이 양성한 인재를 경쟁사에 빼앗길지도 모른다는 우려 때문에 교육에 대한 과소투자가 일어날 수도 있다. 일례로 컴퓨터와 정보기술처럼 인재의 공급이 부족한 분야에서는 최신 지식을 갖춘 노동자들이 이직의 유혹을 받을 수 있다.

한편, 평생교육을 제공하는 지역 전문대학이나 직업학교, 사설 학원의 교육 서비스는 기업이 제공하는 교육에 비해서 일관성이나 지속성이 부족하고, 일부 기관은 교육의 질이 형편없을 때도 있다. 지구촌에는 글로벌 기술연구소라는 이름만 거창할 뿐 수준은 낮은 교육기관들이 많다. 이들은 정보가 부족한 학생들에게 고액의 학비를 받고질 낮은 프로그램을 제공한다. 성인교육의 경우에는 그들이 받는 교육의 품질과 직무관련성을 개인이 판별하는 일이 쉽지 않다. 이는 기업과 밀접하게 연계된 교육 프로그램이 가장 효과가 좋은 이유 가운데 하나이다.

기술의 발전으로 교육을 받을 수 있는 기회가 폭발적으로 증가하면서 교육을 받는 일이 전 세계적으로 훨씬 더 쉬워졌고, 비용효율성도 높아졌다. 우리는 세계 어디에서든 유튜브나 TED 강연, 온라인 대학교 교육과정에서 제공하는 방대한 온라인 강좌와 교육 동영상을 통해서 배움의 기회를 얻을 수 있다. 원격학습 시장이 가장 크게 형성된 곳은 흥미롭게도 인도, 중국, 브라질 같은 나라들로, 이들 국가에서는 합리적인 가격으로 세계 최고 수준의 교육 프로그램에 접근할 수 있다.[32] 장기 교육과정의 이수율이 대부분 10퍼센트 미만이기는 하지만, 현재 수백만 명의 사용자들이 온라인 학습을 선택하고 있다.[33] 한날한시에 시작하는 온라인 강좌의 경우 수강생들 간에 동기 의식이 생기면 교육과정을 끝까지 이수하고 수료증을 획득할 가능성이 더 크다. 온라인 교육이 지식을 전달하는 데 아무리 효율적이더라도 수강생이 지식을 흡수하여 자신의 것으로 만들지 못하거나 콘텐츠에 몰입하게 만드는 장치 혹은 교육과정을 완료했을 때에 이를 인증해주는 장치가 없는 경우에는 수강생에게 크게 유용하지 않고 그만큼 과정을 이수하기도 어려워지기 때문이다.

요컨대, 성인교육은 효과가 있다. 성인교육이 취업 전망에 미친 영향을 정밀하게 평가한 여러 연구에서도 이와 같은 사실이 입증되었다. "적극적 노동시장 프로그램"으로 불리는 노동자 재교육 프로그램 857개에 대한 207개의 평가 결과를 종합한 최근 논문을 살펴보자.[34] 이 논문에 따르면, 재교육 프로그램은 단기적으로는(1-2년) 두드러지는 효과를 거두지 못했지만, 장기적으로는(과정 이수 후 2년 이상)

취업률을 올리는 데에 상당한 효과를 보였다. 제5장에서는 실직과 노동시장의 변화를 이끄는 기술 혁신, 그리고 늘어난 근로 수명과 불가피한 이직에 노동자들이 효과적으로 대비할 수 있도록 성인 재교육 프로그램을 운용하는 법에 관해서 자세히 다룰 예정이다.

성인교육에서 중요한 과제는 사람들의 참여를 이끌어내는 일이다. 성인교육에 참여한 사람들을 보면 역설적이게도 나이가 더 어리고, 교육 수준이 더 높고, 재정적으로도 더 여유로운 경우가 많으며, 성인교육이 절실한 사람들은 많지 않다. 이러한 현상은 이전에 받은 교육으로 긍정적인 효과를 경험한 사람들이 재교육에 기꺼이 참여할 동기와 비용을 갖추고 있음을 보여준다. 성인교육의 효과를 가장 많이 볼 사람들은 나이 들고 교육 수준이 떨어지는 노동자들이지만, 이들은 학습에 참여할 확신과 (혹은) 여력이 부족할 가능성이 높다. 안타깝게도 성인교육 참여율이 가장 낮은 사람들은 저기술 노동자들이고, 기업에서도 고기술 노동자들에게 재교육 비용을 집중투자한다. 선진국에서 매년 교육 및 직업훈련 기회를 얻는 성인은 5명 중 2명에 불과하고, 저기술 노동자들이 성인교육에 참여하지 않을 가능성은 3배나 크다.[35] 저기술 노동자, 특히 중소기업에서 일하는 노동자일수록 회사에서 교육 기회를 제공할 가능성이 떨어진다.

이와 관련해서는 단순 서비스 종사자나 자료입력 사무원, 영업사원, 비서, 운전사, 제조업 및 물류창고 노동자처럼 구식 기술에 의존하거나 장차 자동화될 업종에 종사하는 노동자들이 특히 문제이다. 이들은 앞으로 쓸모없어질 확률이 높은 기술을 보유하고 있음에도 재교육에 참여하는 비율이 가장 낮다.[36] 가장 좋은 방안은 이들이 실업자가 되기 전에 이들을 식별하여 새로운 기술을 습득하도록 지원하는 것이다. 일부 국가와 기업은 이 문제를 잘 해결하고 있지만(제5장에서 구체적으로 다룬다), 대부분은 그렇지 않다.

지금까지 우리는 유아교육과 평생교육 쪽으로 교육 정책을 재조정해야 하는 이유에 관해 이야기했고, 이를 효과적으로 수행하는 방법을 살펴보았다. 이제, 한 가지 중요한 질문이 남았다.

돈은 누가 지불하는가?

거의 모든 나라에서 초등교육과 중등교육은 무상으로 제공해야 한다는 데에 이견이 없지만, 이미 지적한 바와 같이 유아교육은 전통적으로 가정의 책임이라는 생각이 팽배하다. 그러나 최근 이루어진 여러 연구들에서 드러났듯이 비교적 저렴한 비용으로 아이들에게 공평한 출발의 기회를 부여한다는 점, 또 그것이 가져올 사회적 편익이 광범위하게 적용된다는 점 등을 고려할 때 유아교육에 더 많은 공적 지원이 필요하다는 주장에 힘이 실리고 있다. 적어도 극빈층 가정을 지원하는 유아교육만큼은 사회계약에서 중요하게 다루는 것이 경제적으로나 사회적으로 타당하다.

고등교육과 성인교육에 재정을 지원하는 문제는 유아교육보다 훨씬 복잡하다. 노동자의 생산성이 올라가면 세수가 증가하고, 복지수당, 의료보험, 치안 유지비 등의 지출은 줄어든다. 그러나 고등교육과 성인교육을 제공하는 데에 드는 비용은 무척 크며, 개인에게 생기는 편익에 비해서 사회가 얻는 투자 대비 편익은 그리 많다고 볼 수 없다. 일각에서는 성인교육을 이수한 개인은 이후에 임금 상승을 기대할 수 있으므로 개인이 교육비를 분담해야 한다고 보는 반면, 노동자들이 교육과 훈련을 거쳐 고기술 노동자가 되면 사업주들도 이득을 보기 때문에 사업주가 교육비를 분담해야 한다고 주장하는 이들도 있다. 그러나 앞에서 말했듯이 사업주들은 노동자들이 더 좋은 조건의 회사를 찾아서 떠나버릴 것이 두려워 교육에 적극적으로 투자하기를 꺼리기도 한다. 이러한 복잡성은 성인교육을 제공하는 데에 드는 많은 비용을 개인과 사업주, 그리고 사회가 어떻게 분담해야 하는지 일정한 공식을 마련할 필요가 있음을 보여준다.[37]

그러나 개인, 사업주, 노동조합, 사설 학원, 정부 사이에서 성인교육의 공급과 재정 지원이 이미 파편화되어 있다는 이와 같은 복잡성은 얼마나 많은 재정이 필요하고, 현재 어떻게 자원이 분배되고 있는지를 평가하기 어렵게 만든다. 그림 7을 보면 표본으로 선정된 선진국들의 객관적 지표를 확인할 수 있다.

이들 국가는 평균적으로 GDP의 0.9퍼센트를 성인교육에 지출하는 반면, 초등교육에 2.6퍼센트, 후기 중등교육(고등학교)에 1.3퍼센트, 고등교육(대학 이상)에 1.6퍼센트를 지출한다. 성인교육에 대한 공적 지원 규모는 2퍼센트에 불과한 캐나다부터 78퍼센트에 이르는 오스트레일리아까지 나라마다 천차만별이지만, 대개는 정부 지출이 가장 적고(평균 22.1퍼센트), 개인(24.7퍼센트), 그리고 사업주(44.7퍼센트)

재원에 따른 성인교육 지출비 현황

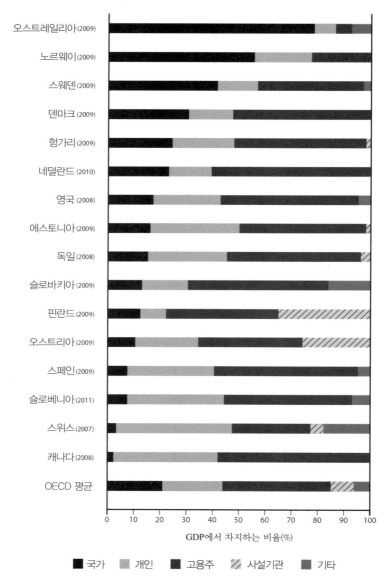

GDP에서 차지하는 비율(%)

■ 국가 ▨ 개인 ■ 고용주 ▨ 사설기관 ■ 기타

그림 7 성인교육 재원

순으로 부담하고 있다. 개도국에서는 성인교육에 대한 지출이나 정부 지원이 이보다 훨씬 더 낮을 것으로 보인다. 이들 국가는 주로 의무교육인 초중등 교육에 집중하고, 성인교육에 투자하는 사업주들도 선진국보다 적기 때문이다.

성인교육을 장려하기 위한 장치는 다양하지만, 대개의 국가들은 기업과 (혹은) 개인에게 보조금을 제공하는 방식을 택한다.[38] 몇몇 국가들(독일, 오스트리아, 싱가포르, 북유럽 국가)은 연구개발비와 마찬가지로 성인교육에 들어가는 비용도 인적자원에 대한 투자로 여겨 기업에 세액공제 혜택을 제공한다. 미국과 영국에서는 학자금 대출 연령 제한을 없애거나 조건을 완화해서 성인 학습자에게 대출을 제공한다. 한편 정부가 지원하고 사업주가 제공하는 교육 프로그램의 재정을 보충하기 위해서 부담금 명목으로 사업주에게 총급여의 0.1-2.5퍼센트 수준으로 세금을 부과하는 나라도 많다. 사업주들은 재교육 이후에 직원들이 이탈하는 것을 예방하기 위해서 일정 기간이 지나기 전에 이직할 경우 교육비를 상환하도록 조건을 명시하기도 한다. 현재 싱가포르는 40세 이상의 노동자 재교육 프로그램에 사업주가 지출하는 비용의 90퍼센트를 보상하며, 재교육에 참여한 직원에게 일정 급여를 제공한다.

직업교육에 관한 연구가 일관되게 입증하고 있듯이 교육 프로그램은 기업에서 실시할 때 효과가 가장 크다. 따라서 되도록 기업을 설득해서 노동자들의 기술을 향상시키는 방안이 이상적이지만, 사업주들은 일정 수준 이상으로 노동자들을 교육하는 데에 흥미가 없다. 사회적 편익을 극대화하는 수준까지 기업이 노동자들을 재교육하도록 장려하려면, 특히 기술직이나 간호 업무처럼 이직이 잦은 노동시장에서는 가능한 한 많은 인센티브를 제시해야 한다. 취약계층의 노동자 그리고 재교육 프로그램을 자체적으로 실시할 여력이 없는 중소기업의 노동자에게 인센티브를 제공해야 한다는 주장도 타당하다.[39]

중요한 것은 성인 학습자들과 노동시장 사업주들의 실질적 필요를 충족하는 인센티브를 제공해야 한다는 점이다. 가령 수강생의 인원수만을 근거로 보조금을 지원하는 관행으로는 이런 필요를 달성하지 못한다. 나는 네팔에서 건설노동자들을 위한 직업교육 프로그램을 성공적으로 달성한 사례를 목격한 적이 있다. 사설 교육기관은 학생들이 등록했을 때 수강료의 3분의 1을 받고, 그들이 취직하면 또 3분의 1을 받고, 그들이 1년 동안 직장을 다니면 나머지 3분의 1을 받았다. 한편 에스토니아는 교육 수행 역량, 즉 수강생 중퇴율이나 교육의 질, 교육 내용이 기업의 필요에 부합하는 정도를 따져서 보조금을 배분하고 있다. 미국에서는 100개 이상의 성인교육기관과 대학에서 취업 이후 상환을 조건으로 무상으로 교육을 제공한다. 학생들은 직장을 얻고 나서 임금의 일정 비율 이상을 수강료로 약정한다.[40]

영국과 싱가포르 같은 나라에서는 성인교육에만 사용할 수 있는 상품권을 모든 시민에게 제공하는 프로그램을 실험했다. 가령 싱가포르에서 실시하는 미래교육 프로그램FutureLearn programme은 시민에게 교육비로 사용할 수 있는 돈을 연간 500달러 지급했다. 이 돈은 매해 사용해도 좋고 나중에 모아서 사용할 수도 있다. 그러나 영국과 싱가포르에서 실시한 이 제도는 어려움에 봉착했다. 상품권을 노린 부패한 교육기관 혹은 사기꾼들이 교육은 뒷전으로 둔 채 학생들의 교육 상품권을 현금화하기에 바빴기 때문이다. 이에 싱가포르는 관련 교육기관을 더욱 강력하게 규제하면서 프로그램을 진행하고 있다. 그러나 이 제도로 지원하는 총액이 그다지 많지 않아서 (새로운 취미라면 몰라도) 새로운 기술을 실제로 습득하기에는 한계가 보이기도 한다.

더 공정한 시스템

현행 교육비 지원제도는 대단히 불평등하다. 그 이유는 제도권 교육을 오래 받은 사람일수록 공적 지원을 많이 받기 때문이다. 프랑스의 상황을 살펴보자. 2018년을 기준으로 20세 성인은 유치원부터 대학까지 평균 12만 유로의 교육비를 지원받았다.[41] 16세에 학교를 그만둔 사람은 6만5,000−7만 유로를 지원받는 데에 그쳤지만, 최상위 대학에 들어간 사람은 20만−30만 유로를 지원받았다. 다음 세대를 교육할 때에 나타나는 이러한 차이는 그렇지 않아도 불평등한 조건에 놓인 사람들의 처지를 더욱 불리하게 만든다. 그렇다면 더 공정한 시스템은 어떤 모습일까?

교육 격차를 해결하는 하나의 방법은 18세 이상이라면 누구에게나 평생교육을 이용할 권리와 혜택을 부여하는 것이다. 이를 실행하는 데에 필요한 예산은 영국의 경우 약 4만 파운드, 미국의 경우에는 약

5만 달러이다. 사람들은 보조금 혹은 대출의 형태로 돈을 지원받은 뒤 정식으로 인가를 받아 정부의 규제를 따르는 교육기관이나 대학에서 직업교육을 받는 데에 이용할 수 있다. 삶을 사는 동안 언제라도 자신에게 필요한 자격을 취득할 수 있는 수단을 제공하는 것은 정부가 젊은 세대에 투자하는 방법들 가운데 하나이다. 학자금 대출은 향후 세수 증가로 이어지므로 인적자원에 대한 투자로 그 타당성을 피력할 수 있다.[42] 이렇게 되면 모든 젊은이가 학자금 빚을 짊어진 채 졸업하는 것이 아니라 고용 가능성을 높이는 데에 투자할 수 있는 지원금을 들고 졸업하게 되는 셈이다.

　근로 수명이 늘어나는 추세이므로 사실 미래에는 대다수가 정규교육을 제외하고도 때에 따라서 경력을 유지하는 데에 필요한 교육을 받게 될 것이다. 직업교육을 제공하는 기관은 대학, 평생교육 및 직업교육, 온라인 강의, 학원, 혹은 온, 오프라인 등으로 다변화될 것이고, 교육과정 또한 기업과 밀접하게 연계될 것이다. 성인교육을 제공하는 기관은 평생교육 시대에 맞게 교육기관끼리 협력하여 이전에 취득한 학점이나 자격을 인정하도록 보장해야 할 것이다. 이렇게 되면 성인 학습자가 오랜 시간에 걸쳐서 여러 교육기관을 거쳐도 필요한 기술 자격을 획득하는 데에 어려움이 생기지 않는다. 앞으로의 성인교육은 점차 시간제로 진행되어야 하며, 강의실 수업도 병행되겠지만 대개의 교육과정은 온라인상으로 이루어져야 한다. 수업 시간 역시 성인 학습자들의 필요에 따라서 조정할 수 있도록 유연하게 운영되어야 한다. 또한 온라인 자격증이나 이른바 "나노 학위" 혹은 "미니

마스터" 등 다양한 직업교육 자격증을 인정하는 방향으로 진화해야 할 것이다.

이러한 변화를 끌어내기 위해서는 모든 사람들(개인, 사업주, 교육 제공자)이 현재와 미래의 노동시장 동향에 관해, 즉 자신을 재교육하지 않을 때에 어떤 미래가 기다리는지 정확히 알아야 한다. 먼저 정부는 유아교육에 대한 정책 지원뿐 아니라 재정 지원도 대체로 부족하므로 유인책과 보조금을 마련해서 이를 늘릴 필요가 있다. 국가는 앞으로 유망한 일자리가 무엇이고 이를 준비하는 데에 가장 적합한 교육기관이 어디인지에 대한 관련 정보를 제공하며 개인이 성공적으로 직종을 전환하고 경력을 쌓도록 지원해야 한다. 기업은 하루가 다르게 변화하는 노동시장에서는 경험보다 적응력이 무엇보다 중요한 자질이라는 사실을 받아들여야 할 것이다. 그런 점에서 이들은 노동자가 과거에 했던 일보다 미래에 할 수 있는 일에 더 관심을 가져야 한다. 앞으로 달라질 세계에 대비할 수 있도록 사회 구성원에게 교육 기회를 제공하는 일은 새로운 사회계약에서 핵심 항목이 되어야 한다.

제4장

건강

건강하게 지내는 것은 웰빙을 결정하는 가장 중요한 요인이다. 몸과 마음의 건강(학술연구에서는 이를 주관적 웰빙으로 부른다)은 행복을 다루는 전 세계의 어느 중요 연구에서나 가장 중요한 자리를 차지하고 있다. 전 국민에게 의료 서비스를 제공하는 사회를 열망하는 이유는 건강이 그만큼 중요하기 때문이다. 모든 사회의 사회계약은 어떤 형태로든 보건의료 서비스를 다루는데, 이는 보건의료를 제공하는 데에 드는 비용이 대규모의 인구가 재원을 분담할 때 감소하며, 건강한 노동력의 보유가 국가 경제에도 유익하다는 사실 때문이다.

많은 국가에서 공공의료 서비스를 제공하고 있지만, 공공의료 서비스에 관한 사회계약을 다시 쓸 것을 요구하는 목소리가 세계 곳곳에서 커지고 있다. 이러한 배경에는 두 가지 원인이 있다. 바로 인구 고령화와 기술 발전이다. 사람들은 이제 더 오래 살고, 나이가 들수록 더 많은 돌봄을 필요로 한다. 기술 혁신은 한편으로 신약과 첨단 의료 기구, 새로운 치료법을 도입하며 수명을 연장시키고 삶의 질을 높이 지만, 고비용을 초래하기도 한다. 대다수의 현대인들은 노년기에 들 어서도 활발하게 사회 활동을 영위하면서 독립적으로 생활하기를 기 대한다. 이렇게 커져가는 기대를 충족시키면서도, 의료적 조치가 꼭 필요한 이들을 돌보는 보편적이고 공평한 의료제도를 만드는 일이 우리 시대가 안고 있는 중요한 정책 과제 가운데 하나이다.

의료제도 부문에서 사회계약이 봉착한 주요 문제는 다음과 같다. 사회 구성원 모두에게 국가는 얼마나 많은 의료 서비스를 보장할 수 있는가? 최소 보장 영역을 설정해야 하는가? 만약 그렇다면 최소 보 장 영역을 어떻게 설정할 것인가? 개인과 가족, 사업주와 정부는 여 기에 들어갈 재정을 어떻게 분담해야 하는가? 그리고 건강 문제에서 는 어디까지가 개인의 책임이고, 어디까지가 사회의 책임인가?

보편적 의료의 필수 보장 영역

거의 모든 국가들은 합리적인 비용으로 양호한 기본 의료 서비스를 제공하는 사회를 꿈꾼다. 그러나 실제로 서비스를 제공하는 범위는 국가의 선택과 능력 혹은 여력에 따라서 판이하다. WHO세계보건기구가 제시한 필수 건강보장 목록에 따르면, 각국은 산전 및 산후 관리, 폐 렴과 결핵 같은 전염병에 대한 예방접종 및 치료, 말라리아 예방에 필요한 모기장, 심혈관 질환 치료, 그리고 이를 위한 병원과 의료진 및 의약품에 대한 접근성을 보장해야 한다.[1] 이 권고안은 대부분의 개도국에서 채택되었다. 한편 영국은 "요람에서 무덤까지"라는 구호 아래 보편적 의료를 표방하며 NHS국민의료보험를 통해서 모든 시민에게 필수 의료 서비스를 무상으로 제공하고 있다.

WHO는 정부가 GDP의 약 5퍼센트를 최소한의 보편적 의료를 보장하는 데에 지출하라고 권고하고 있다.[2] 인구가 빠르게 증가하고 필수 의료를 제공하기 위해서 여전히 원조에 의존해야 하는 저소득 국가들을 제외하면, 대다수 국가들 역시 의료 서비스에 대한 공공지출을 늘리고 있다. 1인당 지출 금액은 고소득 국가에서는 평균 2,937달러인 반면, 저소득 국가에서는 불과 41달러로 천차만별이다.[3]

보건의료 비용의 상당 부분이 의료인력 고용에 쓰이는데, 세계 각국에서는 의료인력 부족을 겪고 있다. ILO의 추산에 따르면, 현재 부족한 의료인력을 보충하기 위해서는 1,030만 명이 추가로 있어야 하며, 이 가운데 아시아에는 710만 명이, 아프리카에는 280만 명이 배치되어야 한다.[4] 개도국의 숙련된 의료인력 가운데 다수는 의료 서비스 수요가 증가하고 있으며 임금 및 경력에 더 유리한 선진국으로 이민을 떠난다. 이와 같은 인력 유출 문제로 저소득 국가들이 의료 서비스 실행에 어려움을 겪자 이를 예방하고자 국제 협의가 이루어지기도 했지만, 결과는 성공적이지 못했다.[5] 이러한 맥락에서 세계적으로 더 많은 의료인력을 양성하고, 신기술을 활용하여 생산성을 증대할 방법을 찾는 것이 요구되고 있다.

의료 서비스는 어떻게 제공해야 하는가?

어느 나라든 의료 서비스의 일정 비용은 직접 지불하든 보험사를 통해서 지불하든 개인이 치르게 되어 있다. 보험을 전혀 이용할 수 없거나 보험제도가 널리 보급되지 않은 지역에서는 높은 의료 비용을 가족들 혹은 주민들과 협력해서 분담하기도 한다. 하지만 사회계약의 다른 분야와 달리 보건의료에 대해서는 모든 정부가 의료 서비스를 직접 제공하거나 시장을 규제하여 적극적으로 개입하고 있다.[6]

여기에는 여러 이유가 있다. 첫째, 시장 원리에만 내맡기면 여러 측면에서 의료제도가 제대로 기능할 수가 없다. 환자들은 대부분 지식이 부족해 자신에게 무엇이 필요한지 현명한 결정을 내리지 못하므로, 의료 지식에 정통한 의료진에게 전적으로 의존해야 한다. 그러나 이 과정에서 의료 전문가들은 (민간 의료체계에서는) 많은 이득을 챙기고 (공공병원이나 의료보험 기반에서는) 진료비 결정에서 완전히 배제되는 경우도 흔하다.

둘째, 의료보험에는 문제가 많다. 그중에서 가장 큰 문제는 보험사들이 비용 절감을 위해서 보험 대상에서 환자들을 제외하는 일에 관심이 많다는 점이다. 보험사들은 비용을 통제하기 위해서 본인부담금 제도를 활용하고, 가입자들이 보험에 가입하기 전에 심사숙고하는 과정을 거치도록 한다.[7]

정부가 의료 서비스에 개입하는 중요한 세 번째 이유는 많은 질병들이 가진 전염성에 있다. 정부는 사회의 이익을 위해서 백신 접종, 정보 공유, 위생시설과 깨끗한 식수 공급 등으로 개개인을 치료하여 전염병이 사회에 퍼지는 사태를 예방한다. 물론 이때 정부의 목표는 개별 환자의 건강을 향상시키는 것만이 아니라 사회 전체의 건강을 극대화하는 데에 있다. 실제로 공중보건 관점에서는 대중의 이익을 위해서 개인의 이익이나 선호가 희생될 수 있다.

코로나바이러스가 대유행하면서 사회가 공동체의 건강을 위해서 개인의 행동을 제약하는 일이 어떤 경우에 타당한가를 두고 논란이 일었다. 아시아의 많은 나라들에서는 여행의 자유와 가족 및 친구를 만날 자유를 제한하고, 격리 및 감시, 마스크 착용의 의무화 조치를 대체로 수용했다. 이에 반해 미국과 일부 유럽 국가에서는 이와 같은 제한 조치에 사람들이 반발했고, 여러 개도국에서는 시민들이 제한조치에 따를 여유조차 없었다.[8] 이러한 반응은 나라마다 개인의 자유와 공중보건을 놓고 사회계약을 바라보는 인식이 얼마나 다른지를 보여준다.

선거 참여율이나 정부기관에 대한 신뢰도, 신문 구독률 등 시민 참여가 비교적 활발한 국가들을 살펴보면 사회적 거리두기 지침을 지키는 비율이 더 높고 코로나바이러스에 전염되는 비율도 더 낮았다. 이탈리아를 대상으로 실행한 모의실험 결과, 시민 참여가 가장 활발했던 25퍼센트의 인구와 동일한 수준으로 나라 전체가 사회적 거리두기 지침을 준수했더라면 코로나바이러스로 인한 사망률이 10분의 1 수준이었을 것이라는 결과가 나왔다(이는 소득, 인구구조, 의료 역량 등의 변수를 보정한 결과이다).[9] 여행이나 음식점 예약, 소비 패턴 부문의 구글 데이터를 실제로 분석한 결과, 많은 나라에서 봉쇄조치가 내려지기도 전에 자발적으로 사회적 거리두기 지침을 실천한 사람들이 많았다.[10]

정부가 직접 보편적 의료 서비스를 공급할 필요는 없다. 실제로 나라마다 다양한 방식을 채택하고 있으며, 한 나라 안에서도 계층마다 다른 방식으로 의료 서비스를 지원할 때가 많다. 의료 서비스를 제공하는 데에 단 하나의 방법만이 최선일 수는 없으며, 다양한 접근법 아래 국민건강 측면에서 좋은 성과(물론 때로는 나쁜 성과)를 내는 일이 가능하다.[11] 대부분의 선진국에서는 사업주와 근로자가 의료보험비를 공동 납부하는 방식을 채택하거나 개인이 민간 의료보험(엄격하게 정부의 규제를 받는다)에 가입하도록 하고, 빈민층에는 보조금을 지원한다. 영국을 비롯한 몇몇 국가들에서는 국가가 주요 공급자로 나서서 모든 의료 서비스를 제공하지만, 대다수의 유럽 국가는 주로 공공 서비스와 민간 서비스에 자금을 지원하는 역할을 맡는다. 한편 중국과 인도 같은 신흥국에서는 빈곤층만 공적으로 지원하고 부유층에는 민간보험을 권장하는 모델이 부상하고 있다. 미국 등의 나라에서는 사업주와 고용인이 의료 서비스 비용을 함께 분담하는 방식과 정부에서 실직자를 지원하는 방식을 병행한다.

대부분의 개도국은 보편적 의료체제를 도입하는 중이고,[12] 이 가운데 많은 나라들이 2단계 체제를 채택하고 있다. 이 체제에서는 우선 빈곤층과 비정규직 노동자들의 의료 서비스를 국가가 관리하는 공공 시스템을 통해서 지원한다. 그 재원은 일반 조세로 마련하는데, 때에 따라서는 가계가 분담금을 내도록 하여 보충한다. 한편 정규직 노동자들은 소득의 일부를 건강보험료로 납부하도록 하고, 부유층은 자유롭게 민간보험에 가입할 수 있다. 국가의 역량이 제한적인 최빈국에서는 사람들이 대부분 민간의료 시장에 의존한다. 일부 국가에서는 자선단체가 정부 및 민간시장과 협력해서 중요한 역할을 담당하기도 한다.[13]

보편적 의료 서비스 구축에 나선 인도를 예로 들어보자. 2018년에 인도는 아유슈만 바라트Ayushman Bharat라고 불리는 국가 건강관리 계획을 도입했다. 이 계획의 목표는 두 가지였다. 첫째는 예방접종과 전염병 치료 같은 필수 진료와 1차 보건의료를 제공하는 건강 및 복지센터를 약 15만 개 설립하는 것이었다. 둘째는 심장병이나 암과 같은 질환을 다루는 2차 및 3차 의료 서비스를 이용하도록 국민건강보험제도를 마련해서 가족당 연간 50만 루피(약 7,000달러)의 비용을 보장하는 것이었다. 이는 인도 전역의 빈곤층과 취약계층 5억 명 이상을 대상으로 하며, 정부 재정으로만 지원하는 의료 서비스로는 세계최대 규모이다.

중국도 건강보험 기반의 공적 지원제도를 도입했다. 이 제도는 공공의료보험 외에 민간에서 여러 질병의 치료 비용을 보완하도록 했다는 점이 인상적인데, 이는 예전부터 내려오는 전통에 뿌리를 두고 있다. 중국에는 옛날부터 마을의 주민 중 누군가가 중병에 걸리면 십시일반하여 재원을 분담하는 전통이 있었다. 앤트 그룹(알리바바 그룹의 계열사)은 이 전통을 디지털 시대에 맞게 변형하여 건강 상호부조

온라인 플랫폼을 열었다. 가입자 대부분이 저소득층인 이 플랫폼에서는 100가지 중대 질환 치료를 위해서 약 4만5,000달러를 보장하는데, 비용은 모든 가입자가 공동으로 분담한다.[14]

늘어만 가는 의료비 지출

국가가 의료비에 지출하는 금액은 나라마다 역량에 따라서 크게 차이가 난다. 가령 인도에서는 1인당 연평균 200달러이고, 중국에서는 300달러, 유럽에서는 3,000-6,000달러이다(그림 8). OECD 가입국들은 연평균 1인당 4,000달러를 지출한다. 앞에서 말했듯이 이는 대부분 정부에서 지출하는 금액이며, 저소득과 중위소득 국가에서는 민간 부문에서 부담하는 몫이 다른 국가보다 훨씬 큰 편이다. 물론, 돈을 많이 지출하는 것과 돈을 현명하게 쓰는 것은 별개의 문제이다. 미국은 여느 나라보다 의료비 지출이 큰 편이지만(1인당 약 1만1,000달러로 GDP의 17퍼센트), 의료 접근성 측면에서는 성적이 형편없다. 실제로 미국의 기대 수명은 다른 선진국들의 평균치보다 1년 적다. 최근 시행된 조사의 결과에 따르면, 여러 선진국들은 기대 수명이 늘어난 반면 미국은 선진국 가운데 유일하게 기대 수명, 특히 남성의 기대 수명이 감소하고 있다.[15]

국가가 의료비에 지출하는 금액은 나라마다 다르지만, 조사 결과 공통된 한 가지 특징이 있었다. 바로 의료비 지출이 모든 나라에서 증가하고 있다는 사실이다. 2000년부터 2015년까지 OECD 회원국의 의

2018년(혹은 이에 가장 근접한 연도 기준) 1인당 의료비

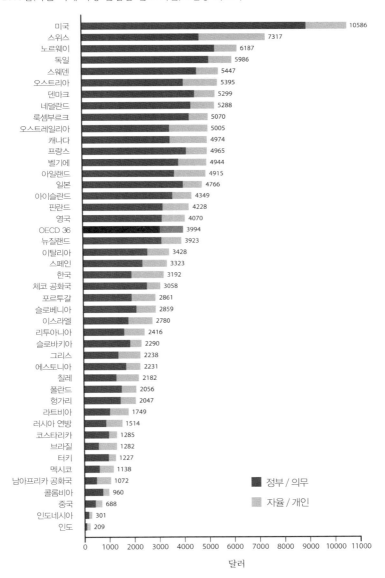

그림 8 국가마다 큰 차이를 보이는 1인당 의료비 지출

료비 지출은 3퍼센트 증가했으며, 2015년부터 2030년까지는 2.7퍼센트 증가할 것으로 예상된다.[16] 게다가 대부분의 나라에서 인구의 성장 속도 및 경제성장 속도보다 의료비 지출 증가세가 더 가파르다. 이는 시간이 갈수록 의료비 지출이 정부 예산에서 더 많은 몫을 차지할 것임을 의미한다. 현재 의료비 지출은 OECD 가입국 기준 공공지출 부문에서 평균 15퍼센트를 차지한다. 대중은 정부의 의료비 지출을 지지하는 편이지만, 일부 선진국에서는 이미 세금을 많이 거두고 있어서 세금을 더 인상할 여지가 거의 없다. 프랑스와 덴마크 등의 나라에서는 GDP의 절반 가까이가 세금으로 징수되고 있다. 한편 대부분의 개도국은 아직 세금을 인상할 여지가 많은데, 특히 보편적 의료 서비스를 제공하는 일에서 보다 나은 성과를 거두는 일이 국가 재정의 안정적인 확보와 연관이 있기 때문이다.[17] 의료비 지출 증가에 우리가 어떻게 대처해야 하는지를 살펴보기 전에 그 원인부터 이해해야 한다.

대다수의 사람들은 고령화가 의료비 지출의 주된 원인이므로 이와 같은 증가세는 피할 수 없다고 가정한다. 보건의료 시스템에서 청장년 세대보다 노인 세대에게 더 많은 돈을 지출하는 경향이 있음은 사실이다(그림 9). 이러한 인구구조의 변화는 특히 중위소득 국가에서 중요한 문제이다. 인구가 빠르게 고령화함에 따라서 (말라리아나 결핵 같은) 전염병보다 치료비가 비싼 만성질환(심장마비나 암 등)의 비중이 늘어나 질병에 관한 부담이 커지기 때문이다. 인구의 고령화는 급성질환 치료비(일례로 노인이 사고를 당하면 치료비가 많이 필요하다)도 증가하게 만들지만, 특히 장기요양 비용에 막대한 영향을 미친

고소득 국가 8개국의 연령대별 1인당 의료비 지출

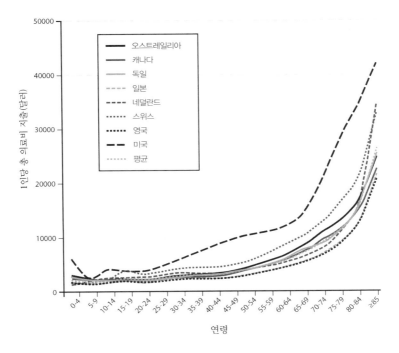

그림 9 연령대에 따른 의료비 지출 증가

다.[18] 의료 시스템의 효율성이 심각하게 낮은 미국을 제외하고, 대다수의 나라에서 일반적인 80세 노인에게 지출하는 의료비는 일반적인 20세에 지출하는 의료비보다 약 4-5배 높은데, 이는 흔히 예상하는 만큼 큰 차이는 아니다(그림 9 참조).[19] 따라서 고령화 추세 하나만으로는 의료비가 빠르게 급증하는 현상을 설명하기 어렵다.

앞에서도 언급했지만, 부유한 국가에서는 다른 두 가지 요인이 크게 영향을 미친다. 첫째, 고품질 의료(따라서 더 비싼 의료)에 대한 기대치가 높아지고 있다. 의료비 지출이 가장 크게 증가한 국가로 꼽히는 터키, 한국, 슬로바키아 등을 보면 고품질 의료에 대한 대중의 기대치가 가장 크게 높아지고 있다. 그러나 의료비 지출 증가의 장본인은 바로 기술의 발전이다. 생명을 연장하고 삶의 질을 높이는 신약과 의료기기는 가격이 더 비싼 편이다.[20] 이는 신약 개발이나 임상시험 비용 자체도 크지만 무엇보다 새로운 의료기술을 생산하는 시장을 소수 업체가 지배하고 있기 때문이다.

"인구구조는 운명"이라는 말이 있다. 이 말은 인구구조를 단기간에 바꾸는 것은 불가능하므로 그로 인해서 발생하는 결과를 피하지 못한다는 의미를 담고 있다. 그러나 의료비 상승을 이끄는 신기술과 관련해서 불가피한 것은 없다. 사회는 어떤 치료법에 자금을 지원할지, 의약품과 기술 가격을 어떻게 협상할지, 어떻게 의료 서비스를 제공할지 또 가격 결정에서 정부가 개입할 필요성이 있는지 등을 선택할수 있다. 요컨대, 의료비 지출을 억제하는 일은 가능하다.[21] 일례로, 많은 나라들이 의료 서비스를 제공하는 과정에서 지역 사회 보건 종사자와 약사, 간호사의 역할을 확대함으로써 국민건강에 미치는 부작용 없이 의사가 제공하는 고비용 서비스에 의존할 필요성을 완화했다. 복제약품의 사용 역시 의료비 지출을 관리하는 또다른 방법이다.[22] 의료 행위에 보상하는 방식 역시 의료비 지출에 엄청난 영향을 미친다. 이때 보상에 대한 산정 기준은 의료 서비스 행위별로 정할 수도 있고, 질병 치료 행위별로 정할 수도 있다. 또 질병에 따라서 전체 진료비를 산정하는 방법도 있다.[23]

의료비 지출을 억제할 방법은 이뿐만이 아니다. 더욱 중요한 문제는 의료기술의 혜택을 어떻게 분배할지 결정하는 일이다. 사회계약에서 제공해야 하는 의료기술은 무엇이고, 또 경제적 여력이 허락할 때 개인이 비용을 내야 하는 의료기술은 무엇인지 규정해야 한다.

보건의료체제에서
자원을 체계적으로 분배하는 방법은 무엇인가?

전 세계 보건의료체제의 설계자들은 모두 의료자원을 어떻게 분배하는 것이 최선인지 날마다 고심한다. 소득이 증가하면서 의료 서비스의 수요 역시 커지고 있다. 공공의료 재정은 국가가 시민에게 과세할 수 있는 양에 따라서 한계가 있다. 민간 영역에서 주도하는 체제는 얼마나 많이 지출할지를 개인이 결정하기 때문에 개인이 직접 비용을 내든 그들이 가입한 보험을 통해서 내든 시장의 작동방식에 따라서 의료자원이 분배된다. 다시 말해, 개인의 소득과 그 사람이 감당할 수 있는 치료비에 따라서 다르게 분배되는 것이다. 당연하게도 민간의료체제에서는 부유한 사람이 가난한 사람보다 더 좋은 서비스를 받는다. 공공재정으로 운영하는 의료 시스템에서는 공평성을 중시하므로 사회가 어디에 돈을 쓸지 또 그 서비스를 어떻게 제공할지를 사회계약에 따라서 결정한다. 사회계약에서는 모든 사람에게 똑같은 서비스를 제공해야 하는지 혹은 다른 기준에 따라, 이를테면 극빈층이나 비용효율성이 가장 높은 대상에 의료 서비스를 제공해야 하는지를 결정해야 한다.

보건의료체제에서 서비스를 분배하는 데에 이용하는 메커니즘은 다양하다.[24] 일부 국가에서는 환자에게도 치료비 일부를 부담하게 하여 비용을 고려하도록 하는 공동 지불방식을 이용한다. 다만 이 방식은 빈곤층에게 가장 큰 타격을 주는 경향이 있다. 한편 일부 국가에서는 선착순의 원칙을 적용하여 누가 먼저 치료를 받아야 하는지를 결정한다. 이 경우 환자는 의사를 만나기까지 몇 주일을 기다리거나 수술까지 몇 달씩 대기하기도 하는데, 이 과정에서 경제적 여력이 있는 사람들은 민간병원을 이용하게 된다. 예를 들면 영국에서는 2008년 기준 7.6주일이었던 환자 대기 시간이 2019년에는 10.1주일로 늘어났다. 스웨덴에서는 법으로 대기 기간을 최대 90일로 규정하고 있음에도 20퍼센트 이상의 환자들이 그보다 오랜 기간 대기한다. 두 나라에서는 공공의료 서비스를 받기 위해서 기다리는 시간이 길어지면서 민간 의료보험의 수요가 증가했다.[25] 가난한 사람들 역시 서비스 지연으로 피해를 보지만, 선착순으로 의료자원을 배분하는 방식은 기본적으로 저소득층에게 초점을 맞춘 정책이다.

결론적으로 우리는 사회계약의 일환으로서 어떤 의료기술에 공적 자금을 투입할지 혹은 투입하지 않을지 결정해야 한다. 그렇게 하기 위해서 선진국의 약 3분의 2, 그리고 점점 더 많은 개도국들이 전문가 집단을 따로 고용하여 해당 치료가 비용 대비 얼마나 효과가 있는지를 평가하고 있다.[26] 여기에는 대체로 두 가지 평가방식이 있다. 하나는 치료 효과가 있는지에 대한 의학적 평가이며, 다른 하나는 국가가 개입하는 것이 공익에 해당하는지에 대한 평가이다. 이러한 "의료기술 평가"는 공적 자금으로 지원하는 목록(특정 약물 또는 필수 의료 서비스 등의 의료 개입 범주)과 지원하지 않는 목록을 작성하는 데에 이용된다. 의료기술 평가는 보건의료 항목의 사회계약을 구체적으로 반영한다.

  사회계약에서 제외되는 의료 항목들은 많은 것을 시사한다. 치료 효과는 미미한데 값은 비싼 의약품의 사용을 국가가 부담하는 경우는 드물다. 다이어트 목적의 수술 같은 경우도 목록에서 제외된다. 부적절하게 이용할 위험성이 높기 때문이다. 마찬가지로 대체의학, 스파 치료법, 심리치료처럼 비전문의가 제공하는 의료적 개입 역시 보장 목록에서 제외하는 국가들이 많다. 치아 교정이나 가슴 수술 등 성형 목적의 치료와 마찬가지로 치과 관리 비용도 제외되는 경우가 많다. 일부 국가에서는 이성애자 부부의 불임 치료 비용 역시 항목에 따라서 제한을 둔다. 비처방 의약품이나 안경처럼 대다수가 비용을 내기 어렵지 않은 항목도 지원 목록에서 제외하는 경우가 많다. 개인에게 이런 비용을 부담하도록 하는 것은 사람들이 그 효과를 스스로 판단할 수 있고 비용을 감당할 여력이 있음을 전제한다.[27]

  어떤 의료 행위를 공공에서 지원할지 결정하는 문제는 지원 제외 항목을 결정하는 문제보다 복잡하다. 비용과 편익을 어떻게 평가할 것인가? 각 나라는 치료법의 편익을 평가할 때 저마다 다른 기준을 적용한다. 이를테면 사망위험성 감소, 질병의 호전, 혹은 수명 연장이나 삶의 질 향상 여부 등이 평가의 기준으로 이용된다. 이와 아울러 경제성 평가도 이루어지는데, 해당 의약품이나 의료기술을 통해 병가 감소 혹은 생산성 향상의 형태로 비용 절감 효과가 있는지 분석하는 것이다. 이러한 평가 작업에는 귀중한 생명이 걸려 있고 막대한 돈이 개입되기 때문에 이익단체와 환자들의 로비 활동으로 인한 혼란이 야기될 수 있다. 그러므로 결정은 독립적인 외부 전문가들의 몫으로 두고, 투명하고 철저한 검증을 거쳐서 이해의 충돌을 면밀하게 감시하고 관리하는 것이 중요하다.

의사결정권자들은 실행가능한 여러 대안들을 놓고 선택해야 한다. 만약 비용을 신약에 지원할지 아니면 신기술 도입으로 가능한 수술 치료에 지원할지 선택해야 한다면 대안 간의 상대적 효과를 비교할 수 있는 기준을 반드시 마련해야 한다. 가장 널리 이용되는 기준 가운데 하나는 질 보정 수명Quality-adjusted life year, QALY 1년당 비용이다. 질 보정 수명은 기본적으로 건강한 상태의 1년을 의미한다. 이 기준에 의하면 질 보정 수명이 5년 더 늘어나는 새로운 의료기기는 비용이 똑같고 양질의 수명이 겨우 6개월 늘어나는 신약보다 훨씬 가치가 있다. 몸의 상태는 그들이 처한 여건에 따라서 달라질 수 있기 때문에 질 보정 수명이 공평한 잣대가 아니라는 주장도 있지만, 질 보정 수명(혹은 일부 변형된 기법)의 이용은 지원 우선순위를 정하고, 비용효율성이 높은 대상에 공적 자금을 지출할 수 있게 한다.[28]

그러면 사회는 건강한 1년을 얻기 위해서 얼마만큼의 비용을 지불해야 하는가? 구체적인 숫자의 언급은 논란을 초래할 것이 분명하므로 여러 국가에서는 이 질문에 명확히 답하기를 꺼린다. 아울러 신기술을 개발하는 업체들이 가격을 책정하는 과정에서 질 보정 수명을 악용할 우려도 있다. 다만 WHO는 1년의 추가 수명을 누릴 여유가 되는지를 평가하는 데에 1인당 국민소득이 유용한 대용물이 될 것이라고 제안했다.[29] 의료 개입에 투입하는 비용이 한 나라의 1인당 평균 국민소득과 같거나 그보다 적다면 매우 효과적이고, 1인당 국민소득의 1-3배까지는 비용효율성을 인정할 수 있다. 반면 1인당 평균 국민소득의 3배 이상을 지출하고 있다면 비용효율성이 없다고 판단하고 해당 의료 개입을 사회계약에서 배제할 수 있다.[30]

비용효율성과 관련한 WHO의 권장사항은 정책을 수립하는 과정의 기본 지침으로 매우 유용하지만, 의료 개입 상한액을 얼마로 정했는지를 명시한 나라는 거의 없다. 이를 명시한 국가로는 헝가리와 한국이 있는데, 이들은 건강 수명을 1년 더 보장하는 치료라면 1인당 국민소득의 2-3배까지는 공적 자금으로 지원할 것이다. 상한액을 1인당 국민소득과 연계할 때의 주된 장점은, 국가가 부유해질 때 추가로 지원 가능한 의료 개입이 무엇인지를 명확한 기준에 따라서 판단할 수 있다는 점이다. 한편 1인당 국민소득을 기준으로 하지 않고 양질의 삶을 1년 더 보장하는 의료 서비스마다 지원 상한액을 따로 설정하는 나라들도 있다. 폴란드는 1만8,000유로이고, 슬로바키아는 2만6,500유로이며, 영국은 2만-3만 유로이다.

특정 기준에 따라서 지원 금액을 명확하게 정하는 방식은 투명하고 공정하게 정책을 결정할 수 있도록 만들며, 가용 자원으로 최대한 좋은 결과를 얻게 유도한다. 반대로 기준을 명시하지 않을 경우에는 자원을 할당하는 이들의 책임 소재가 분명하지 않을 수 있고, 외부의 영향에 더 취약할 수밖에 없다. 영국에서는 이러한 결정을 내리는 기구인 NICE국립보건임상연구소가 상한액을 명시하고 있음에도 정치적인 압력 때문에 자원을 잘못 배분하는 경우가 있다. 예를 들면 암 환자들의 로비 때문에 영국 정부는 항암제 기금Cancer Drugs Fund을 설립하고 NHS가 정한 비용효율성 기준에 부합하지 않는 비싼 치료에 자금을 지원했다. 이 기금에서 지원한 항암치료로 암 환자들의 수명이 총 5,600년가량 연장되었다. 하지만 만약 그 기금을 NHS의 기준에 부합하는 다른 치료법에 썼다면, 2만1,645년의 건강 수명을 추가로 얻었을 것이다.[31]

의료비 지출을 세대별로 분배하는 문제도 쉽지 않은 과제이다. 어떤 이들은 누구에게나 "정상적인" 건강 수명(약 70년)을 누릴 자격이 있다고 주장한다. 노인의 죽음보다 젊은이의 죽음을 더 안타깝게 느끼는 이유도 여기에 있다. 건강한 상태를 유지하려면 노년 세대에게 더 많은 의료 서비스가 필요하지만, 어떤 이들은 "공정한 이닝fair inning"이라는 근거 아래 청장년층 치료에 우선순위를 부여하는 편이 옳다고 주장한다.[32]

그러나 이렇게 공리주의 관점에서 생명의 가치를 저울질하지 않고 의료자원을 배분하는 방법이 한 가지 있다. 세대 간에 한정된 의료자원을 놓고 경쟁하는 관점에서 벗어나 한 개인이 평생에 걸쳐서 사용할 자원을 생애 주기별로 분배하는 관점으로 문제를 생각하는 방법이다. 만약 저마다 정해진 금액을 사회로부터 받아 평생에 걸쳐서 의료비로 써야 한다면, 십중팔구는 그 돈을 저축하여 노년의 몇 개월 동안 값비싼 연명 치료에 쓰기보다는 삶의 질과 수명을 늘리기 위해서 일찍부터 건강과 복지를 향상하는 데에 더 많이 쓸 것이다. 의료자원 배분 문제를 생애 주기의 관점에서 보면 대체로 비슷한 결론에 도달한다. 이 경우에는 "다른 사람들의 생명과 자원을 두고 경쟁하는 것이 아니라 생애 전체에 걸쳐 의료자원을 운영하는 방법"을 고려하기 때문에 청장년 세대가 노인 세대보다 더 가치가 있다고 전제할 일이 없다.[33]

방금 제시한 방식도 거북하게 느껴진다면, 영국에서 급성질환 치료에 공적 자금을 어떻게 배분했는지를 미국의 메디케어 시스템Medicare System: 노년 세대를 위한 공공보험과 비교해서 살펴보자.[34] 1980년대에 영국의 NHS는 한정된 자원에 쪼들렸지만 의사들은 의료 서비스의 품질을 낮추는 방식이 아니라 생애 주기별 자원 분배와 비용효율성이라는 원칙을 세우고 대기 환자의 수를 제한하는 방식으로 문제를 해결했다.[35] 영국에서는 특정한 치료가 효과가 있더라도 너무 비싸면 공적 자금을 지원할 정당성이 없다고 본다. 따라서 설령 환자에게 치료비를 낼 의사와 지불 능력이 있더라도 NHS는 해당 치료 서비스를 제공하지 않는다. 물론 환자가 민간의료 서비스를 이용하는 것은 막지 않는다. 반면 미국에서는 메디케어 가입자들이 보험료 납부를 통해서 자격을 획득했다고 보기 때문에 비용효율성을 따로 고려하지 않고 어떠한 형태로든 의료 서비스 이용에 제한을 두지 않는다. 따라서 메디케어에서 노인 세대를 전폭 지원하는 한편 빈곤층을 위한 프로그램인 메디케이드Medicaid:저소득층 성인과 어린이가 주요 대상이지만, 소득이 낮고 만성질환이 있는 노인들도 가입하는 공공보험 가입자들의 보장 범위도 점점 늘고 있다. 그 결과 만성질환을 치료받고 있는 노인 1명당 메디케어가 지출하는 비용은 저소득층 어린이 1명당 지출하는 비용보다 5배나 더 많다.[36]

디지털 시대의 의료 서비스

지금까지 우리는 의료기술이 의료 서비스 비용을 증가시키는 방식에 초점을 맞춰 이야기했다. 그렇다면 비용을 절감하는 기술 혁신은 어떠한가?

코로나바이러스가 대유행하면서 디지털 기반시설을 갖춘 국가에서는 어쩔 수 없이 원격의료 서비스가 급물살을 타고 시행되었다. 온라인으로 의사에게 진료를 받거나 스마트폰 앱을 사용하여 접촉자를 추적조사하고 환자를 관리하는 것 등이 모두 원격의료에 해당한다. 원격의료와 관련된 디지털 기기들은 한참 전부터 개발되고 있었지만, 코로나바이러스가 대유행하면서 이를 채택하는 속도가 한층 빨라졌다. 여러 고소득 국가들에는 이렇듯 디지털을 이용한 방식과 신흥기술이 의료비 증가 추세를 관리할 수 있는 유용한 도구임이 틀림없다. 보건의료체제를 구축하는 초기 단계에 있는 개도국에서도 이런 도구를 접목한다면 시스템을 혁신할 수 있다.

많은 개도국들이 보편적 의료 서비스를 실현하기 위해서는, 고도로

숙련된 의사들이 감독하는 전문시설에서만 서비스를 제공하는 기존 모델 이상의 것이 필요하다. 이때 디지털 기술은 기존과 전혀 다른 의료 서비스 모델의 문을 연다. 디지털 기술을 통해서 환자는 양질의 정보에 쉽게 접근하고, 자신의 의료 기록을 관리할 수 있으며, 인공지능을 진단에 활용하고, 로봇에게 수술을 받을 수 있다.[37]

디지털 의료 시대가 열리면 병원을 찾지 않고 집에서도 저렴한 비용으로 체온과 혈압, 산소 포화도 같은 활력 징후를 측정할 수 있다. 의료시설을 정기적으로 방문하기보다는 집에서 돌보는 편이 더 효과적이고 비용이 적게 드는 당뇨 같은 만성질환 환자에게는 원격의료가 특히 유용하다. 외래 진료가 가능한 경증 환자들은 점차 스마트폰을 이용해 원격으로 가정에서 관리를 받을 수 있고, 의료진이 세계 어느 곳에 있든 원격으로 치료받는 일도 가능해질 것이다(더불어 개도국 의료진의 경우 더 많은 소득을 좇아서 다른 나라로 이주할 필요성도 줄어들 것이다).

웨어러블 기기들 역시 환자를 원격으로 관리하는 데에 유용한 도구로, 이들 기기가 수집한 데이터는 환자와 의료진 모두에게 매우 중요한 자료가 된다. 이 같은 전자 기록은 디지털 플랫폼에서 호환되므로 점차 개인별 맞춤 치료도 가능하게 만들어줄 것이다. 인도는 이미 의료보험제도를 구축할 때에 이용한 생체 신분확인 프로그램을 토대로 디지털 의료기술을 활용하고 있다. 모든 의료 종사자가 환자의 건강 기록에 접근할 수 있고, 주요 증상을 입력하면 진단과 치료법을 알 수 있으며, 즉시 적절한 약품을 주문할 수 있는 기기를 활용하는 세상을 상상해보라. 르완다와 탄자니아의 외진 시골에서는 이미 백신과 혈액을 운송하는 데에 드론이 이용되고 있다.

보건의료체제에서 큰 비중을 차지하는 지출 가운데 하나는 장기 질환자들 가운데 30-50퍼센트가 치료를 꾸준히 하지 않고 중단하는 데에서 발생한다. 이 문제를 바로잡으면 약물 낭비와 병원 입원 횟수를 줄일 뿐만 아니라 회복력을 높이고, 삶의 질과 생산성을 개선할 수 있다.[38] 이 문제에서도 디지털 기술은 유용하게 쓰인다. 환자들이 약을 먹고, 운동하고, 물리치료를 받을 시간을 상기시키는 데에 스마트폰의 문자와 앱을 이용할 수 있다. 개봉 일시를 등록해서 환자에게 복용 시간을 알려주는 전자 약병도 유망한 기술이다.

그러나 디지털 의료가 원활하게 작동하기 위해서는 사회계약이 바뀌어야 한다. 우리가 답해야 할 가장 중요한 질문은 누가 환자의 데이터를 소유하고 통제하며, 개인의 사생활과 기밀은 어떻게 보호할 수 있는가 하는 문제이다. 디지털 의료로 전환하여 개인의 건강정보를 연구하고 추적조사함으로써 발생하는 여러 혜택이 정보 수집과 공유에 전적으로 의존하기 때문에 이 문제는 피할 수가 없다. 더 나은 치료법을 개발하려다가 사생활을 침해한 사례도 이미 여러 차례 적발된 바 있다.[39] 많은 이들이 공공의 이익을 널리 실현하면서도 개인정보를 확실히 통제할 수 있는 원칙을 정립하기 위해서 고민하고 있다.[40] 또한 대부분 백인 남성을 대상으로 수행된 연구로 만들어진 알고리즘의 편향성을 지적하는 목소리도 커지고 있다. 이러한 알고리즘은 다른 인종 집단과 여성의 진단 및 치료에는 부적합할 가능성이 있다.

 각국은 개인정보 보호와 공익 사이에서 각기 다른 방식으로 균형을 이룰 가능성이 크다. 코로나바이러스가 대유행하는 동안 아시아 국가의 시민들은 정부가 접촉자를 추적하기 위해서 개인정보에 접근하는 일을 기꺼이 수용했지만, 유럽의 시민들은 중앙정부가 모든 정보를 통제하는 것을 선호하지 않았다. 민주주의 국가에서는 시민이 자신의 개인정보를 통제할 수 있어야 하고, 해당 정보를 공익을 위해서 사용하려면 당사자의 허락을 받아야 한다는 공감대가 형성되고 있다. 하지만 관련 상황이 시시각각 변하고 있는 만큼 이 원칙을 일관되게 적용하기는 쉽지 않다. 전염병 예방 등 공익 목적에 명확히 부합하는 정보가 아닌 일부 건강정보(사회적 낙인이 찍힌 질병)를 철저히 보호하는 접근법이 필요할 것이다.

 이러한 난관에도 불구하고 디지털 기술을 이용한 의료 서비스는 환자에게 더 저렴한 비용으로 보다 나은 서비스를 제공할 좋은 기회를 제공하며, 최소한 의료진에게는 환자의 혈압과 체온 등을 반복 점검하는 작업에서 벗어날 실마리를 준다. 이로써 의료진이 환자와 양질의 소통을 나누며 치료법에 더 집중할 수 있게 된다면 치료 경과도 더 좋아질 것이다. "하이테크"와 "하이터치"의 결합은 향후 보건의료 서비스에서 비용과 품질을 모두 만족시키는 길이 될 수 있다. 하지만 성공적인 의료 서비스를 얼마나 효율적으로 제공하든 최상의 결과는 언제나 질병의 치료가 아니라 예방에서 비롯된다. 질병의 예방 문제는 사회계약의 핵심 주제로 이어진다.

개인의 책임과 사회의 책임 :
균형점은 어디에 있는가?

"1온스로 예방할 것을 1파운드로 치료한다"는 벤저민 프랭클린이 한 말로 알려져 있다. 그리고 예방이 최선이라는 사실은 이미 충분히 입증된 바 있다. 예방의료 서비스에 대한 선진국들의 투자수익률은 평균 14.3퍼센트이다.[41] 공중보건 정책을 법제화하고 전 국민에게 시행하면 투자수익률은 27.2퍼센트까지 증가한다. 또한 영아사망률 감소와 기대 수명 증가에는 환경과 영양 상태, 소득, 생활방식 등이 큰 영향을 미치며 보건의료 시스템의 영향은 일부에 불과하다는 사실도 밝혀졌다. 그렇다면 사회 구성원들의 영양 상태를 개선하고, 건강한 습관을 장려하고, 질병을 조기에 진단받을 수 있도록 공적 자금을 투입하는 일은 사회가 할 수 있는 최선의 투자인 셈이다.[42]

효과적인 공중보건 정책으로 전염병이 감소하자 심혈관 질환, 암, 호흡기 질환, 당뇨 등의 비감염성 질환이 전 세계에서 주요 사망 원인으로 부상했다.[43] 이 질병들의 다수는 흡연, 음주, 비만과 관련이 있다. 흡연자나 비만인들은 일찍 사망하는 경향이 있으므로 국민의료비 지출에 막대한 영향을 미치지는 않는다.[44] 하지만 흡연과 비만을 비롯한 건강에 해로운 습관들은 보건의료체제의 비용을 상승시키는 직접적인 원인이며, 개인의 삶도 망가뜨릴 수 있다.

흡연이 초래하는 경제적 비용은 전 세계적으로 1조4,000억 달러 (2012년 전 세계 GDP의 1.8퍼센트에 해당)가 넘는다고 추산되는데,

이 가운데 생산성 손실로 발생하는 금액이 1조 달러이고 치료비로 발생하는 금액이 4,220억 달러이다.[45] 중위소득 국가와 고소득 국가에서 음주로 초래되는 경제적 비용은 약 6,000억 달러(2009년 전 세계 GDP의 1퍼센트에 해당)에 이른다. 영국에서는 비만 문제로 매년 51억 파운드를 NHS에서 부담하고 있으며, 사회적으로는 250억 파운드가 넘는 비용이 초래되는 것으로 보인다. 흡연 문제로 NHS에서 부담하는 비용은 25억 파운드이고, 사회적으로는 110억 파운드가 넘는 비용이 초래되고 있다고 추산된다. 음주로 인해서 NHS가 부담하는 비용은 약 30억 파운드이고, 영국 사회에서 부담하는 비용은 약 520억 파운드에 이른다.[46]

이 모든 사실은 한 가지 중요한 질문을 던진다. 그렇다면 우리는 건강을 관리할 때, 환경을 개선하고, 질병을 예방하고, 개인의 생활습관을 바꾸는 일에 초점을 맞춰 더 많은 자원을 투입해야 하지 않을까? 사람들이 술을 마시고, 담배를 피우고, 운동도 하지 않고, 형편없는 식사를 하고, 환자들이 약물 복용이나 진료 약속을 규칙적으로 지키지 않아서 의료비가 증가하고 이 때문에 사회 구성원들이 더 많은 세금을 내서 보건의료 서비스 재정을 마련해야 한다면, 사회는 사람들의 행동에 영향을 미칠 수 있어야 하지 않을까? 아니 마땅히 개인의 생활에 개입하는 것이 사회의 의무가 아닐까? 보건의료체제에서는 가령, 생활습관병이 초래하는 비용을 개인이 어느 정도 책임지는 방안을 마련해야 하지 않을까?

건강에 해로운 습관을 지닌 개인이 의료 서비스 비용을 감당하게 만드는 일에는 몇 가지 논란이 있다. 우선 어떤 행동이 충분히 위험하다고 규정하는 일이 쉽지 않다. 가령 정크푸드 섭취는 위험한가? 일광욕은 어떤가? 오토바이를 타는 것은 위험한 행동인가? 오토바이를 타거나 스카이다이빙을 즐기는 경우 위험한 행동이 초래하는 의료 서비스 비용을 개인이 부담하는 보험으로 지불하도록 요구하는 것은 일견 타당할 수 있다.[47] 그러나 약물 중독이나 알코올 중독자 중에는 그들이 통제하지 못할 어떤 상황이나 유전적 성향 혹은 환경적 요인 때문에 해로운 습관에 빠지게 된 사람도 있다.

논란이 없지는 않지만 의료 서비스 비용을 국가와 개인이 분담하는 나라의 사회계약을 살펴보면 건강에 대해서 책임을 지는 일은 대체로 개인의 몫이다. 따라서 이들 국가에서는 개인의 행동에 개입할 합법적인 권리가 있다고 여기고 보건의료체제 안팎에서 더 건강한 생활습관을 유지하도록 장려한다.

모든 사람이 그러한 "가부장적 간섭주의"에 동의하는 것은 아니다.[48] 존 스튜어트 밀을 계승하는 이들은 진정한 자유란 다른 사람들에게 해를 끼치지 않는 한 어떠한 제약도 받지 않는 것이라고 주장한다.[49] 이와 달리 롤스와 아마르티아 센 같은 이들은 누군가 대신 결정을 내리지 않고 스스로 결정을 내리는 것이 자유이기는 하지만, 모두의 효용을 위해서 합리적으로 개인의 행동을 제약할 경우 이를 수용하는 것도 자유에 포함된다고 말한다.[50] 이러한 관점에서 보면 자유를 중시하는 사람이라도 건강에 해로운 상품(담배 등)에 대한 과세, 건강한 습관을 요구하는 법률(안전벨트, 헬멧 또는 마스크 착용)의

제정, 건강한 생활을 촉진하는 인센티브 제공(규칙적으로 운동하는 사람들에게 제공되는 보험 비용 절감 혜택 등), 건강한 습관을 장려하는 공익 캠페인과 같은 정부의 간섭을 수용할 것이다. 이러한 조치들이 사회 전체에 유익하기 때문이다. 이때 국가는 사람들에게 정확한 정보를 설명하고(유해 성분을 공개하고 제품에 표시하는 일), 공익적 이유(범죄나 교통사고 감소)에서 정당하게 개인의 자유에 개입할 수 있음을 증명해야 할 것이다.[51]

　나는 사회가 개인의 자유를 규제할 때에도 우선순위가 존재한다고 생각한다. 먼저 전염병이 유행할 때 국가는 공익을 위해서 개인의 기호를 무시하는 강력한 조치를 시행할 정당성을 얻는다. 코로나바이러스에 대응해서 내려진 봉쇄령, 여행 금지, 마스크 착용 의무화 조치 등이 이러한 사례에 해당한다. 그다음으로는 전염병은 아니지만 (흡연이나 비만처럼) 의료 서비스나 복지 지원금으로 많은 지출을 초래하는 까닭에 사회 구성원들에게 해가 되는 행동들이 있다. 담배에 중독되었거나 시도 때도 없이 쏟아지는 정크푸드 광고에 노출되고, 혹은 신선 식품이나 편의시설을 구경하기 어려운 동네에서 살아가는 사람이 진정 "자유로운" 삶을 누리고 있다고 말할 수 있을까. 적어도 사회는 공익의 관점에서 개인의 건강을 개선하는 행동을 장려할 권리가 있다. 이는 때로 선택의 구조를 바꾸는 일, 다시 말해서 다양한 인센티브를 설계하여 행동을 유도하는 일을 의미한다. 사회는 모든 사람들이 건강하게 살 수 있도록 공평한 기회를 제공해야 하기 때문이다.

선택의 구조를 바꾸기 위해서 국가는 여러 가지 일을 할 수 있다. 가령 과세는 이 일에 매우 효과적이라는 사실이 밝혀졌다. 개도국에서는 대체로 세금을 부과하는 방법을 쓰는데, 소비자 가격이 10퍼센트 상승할 때 담배 소비는 5퍼센트,[52] 술 소비는 6퍼센트,[53] 설탕 첨가 음료 소비는 12퍼센트까지 감소하는 것으로 나타났다.[54] 한 연구팀이 발표한 바에 따르면, 미국에서 설탕 첨가 음료에 1온스당 1센트의 세금을 부과하면 10년 안에 의료비를 230억 달러 절감할 수 있다.[55] 영국과 멕시코에서도 비만과 당뇨를 줄이기 위해서 과세 정책을 이용한다면 그와 유사한 사회적 편익을 얻을 수 있다고 추산했다.[56] 만약 모든 국가가 소비세를 인상해서 담배와 술, 설탕 첨가 음료의 가격을 50퍼센트 올린다면 향후 50년에 걸쳐 전 세계적으로 5,000만 건이 넘는 조기 사망을 방지할 수 있으며, 아울러 20조 달러가 넘는 세수를 거두게 될 것이다.[57] 사람들이 더 건강한 결정을 내리도록 유도하는 데에 돈을 쓰는 일도 가능하다. 가령 라틴 아메리카에는 아이들에게 예방 접종을 하는 조건으로 현금을 제공하는 제도가 있다.

이 밖에도 국가가 개입해서 개인의 행동 변화를 유도하는 다양한 방법이 있는데, 지역으로 보면 빈곤국 거주민들의 행동 변화를 유도하는 일이 언제나 가장 어렵다. 한 프로그램에서는 30개국에 거주하는 100만 명 이상을 대상으로 만성질환 관리 교육을 실행했다. 참가자들은 소그룹 워크숍에서 만나 통증과 우울증을 다스리는 법, 운동하는 법, 약물을 올바르게 복용하는 법, 영양을 관리하는 법, 신약에 대한 평가, 그리고 그들을 돌보는 사람들과 적절히 소통하는 법을 배

웠다. 해당 프로그램의 성과를 면밀하게 평가한 결과, 프로그램 참가자들은 참가하지 않은 사람들에 비해서 병원을 찾는 횟수가 적고 입원 기간이 훨씬 짧았으며, 이로 인해서 상당한 비용 절감 효과를 본 것으로 나타났다.[58] 상담사와의 정기적인 통화를 이용해서 금연을 돕는 프로그램인 퀏라인스Quitlines는 무척 저렴한 비용으로 많은 나라와 여러 집단에서 그 효과를 증명했다. 고열량 섭취를 줄이는 식습관과 운동을 장려하는 프로그램도 학교에서 실행한 결과 질 보정 수명을 개선하는 데에 비용효율성이 높았다.[59]

이와 같은 개입들의 효과가 지속적인지에 대해서는 평가가 엇갈리지만, 여러 나라에서는 "넛지Nudge" 정책을 활용해서 사람들이 더 나은 선택을 내리도록 장려하고 있다.[60] 넛지 정책은 흔히 눈에 잘 띄지 않고 별것 아닌 듯이 보일 때가 많다. 이는 사람들이 마주하는 일상에서 무엇인가를 선택해야 할 때 그들의 무의식을 움직여서 더 나은 행동을 하도록 유도한다. 가장 효과적인 넛지는 바람직한 행동을 선택지의 기본값으로 설계하고 그 행동을 그대로 선택할지 아니면 기본값이 아니라 다른 행동을 선택할지 묻는 것이다.[61] 인간은 현상을 바꾸는 일에 수동적이어서 기본값이 무엇이든 그대로 고수하는 경향이 있다. 장기 기증에 넛지 정책을 활용한 나라들을 보면, 사람들이 기본값을 선택함으로써 장기 기증 서약자가 4배 더 증가하는 경향이 있었다. 선택의 기본값을 이용하는 방법은 독감 예방접종이나 후천성면역결핍증 진단 비율을 높일 때, 그리고 저축이나 연금제도 가입률을 올리는 데에도 효과적이었다. 이러한 개입은 일회성 행동 변화(백신

접종 등)를 요구할 때에 더 효과적이고, 영구적인 행동 변화(식단 또는 운동법 변화)에는 효과가 떨어지는 경향이 있다. 넛지 정책은 관련 법률을 제정하고(건물 내 흡연 금지조치), 공익 캠페인(담뱃갑 경고 그림 등)을 펼쳐 보완할 때에 가장 큰 효과를 거둔다.

수많은 연구들에서 밝혀진 바에 따르면, 더 건강한 행동을 장려하는 노력도 중요하지만 그보다 더 큰 영향력을 미치는 것은 다른 사회적 요인들이다. 건강하지 않은 생활습관은 궁핍한 환경에서 성장하고 살아가는 것과 밀접한 관련이 있다.[62] 전 세계 모든 나라에서 부자들이 가난한 사람들보다 더 건강하고 오래 산다. 이는 부자가 건강한 몸을 유지하기에 더 좋은 기회를 얻었음을 나타낸다. 좋은 기회는 영유아기의 경험, 교육 및 개인의 회복력과 그가 속한 집단의 회복력, 좋은 직장과 근로 조건, 건강한 삶을 영위하기에 충분한 소득, 건강한 거주 환경, 그리고 흡연과 비만 같은 문제에 대한 공중보건 정책들에서 비롯된다.[63] 이 6개 영역에 국가가 효율적으로 개입한다면 사회 구성원에게 더 나은 의료 서비스를 제공하는 데에 드는 비용을 대폭 줄일 수 있다. 하지만 이들 영역은 모두 보건의료체제의 품질 자체와는 무관하고, 오히려 이 책에서 다루는 사회계약의 여러 측면들과 밀접한 관련이 있다.

이번 장에서는 국민건강 부문에서 어떻게 새로운 사회계약을 맺을 수 있는지 살펴보았다. 핵심은 누구에게나 필수 의료 서비스와 의료 혜택을 보장하는 데에 있다. 국가의 소득이 커질수록 고급 의료기술을 국민에게 더 많이 제공할 수 있게 된다. 이때 비용효율성과 공평한

분배에 초점을 맞춰 디지털 기반의 원격의료 시스템을 구현하면 개인
별 맞춤 서비스를 제공함과 동시에 의료비를 적절히 관리할 수 있다.
그리고 개인의 행동 변화는 건강한 생활습관을 장려하는 넛지 정책
과 과세 등의 재정 정책을 설계해서 촉진할 수 있다. 하지만 이 모든
것을 뒷받침하는 것은 사회계약이다. 사회계약만이 누구나 건강한
삶을 누릴 기회를 보장할 수 있다.

제5장
노동

베를린 장벽이 무너진 이후, 나는 슬로바키아의 옛 탱크 공장을 방문한 적이 있다. 소련의 통합 군수물자 생산 체계의 일부였던 그 공장은, 해당 소도시에서 운영되던 유일한 사업체로서 주민에게 일자리를 제공했을 뿐 아니라 주민 센터와 스포츠 시설, 유치원을 재정적으로 지원했다. 공산주의 경제가 붕괴하자 공장 엔지니어들은 탱크에서 지게차로 사업 전환을 꾀하며 변화에 훌륭하게 대처했다. 노동자들은 세계은행에서 일하고 있던 나와 당시 나의 동료들을 공장 입구까지 나와서 반갑게 맞이했다. 그들은 클래식 음악을 틀어놓고 새롭게 생산한 지게차들을 각각 운전하며 발레를 하듯 우아한 동작을 연출했다. 그들은 죽어가는 산업을 새로운 산업으로 전환하는 데에 성공한 보기 드문 사례였다.[1]

모든 사회에서는 신체 건강한 남성 그리고 갈수록 더 많은 여성이 노동의 대가를 받아서 가족을 부양하고 공익을 위해서 세금을 치르고 있다. 노동은 사회 구성원으로서 사회계약에 참여하고 공동체와 사회에 일조하는 가장 중요한 수단이다. 아울러 노동은 개인에게 목표 의식과 자존감을 부여하고, 자기 결정권을 형성하는 중요한 요소이기도 하다. 우리가 어렸을 때 복지 혜택을 누렸듯이 우리가 노동하면서 내는 세금은 사회복지 재원으로서 다음 세대를 위해 쓰일 뿐 아니라 우리 역시 노령연금의 혜택을 다시 누리도록 돕는다. 제1장에서 언급한 바와 같이 복지국가의 핵심 기능은 부유한 사람들의 돈을 가난한 사람들에게 이전시키는 기능(로빈 후드 기능)이 아니라 생애 주기에 걸쳐 소득을 재분배하고 위험에 대비하는 보험 기능이다(돼지저금통 기능).

소련의 해체와 베를린 장벽의 붕괴는 수백만 명의 삶에 영향을 미쳤고 모든 사회주의 국가의 산업과 공동체는 이 크나큰 변화에 적응하고 살아남아야 했다. 사실, 경제 혼란은 드문 일이 아니다. 경제 혼란은 갑작스럽게 극적으로 발생하기도 하고 쉽게 눈치채지 못하게 서서히 발생하기도 하지만, 어느 쪽이 되었든 일정 기간 동안 실업 사태를 초래한다. 이런 사태가 발생하면 사회계약은 사람들이 일터로 복귀해서 다시 사회에 일조할 때까지 그들을 어떻게 도울지 결정한다.

앞으로도 경제 혼란은 끝나지 않을 가능성이 크다. 코로나바이러스의 대유행과 그 여파도 문제이지만, 디지털 혁명 및 자동화로 대표되는 급속한 기술 변화도 혼란을 야기한다. 이러한 혼란에 대한 불안감은 이미 여러 나라에서 정치 불안으로 이어지고 있다. 부유한 나라에서도 가난한 나라에서도 점차 다양한 직업군에서 고용안정성이 하락하는 추세가 관찰되고 있다.

고용 위기는 광업처럼 외딴 지역에 위치하는 산업에 종사하는 노동자들이나 슬로바키아에서 내가 방문했던 곳처럼 대규모 제조공장 하나로 지탱되는 지역 거주민에게 특히 심각한 타격을 주었다. 지역적 관점에서 본 현대 경제의 특징은 인재와 투자자가 주요 도시로 모여들어 대도시와 낙후한 지역 사회 간에 갈등이 조성되고 있다는 것이다.[2] 낙후한 지역에 사는 사람들은 자신들이 발전할 기회를 박탈당했다고 느낀다. 소련의 붕괴 이후 동유럽의 많은 지역에서 일어났던 일들은 미국의 "러스트 벨트rust belt", 영국의 북동부 지역과 여러 개도국의 채광산업 지역에서 그대로 재현되었다.

이번 장에서는 경제 충격과 기술 변화에 인도적이고 효율적으로 대처하기 위해서 노동 부문의 사회계약을 어떻게 다시 써야 하는지를 살펴보고자 한다. 우리는 개인, 가족, 사업주와 사회 간의 위험 분담 문제와 관련해서 기존 관행에서 벗어나 사고를 전환해야 한다.

노동 환경 변화

선진국의 전통적인 노동 형태는 대부분의 성인이 전일제 근무를 하며 근로소득세를 통해서 의무적으로 사회에 일조하는 것이다. 노동자는 국가에 세금을 내는 대신 실업급여와 노령연금을 받고, 일부 국가에서는 건강보험의 혜택을 받는다. 한편, 저소득 국가에서는 대다수가 근로계약서도 없이 비정규직으로 일하기 때문에 실업급여나 기타 사회보장 혜택을 누리지 못한다.[3] 이들은 경제위기가 닥치면 국가가 아니라 가족과 지역 공동체에 의존해야 한다. 그러나 근래에는 생산가능 인구의 구성비가 급격히 바뀜에 따라서 노동 형태에도 여러 변화가 나타났다.

전통적으로 노동 인구는 18세부터 60세까지의 남성이 주를 이루었지만, 오늘날에는 이러한 노동 인구에 다수의 여성들이 가세했다. 또한 청년고용률은 청년들이 더 높은 연봉을 받기 위해 더 오래 교육에 투자하면서 낮아졌다. 많은 이들이 20대를 훌쩍 넘겨서 노동시장에 뛰어드는 것이다. 반면 노년기에도 노동 현장에 남는 경우는 늘어났는데, 이는 평균 수명이 증가하여 은퇴가 늦춰진 데다가 노년에 필요한 것들을 충족하기 위해서는 돈을 더 많이 저축해야 하기 때문이다. 그 결과 오늘날 전 세계 노동 인구는 더욱 고령화되었으며 성별과 업무 형태도 훨씬 다양해졌다.

생산가능 인구의 구성 요소가 다양해지면서 유연근무제로 일하는 노동자의 비율이 증가했다. 실제로 유연근무제는 최근 수십 년간 일자리의 증가를 이끈 주요 요인이었다.[4] 근로 형태 또한 점차 단기계약과 시간제 근무, 그리고 첨단 플랫폼을 통해서 특정한 소속 없이 여러 사업주들과 일하는 긱 워크gig work로 바뀌어가고 있다. 다만 이 경우에는 사회보장 보험 같은 혜택이 제공되지 않기 때문에 경제적 혼란이 초래하는 위험성을 사업주와 분담하지 못하고 노동자 혼자 감당해야 한다. 노동자는 하루에 얼마나 긴 시간을 일할지 결정하는 것은 물론, 자신의 직무 능력이 퇴보하지 않도록 최신 기술을 습득하고, 몸이 아플 때 자신을 돌보고, 노년기에 필요한 소득을 확보하는 등을 스스로 결정하고 책임져야 한다.

흥미롭게도 이러한 추세는 어느 국가에서나 똑같이 드러난다. 아무런 보호장치가 없는 비정규직이 주를 이루는 경제라고 하면 사람들은 흔히 전체 노동력 가운데 공무원이나 대기업 정규직 비율이 극히 낮은 개도국을 떠올린다. 하지만 비정규직의 증가는 부유한 국가와 가난한 국가를 가리지 않고 나타나는 공통된 현상이다. 평생직장은 선진국에서도 시간제 일자리, 자영업, 영시간 계약zero-hours contract 형태로 대체되고 있다. 영시간 계약의 경우 노동시간이나 임금이 계약서에 보장되어 있지 않으며, 노동자들은 사업주가 필요한 시기에만 일을 하게 된다.

노동자의 근속 기간을 기준으로 하는 고용안정성은 여러 선진국에서 떨어지고 있다.[5] 고용안정성이 가장 많이 떨어진 계층은 고교과정을 마치지 못한(정규교육 기간이 9년에 그친) 노동자들이다. 노동자들이 더 오래 일하고 싶어도 그러지 못하는 불완전고용 역시 청년과 여성, 그리고 저학력 노동자들 사이에서 두드러지고 있다. 고등교육을 받지 않은 청년들은 불완전고용이거나 무척 낮은 임금을 받는 것으로 나타났다. 고학력 청년들은 이보다 훨씬 사정이 낫지만, OECD 평균으로 따지면 이들 역시 과거의 고학력자보다는 저임금 일자리에서 일할 확률이 높다.

이와 같은 현상은 1980-1990년대 이후 노동시장의 규제가 감소한 데에서 비롯되었다. 선진국에서 효율성이 중시되면서 사업주들은 훨씬 자유롭게 노동자를 고용하거나 해고할 수 있게 되었고, 노동자에 대한 복지 혜택의 부담도 많이 줄어들었다. 흔히 노동시장을 가장 강력히 규제한다고 여겨지는 유럽에서조차 노동자의 3분의 1가량이 비정규직 계약으로 소득의 감소를 겪었다. 이와 같은 비정규직 계약에서는 대체로 상여금이나 수익 공유, 초과근무에 따른 수당, 직업훈련 및 경력 개발 등의 혜택을 보장하지 않는다.[6]

역설적이게도 이러한 비정규직 계약은 규제가 심한 정규직 노동시장을 우회하기 위해서 사업주들이 노력 끝에 얻어낸 결과물이다. 규제가 심한 정규직 노동시장과 규제가 완화된 비정규 노동시장이 생긴 것이다. 최근에 여러 나라들의 정부 정책은 노동의 유연성을 수용하고 장려하도록 설계되고 있다. 예를 들면 독일에서는 2002년에 하르츠 개혁 법안이 통과되면서 임시직 노동자가 5퍼센트가량 증가했는데, 이는 약 100만 명에 해당한다.[7] 이러한 임시직은 대부분 근무 기간이 3개월 미만에 그쳤고, 소매업, 환대산업, 건설업 같은 저소득 업종에 주로 분포되어 있었다. 오늘날 경제 활동 인구 중에서 영시간 계약을 맺은 노동자는 영국 약 3퍼센트, 미국 약 2.6퍼센트, 핀란드 약 4퍼센트, 네덜란드 약 6.4퍼센트에 달한다.[8]

미국에서는 아웃소싱이 증가하면서 기업이 노동자를 직원으로 채용하지 않고도 그들의 노동력을 살 수 있게 된 반면, 직장 내 정규직과 비정규직 간에는 균열이 생겼다. 경제학 조직 이론에 따르면 회사가 존재하는 이유는 모든 일을 위탁 계약으로 해결할 수 없고 하나의 조직 안에서 업무를 처리하는 편이 합리적이기 때문이다. 하지만 아웃소싱 비용이 저렴해지자 기업들은 청소, 급식, 보안, 회계 및 급여 지급과 같은 활동을 용역업체 노동자에게 맡기기 시작했다. 최근에는 컴퓨터 프로그래머, 제품 디자이너, 변호사, 회계사, 설계사에게 개별 일감 단위로 업무를 맡기면서 핵심 업무까지 아웃소싱하는 기업도 많아졌다. 미국의 경우 비정규직 근로자는 1995년에 약 11퍼센트였으나, 2015년에는 16퍼센트까지 증가했다.[9] 여러 분야에서 이와 같은 비정규직화 추세에 반발하고 있음에도 불구하고, 우버나 딜리버루 같은 첨단 플랫폼이 개발되고 개인이 사업주와 고용계약을 맺지 않고도 원활하게 노동력을 파는 일이 가능해짐에 따라서 이 수치는 더욱 증가하고 있다.

자영업자와 긱 워커는 고용 스펙트럼에서 보면 가장 유연한 형태에 속한다. 긱 워크는 낮은 임금과 초단기 근로시간을 특징으로 하며, (증가하고 있지만) 노동시장에서 차지하는 비중은 아직 작다. 국가별로 살펴보면 이탈리아에서는 5퍼센트, 영국에서는 7퍼센트, 미국에서는 14퍼센트이다.[10] 긱 워커들은 대부분 자신이 일할 시간과 장소를 선택할 수 있다. 설문조사에 따르면, 긱 워커들 가운데 80퍼센트가 소득이 줄거나 소득을 늘릴 필요가 있을 때 기존의 소득을 보완하기 위해서 긱 워크를 이용한다. 긱 워크를 유일한 소득원으로 삼은 사람들은 소수이다(한 설문조사에 따르면 16퍼센트이다).

노동시장이 유연해지는 추세와 때를 같이하여 노동조합에 가입한 노동자의 비율도 감소하는 추세이다. 노동조합의 힘은 수십 년 전부터 세계적으로 꾸준히 감소해왔다. 노동조합 가입률은 1990년에 36퍼센트로 추산되었지만, 2016년에는 그 절반인 18퍼센트로 감소했다.[11] 노동조합이 쇠퇴한 이유에는 여러 가지가 있는데, 서비스업의 부상과 제조업의 쇠퇴, 유연근무제의 확대, 기성세대와는 다른 젊은 이들의 가치관 등이 여기에 해당한다. 오늘날 노동조합 가입률은 덴마크, 스웨덴, 핀란드 같은 북유럽 국가에서는 60퍼센트가 넘는 반면, 대부분의 개도국에서는 10퍼센트 이하로 천차만별이다.[12] 집단 해고 및 노동자 일반을 보호하기 위해서 제정된 근로기준법 역시 약화되는 경향이 있다.

많은 선진국에서 시장 자유화와 규제 완화를 지향하는 노동시장의 개혁이 이루어지는 사이에 개도국들에서는 소수의 정규직 노동자를 보호하는 규제가 강화되었다. 이러한 규제들은 적절한 사회보장제도가 부족한 사회에서 이를 보완하는 역할을 하며, 흔히 계약 해지에 대한 통보의 의무, 고용 기간 보장, 퇴직금 지급 의무와 요건 등을 규정한다.[13] 그러나 실제로 이러한 장치들은 고용안정성을 확보하는 대신 노동유연성을 감소시키고, 전체 노동자 가운데 소수에 불과한 정규직 노동자만을 보호하는 결과를 낳는다. 융통성이 부족한 노동 정책은 유럽과 마찬가지로 개도국의 노동시장에서도 이중구조를 형성하여 정규직 노동자들만 보호하고, 비정규직 노동자들(주로 젊고 가난한 사람들)은 위험에 그대로 노출시키고 있다.

노동시장 유연화는 노동자에게 유익한가?

노동시장의 유연화 정책은 많은 일자리를 창출시키는 주요한 요인이기도 하다. 기업은 시장의 수요가 감소할 경우 언제든지 불필요한 인력을 해고할 수 있기 때문에 기꺼이 고용에 나선다. 시장의 수요가 주기적으로 변하는 농업이나 관광업계의 사업주들은 수요가 증가할 때에는 인력을 확충하고 수요가 감소할 때에는 인력을 감축할 수 있어야 한다. 이러한 유연성의 확보는 경제의 효율성을 높였고, 2008년 글로벌 금융위기 후에는 노동자들의 재고용을 촉진하는 결과를 낳았다고 해도 틀린 말이 아니다. 특히 여성의 경우에 노동유연성의 확대는 일과 생활 사이에서 균형을 유지하는 데에 유용했다.

그러나 노동유연성이 커지면 그만큼 고용의 안정성이 줄어든다. 이는 노동자가 여러 가지 위험 요인들을 혼자서 감당하게 됨을 의미한다. 코로나바이러스의 대유행은 이러한 위험성을 전면에 노출시켰다. 생계 유지 수단을 잃을 위험이 가장 큰 사람들은 불안정한 일자리에 종사하는 노동자, 곧 자영업자와 임시계약직에 종사하는 전 세계의 노동자들이었다. 고용불안은 노동자의 몸과 마음에 심각한 타격을 입힌다. 소득이 일정하지 못한 노동자들은 공과금을 내지 못하게 될까봐 노심초사하면서 미래에 대한 계획을 세우지 못하고 비탄에 잠긴다. 해고된 노동자들은 다른 사람들에 비해서 질병에 걸릴 확률이 높고, 기대 수명이 더 짧으며, 노년에 소득이 더 적고, 타인을 불신할 가능성이 더 크다.[14] 기업 역시 해고로 인해서 부정적인 영향을 받기는 마찬가지이다. 평판 훼손, 주가 하락, 이직률 증가, 남아 있는 직원들의 업무수행 능력과 직무 만족도 하락이 여기에 해당한다.[15] 이 모든 것들은 기업의 생산성과 새 일자리를 창출할 미래의 역량을 떨어뜨린다.

전반적인 생활 수준에도 많은 변화가 생겼다. 고용 형태가 다양해지면서 의류, 통신, 가구, 요식업, 항공사처럼 경쟁이 심하고 일자리가 유연한 산업 부문에서는 재화의 가격이 하락했다. 그 결과 보통 사람들은 1년에 6주일을 덜 일하고도 2000년에 소비했던 것과 동일한 수준의 재화를 소비할 수 있게 되었다.[16] 그러나 주택과 교육, 의료처럼 경쟁이 제한된 필수재 산업의 비용은 다른 소비자 물가보다 가파르게 상승하여 가계소득을 잠식하고 있다.

주거 문제는 대다수 가정의 지출 항목 가운데 가장 큰 비중을 차지한다. 최적의 일자리가 있는 지역에서 거주하기 위해서 노동자들은 보다 많은 돈을 지출해야만 한다. 하지만 많은 국가에서 공공주택의 공급이 줄어들고 있으며, 민간 부문의 부동산 투자는 부동산 용도 제한 등의 규제와 기반시설 부족으로 제한받고 있다. 보통 사람들이 20여 년 전에 소비했던 것과 동일한 수준으로 주택, 교육, 의료 서비스를 누리려면 1년에 4주일을 더 일해야 한다. 오늘날 현대인은 전자제품과 디지털 콘텐츠, 패스트 패션 의류를 어느 때보다 더 저렴한 가격에 소비하고 있지만, 주택을 장만하고, 건강을 돌보는 등 사람들에게 가장 중요한 것에는 더 많은 돈을 써야 하는 상황에 처해 있다. 영국과 같은 국가에서는 필수재의 가격이 상승하여 지난 20년간 증가한 가계소득을 잠식할 정도이다. 이러한 추세는 여러 국가에서 소득이 증가했음에도 불구하고 많은 사람들이 더 가난해졌다고 느끼는 이유를 설명한다.

저가항공 산업은 유연노동이 생활 수준에 미친 장점과 단점을 보여주는 좋은 사례이다. 저가항공사들은 수백만 명의 사람들이 외국을 여행할 수 있도록 했다. 저가항공사의 이용 가격이 저렴한 이유에는 여러 가지가 있겠지만, 전일제 정규직 일자리가 용역이나 자영업, 그리고 영시간 계약으로 대체되었다는 사실도 큰 부분을 차지한다. 코로나바이러스가 대유행하기 이전에 유럽에서 사업주와 정규직 계약을 맺지 않은 승무원과 조종사는 각각 20퍼센트와 18퍼센트에 불과했다. 반면 오늘날 저가항공사에 근무하는 승무원 가운데 97퍼센트는 비정규직 유연노동자이다.[17] 이러한 저가항공사를 이용하는 고객들은 분명 이득을 볼 것이다. 하지만 저가항공사에서 일할 수밖에 없는 직원들은 과거 정규직으로 일할 때보다 경제적으로 형편이 나빠졌을 것이 분명하다.

간단하게 말해서, 오늘날의 노동자들은 고용안정성은 감소한 반면 실직과 질병, 노령화와 관련해서 노동자 개인이 감당해야 할 위험은 커진 상황에 직면해 있다. 고학력에 숙련된 기술을 지녔고 대도시에 거주하는 노동자라면 고용위기를 헤쳐나갈 가능성이 크다. 하지만 그렇지 못한 노동자들의 경우에는 고용전망이 좋지 못하다. 그런데 미래의 노동시장에 엄청난 변화를 가져올 또다른 그림자가 있다. 바로 자동화이다.

미래의 노동에 어떤 변화가 일어날 것인가?

19세기 영국에서 러다이트 운동이 벌어져 노동자들이 자동화된 방직 공장의 기계를 공격한 이래로 모든 기술 혁신의 물결에는 실업의 공포가 수반되었다. 신기술은 (대개는 생산성을 향상시키고) 인간의 노동을 대체하지만, 노동을 보완하고 새로운 기회를 창출하기도 한다.

오늘날의 자동화와 머신러닝은 판에 박힌 반복 업무를 수행하는 일부 노동자들을 대체하는 경향이 있다. 그러나 문제 해결 능력과 창의력을 요구하는 업무 혹은 대인 업무 관련 직종에 종사하는 노동자들의 생산성을 향상시키기도 한다. 의사를 예로 들면, 기계가 유방암 진단을 맡는 사이에 확보된 진료 시간 동안 환자와 치료 계획을 상의함으로써 치료 효과를 더 높일 수도 있을 것이다. 표 2는 미래의 노동시장에서 별다른 변화 없이 유지될 확률이 높은 직종, 사라질 직종, 그리고 고용기회를 창출할 새로운 직종이 무엇인지 제시한다. 눈길을 끄는 부분은 쓸모없어서 사라질 확률이 높은 일자리에 전산입력 업무와 운전기사 같은 저기술 노동뿐 아니라 고기술 노동으로 여겨지는 변호사와 금융투자 분석가 같은 직종도 포함된다는 점이다.[18]

향후 로봇이 대다수의 노동자들을 대체할 것이므로 우리 사회가 대량 해고될 미래의 노동자들에게 소득을 이전할 방법을 찾아야 한다는 두려움은 어쩌면 기우일지도 모른다. 1960년대에 기술 혁신에 따른 대량 실업을 우려하는 목소리가 높았을 때, 노벨 경제학상 수상

안전한 직종	
사장 및 임원	리스크 관리 전문가
간부급 관리자•	정보 보안 분석가•
소프트웨어 및 앱 개발자와 분석가•	경영 및 조직 분석가
데이터 과학자 및 분석가•	관리 및 조직 분석가
영업 및 마케팅 전문가•	전기공학 기술자
제조 및 도매 영업 담당자, 기술 및 과학	조직개발 전문가•
관련 생산자	화학 처리 설비 전문가
인력개발 전문가	대학 및 고등 교육기관 교사
재무 및 투자 자문가	준법 감시인
데이터베이스 및 네트워크 전문가	에너지 및 석유공학 기술자
유통 체인 및 물류 전문가	로봇 전문가와 기술자
	석유공학 및 천연가스 정제설비 전문가

새로운 직종	
데이터 과학자 및 분석가•	혁신 전문가
AI 및 기계 학습 전문가	정보 보안 분석가•
간부급 관리자•	전자상거래 및 소셜 미디어 전문가
빅데이터 전문가	사용자 경험 및 인간-기계 상호작용
디지털 변환 전문가	디자이너
영업 및 마케팅 전문가•	교육 및 개발 전문가
신기술 전문가	로봇 전문가와 기술자
조직 개발 전문가•	인재 및 조직문화 전문가
소프트웨어 및 앱 개발자와 분석가•	고객 정보 및 고객 서비스 노동자•
정보 기술 서비스	서비스 및 솔루션 디자이너
프로세스 자동화 전문가	디지털 마케팅 및 전략 전문가

사라질 직종	
데이터 입력 사무원	현금 출납원과 매표 사무원
회계 및 경리	기계수리공
임원 수행비서	텔레마케터
공장 생산 라인 노동자	전기 및 통신 기기 설치 혹은 수리공
고객 정보 및 고객 서비스 노동자•	은행 금전 출납 계원 및 관련 사무원
비즈니스 서비스 및 행정 관리자	자동차, 밴, 오토바이 운전기사
회계사 및 감사관	판매 및 구매 대리인 혹은 중개인
물자 기록 및 재고 관리 사무원	방문 및 노점 판매원이나 관련 노동자
간부급 관리자•	통계, 금융, 보험 사무원
우편 서비스 사무원	변호사
금융 분석가	

●가 표시된 직업들은 성격이 다른 "직종들"에 중복되어 있다. 이는 이들 직업이 안전해 보이지만 한편으로는 수요가 줄고 있거나, 다른 산업군에서는 수요가 늘고 있다는 사실을 나타낸다.

표 2 안전한 직종, 새로운 직종, 사라질 직종

자 허버트 사이먼은 이렇게 썼다. "적어도 경제 문제에서만큼은 현세대와 미래 세대가 직면할 세상의 문제는 결핍이지 주체할 수 없는 풍요로움이 아니다. 그런데 인구 문제, 빈곤 문제, 핵폭탄과 신경증 같은 진짜 문제를 고민하는 데에 쏟아야 할 힘을 자동화라는 유령이 소진하고 있다."[19]

정말로 중요한 질문은 이것이다. 어떻게 하면 노동자를 향한 위협과 고용불안정 요소를 줄이면서도 노동유연성이 제공하는 혜택을 유지할 것인가? 현재 우리 사회는 불안정한 고용 조건 아래에 놓인 노동자들에게 소득안정성과 혜택을 어떻게 제공하고 있는가? 어떻게 양질의 일자리를 만들 수 있는가? 일자리의 성격이 바뀌고, 자동화와 머신러닝이 발전하면 노동자들도 이에 대응할 수밖에 없는데 어떻게 하면 그들이 새로운 기술을 배우고 변화에 적응하도록 할 것인가?

사회계약은 어떻게 바뀌어야 하는가?

대다수 국가에서 갖추고 있는 노동 관련 규제와 사회보장 시스템은 오늘날 노동시장에서 점점 만연하는 일자리의 성격에도 맞지 않고 노동자가 실감하는 일자리 생성 및 소멸 속도에도 부합하지 않는다. 오늘날의 시스템은 노동유연성을 제공하는 데에 지나치게 기울어져 있으며, 고용안정성과 노동자 지원은 상대적으로 부족한 편이다.

그림 10에서 볼 수 있듯이, 현재 각국에서 제공하는 노동자 보호 정책과 노동유연성 사이의 균형추는 나라마다 큰 차이를 보인다. 대부

분의 유럽 국가를 비롯해 일부 국가들에서는 노동유연성이 낮고 노동자 보호 정책이 강력하다. 미국과 같은 몇몇 국가들에서는 노동유연성이 높고 노동자 보호 정책이 약하다. 한편 아시아, 아프리카, 중동, 라틴 아메리카 국가들은 대부분 정규직 노동시장에서는 노동유연성이 낮고 노동자 보호 정책이 강력한 편이지만, 비정규직 노동시장에서는 노동유연성이 높은 편이다. 일부이기는 하지만 덴마크, 뉴질랜드, 일본, 오스트레일리아에서는 노동유연성도 높고 노동자 보호 정책도 강력해서 노사가 모두 만족하는 정책이 시행되고 있다. 이들 국가에서는 사업주가 경제적인 충격에 대응해서 인력을 구성할 수 있도록 노동유연성을 제공하는 한편, 노동자가 합리적인 생활 수준을 유지하는 가운데 다른 일자리를 찾을 수 있도록 적극적으로 지원하는 노력을 기울이고 있다.

북유럽 국가에서는 노동자들의 이직이 쉬운 편이다.[20] 실제로 스웨덴, 덴마크, 핀란드의 노동자들은 다른 유럽 국가의 노동자들보다 직업을 자주 바꾼다. 덕분에 노동유연성을 확보한 사업주들은 노동자를 해고해도 그들이 쉽게 다른 일자리를 찾으리라고 안심하며 시장 상황에 맞게 인력을 조정할 수 있다. 사업주들이 이렇게 안심하는 이유는 정부가 더 많은 비용을 들여 노동자들의 직업훈련과 재교육을 지원하기 때문이다. 이들 국가의 국민소득에서 노동자 교육 비용이 차지하는 비율은 미국이나 영국과 같은 나라보다 무려 10배 이상 많다.

사람들은 향후 다양한 경제적 혼란에 직면하게 될 것이다. 따라서

사회보장 대비 노동시장 유연성의 국가별 지수

'유연성'은 노동시간, 고용 규제, 해고 비용 및 해고 절차 요건과 관련한 엄격성과 정반대 개념이다. '사회보장'은 의료, 교육, 소득 지원, 고용 서비스에 대한 공공지출로 규정하고, 각 국가에서 구할 수 있는 가장 최신 자료들을 이용해 GDP에서 차지하는 비율로 표시했다. 더 많은 국가의 자료를 보려면 원본 자료를 참조하기 바란다.

그림 10 기업을 위한 노동유연성과 노동자를 위한 안정성 사이에서 균형을 찾는 문제에서는 국가별로 정책 차이가 크다

노동유연성과 사회안전망이 균형을 이루기 위해서는 새로운 사회계약에서 여러 가지 차원을 고려해야 한다. 첫째, 어떤 시스템을 설계하든 누구에게나 최저소득을 보장해서 인간다운 생활(주거, 식품, 의료 서비스)을 유지하도록 지원해야 한다. 둘째, 정규직이 아니라 시간제 및 유연근무제로 일하는 사람들을 보호하는 안전망을 설계할 필요가 있다. 셋째, 노동자들이 경제위기에 직면할 때에 그들이 겪을 충격의 특성에 맞춰서 그들을 지원할 필요가 있다. 노동자에 따라서 어떤 경우에는 기존과 동일 업종과 직무, 동일 거주지에서 일자리를 새로 찾도록 도와야 할 것이고, 어떤 경우에는 포괄적인 재교육을 통해서 새 기술을 습득하도록 지원해야 할 것이다. 그러면 최저소득 보장, 노동의 종류와 무관한 사회안전망 강화, 직업 재교육 및 이직 돕기 등의 주제를 각각 구체적으로 살펴보자.

최저생계비 보장

전통적인 사회에서는 어려운 시기가 닥쳤을 때, 재정적 지원을 얻기 위해서 의지할 수 있는 상대가 가족과 지역 공동체뿐이었다. 그러나 이들은 재정적 지원을 해주지 못할 수도 있기 때문에 확실한 안전망이 아니었다. 사회가 부유해질수록 사람들은 최저생계비를 보장하는 방법을 비롯해서 실직이나 재정적 어려움이 초래하는 치명적인 결과로부터 자신들을 보호할 더 확실하고 일관된 방법을 찾는다. 각 나라는 이 하한선을 제공할 여러 가지 방법을 찾아냈다.

세계 거의 모든 국가들이 입법 혹은 노사협약을 통해서 최저임금을 보장하고 있다.[21] 최저임금은 수많은 노동자의 임금이 정체되어 있는 국가에서 특히 중요해졌다. 하지만 최저임금제도는 임금의 하한선을 정해서 노동자가 사업주에게 착취당하지 않도록 보호하는 장치이지 임금을 보장하는 제도가 아니다. 최저임금제의 목적은 노동의 대가를 공정하게 보상받도록 하는 것이다. 그러나 최저임금이 너무 높으면 사업주가 보기에 그만큼 생산적이지 못한 노동자는 해고당할 위험에 처하기 때문에 최저임금을 너무 높지 않게 설정하는 일도 중요하다. 노동자들에게는 음(−)의 소득세(혹은 근로 장려 세제)가 인간다운 생활을 유지하면서도 일하고 싶은 동기를 부여할 수 있는 더 나은 장치이다.

대부분의 선진국에서는 최저임금 외에도 실업보험제도를 마련하여 실직자를 지원한다. 실업급여는 종전 임금의 30퍼센트에 불과한 곳(카자흐스탄과 폴란드)도 있고, 종전 임금의 90퍼센트까지 지급하는 곳도 있다(모리셔스와 이스라엘). 실업급여 지급 기간도 저마다 달라서 카자흐스탄에서는 1.2개월이고 벨기에는 따로 정해진 기간이 없다. 대체로 선진국에서는 실업급여 금액을 높게 책정하는 편인데, 여기에는 실직자가 주기적으로 구직 활동을 해당 기관에 신고하고 일자리 제의가 들어오면 이를 수락해야 한다는 조건이 붙는다. 일례로 덴마크에서 실시하는 "근로 연계 복지" 제도는 상당히 넉넉하게 실업급여를 지급하지만(종전 임금의 90퍼센트), 의무적으로 재교육을 받아야 하며, 교육을 마친 뒤에는 자신에게 배정된 새 일자리를 받아들여야 한다. 하지만 대부분의 실업보험제도가 정규직 근로자만을 대상으로 하므로, 전 세계 노동자의 4분의 3, 즉 개도국에서 일하는 비정규직 노동자들 대부분이 이러한 혜택을 누리지 못한다.

　최저생계를 보장하기 위한 또다른 대안은 극빈층 가정에 현금을 지급하는 것이다. 멕시코와 브라질에서는 자녀를 학교에 등록시키거나 공공 예방접종 프로그램에 참여하는 조건으로 가난한 가정에 정기적으로 현금을 지급한다. 아프리카에서는 최저소득 계층을 지원하기 위해서 아무 조건 없이 현금을 지급한다. 현재 130개 이상의 개도국에서는 극빈층 가정에 안전망을 제공하기 위해서 그들의 고용 상태와 무관하게 어떤 형태로든 현금을 지급하는 제도를 도입했다. 이들 정부는 극빈층 가정을 파악하여 그들의 계좌에 직접 지원금을 이체함으로써 행정 비용을 최소한으로 줄일 수 있었는데, 이는 휴대전화가 널리 보급된 덕분이었다. 나는 세계은행, 영국의 국제개발부, IMF에서 근무하던 시절에 수십 개국의 극빈층 지원 프로그램이 실행되는 과정과 결과를 세밀히 평가한 바 있다. 이들 프로그램이 각국에서 효율적으로 빈곤을 예방하고, 극빈층 가정의 영양 및 건강 상태를 개선하고, 유아교육을 지원하는 데에 효과가 뛰어났음을 입증해줄 자료는 차고 넘친다.[22]

　각국은 이러한 혜택이 가장 필요한 사람에게 돌아가도록 보장하면서도, 다양한 인센티브를 제공해서 사람들이 일터에 나가도록 유도하고 있다. 일례로 인도의 고용보장 제도는 일반적으로 건설업 같은 분야의 저기술 일자리에서 100일 동안 최저임금을 받고 일할 기회를 모든 시민에게 제공한다. 따로 대상을 지정하지 않은 이유는 일이 몹시 고된 편이어서 형편이 어려운 사람들만 지원하리라고 판단했기 때문이다. 수급자들이 저임금 일자리에서 일하느니 복지수당을 받는 편이 더 낫다고 판단해서 근로 의욕이 떨어지는 이른바 절벽 효과를 피하기 위해서는, 고용되었다고 자격을 박탈할 것이 아니라 수급자의 소득이나 부가 증가하는 만큼 최저생계비 지급액을 줄여나가는 편이 좋다.

최근 보편적 기본소득을 둘러싸고 많은 논란이 있었다. 그리고 이 과정에서 근로 참여, 자녀의 예방접종이나 학교 등록 등의 요건을 충족할 때에 최저소득을 선별 지급하는 접근법을 지양하고, 대신 모든 성인에게 아무 조건 없이 동일 금액을 지급하는 개념이 갈수록 사람들의 지지를 받고 있다. 기본소득제를 지지하는 이들이 주장하는 바에 따르면, 기본소득은 노동자에게 힘을 실어줄 뿐만 아니라 경제적 충격에 대비한 최상의 안전망 역할을 하기 때문에 향후 더 많은 이들이 자동화로 인해 실직에 내몰리는 상황을 고려할 때 더욱 필요한 조치이다.[23]

지금까지 보편적 기본소득에 대한 여러 실험들이 이루어졌다.[24] 핀란드에서 실행한 기본소득제는 그중에서도 가장 정교한 실험으로 꼽힌다. 핀란드 정부는 25-58세 실업자 2,000명을 선발하여 조건 없이 매달 560유로를 제공했고, 그 사이 직장을 구한 이들에게도 지급을 중단하지 않았다. 2년 후 실험의 성과를 조사한 결과 고용 증대 효과는 나타나지 않았다(기본소득 수급자와 기존의 실업급여 수급자의 취업 현황을 비교했을 때, 전자와 후자 사이에는 유의미한 차이가 없었다). 다만 웰빙 지수에서는 기본소득 수급자가 기존의 실업급여 수급자보다 약간 만족도가 높게 나타났다. 기본소득제는 사람들을 행복하게 만들기보다는 새 기술을 습득하거나 창업을 지원함으로써 취업률을 개선하겠다는 핀란드 정부의 목표를 달성하는 데에 실패했기 때문에 2018년에 종료되었다. 선진국에서 실행한 대부분의 기본소득 실험은 장단점은 있지만 이와 엇비슷한 결과를 보여주었다.[25]

나는 대부분의 나라에서 앞에서 언급한 기본소득제보다 훨씬 나은 사회계약을 제공할 수 있으리라고 생각한다. 기본소득제의 문제 가운데 하나는 푼돈을 지급하지 않는 한 비용이 GDP의 20−30퍼센트에 육박할 만큼 많이 들어서 높은 수준의 과세가 필요하다는 점이다.[26] 물론 기본소득이 최선의 대안이 되는 경우도 배제할 수 없다. 이를테면 제도적으로 선별 혜택을 제공할 역량을 갖추지 못한 최빈국에서는 기본소득제가 좋은 대안일 수 있으며, 에너지 보조금처럼 형편없는 정책을 시행하느니 기본소득제를 시행하는 편이 더 낫다(2011년에 이란은 연료 보조금을 폐지하고 모든 가정에 현금을 지원하는 기본소득제를 시행했다).[27] 그러나 빈곤을 감소시키는 것이 목적이라면 대다수 국가에서는 선별 복지 정책을 택하는 편이 더 낫다. 동시에 일할 능력이 있는 사람은 모두 일할 수 있도록 지원함으로써 그들이 사회에 일조하도록 하는 것이 이상적이다. 또한 최저임금 개선, 복지 혜택, 노동조합 및 재교육 프로그램을 통해서도 노동자의 권익을 신장할 수 있다.

일각에서는 최저소득을 보장하려는 노력보다 사람들에게 더욱 공평하게 부를 제공하여 삶의 기회를 평등하게 얻도록 하는 편이 낫다고 주장한다. 가령 토마 피케티는 자산가에게 매년 세금을 무겁게 매겨 재원을 확보하고 25세가 되는 청년에게 12만 유로의 기본자산을 제공해야 한다고 주장한다.[28] 이처럼 공평한 출발의 기회를 보장하려는 목적으로 보편 복지를 시도했던 나라는 영국이 유일했다. 비록 규모는 크지 않았지만, 노동당 정부는 아동신탁기금Child Trust Fund을 마련하여 2002년부터 2011년까지 모든 아동에게 250파운드씩 지원했다. 극빈층 자녀에게는 250파운드를 추가로 지급했다. 부모는 아이의 신탁계좌에 자신의 돈을 추가로 납입할 수 있었고, 아이들은 18세가 되면 그 돈을 사용할 수 있었다. 지원금을 고려하면 놀랄 일도 아니지만, 이 정책이 미친 영향은 미미했다.

보다 공평한 사회를 만들고 그 효과를 지속시키기 위해서는 물에 빠진 사람을 건져내는 효과에서 그치는 소득 재분배보다는 자산 재분배(소득을 형성하는 현금성 자산이든 아니면 부동산이나 기기 같은 현물 자산이든)가 더 나은 선택이라고 주장하는 이들도 있다. 가령 방글라데시의 자산 재분배 정책 가운데 하나는 가난한 여성을 비롯한 극빈층 가정에 가축처럼 소득 산출이 가능한 자산을 제공함으로써 그들이 빈곤에서 벗어나도록 도왔다.[29] 특히 이 정책에서는 자산 재분배와 더불어 여성에게 전문적인 자문 서비스를 제공한 것이 주효했다. 물고기를 주는 쪽보다 낚싯대를 주는 쪽이 더 좋은 방법이고, 낚싯대만큼 중요한 것이 그것으로 물고기를 잡는 법을 가르치는 일이다.

　요컨대, 모든 국가는 최저임금과 최저생계비 정책을 효과적으로 병행할 수 있다. 개도국에서는 극빈층 가정을 지원할 때에 현금을 지급하는 지원 정책이 효과가 있음이 입증되었다. 선진국에서는 (이를테면 근로소득 공제를 통해서) 저기술 노동자들의 임금을 보완하여 적정한 생활 수준을 유지하는 장치가 효과적이었다. 자산 재분배 개념은 아직 충분히 검증되지 않았고, 더 많은 연구가 필요하다. 내가 보기에는 제3장에서 설명했듯이 교육과 재교육에 사용하도록 보조금을 지급하는 정책이 훨씬 합리적이고, 장기적으로 미래 세대에 투자함으로써 평등을 성취하는 더 효과적인 방법이다. 위대한 경제학자이자 노벨 경제학상 수상자인 아서 루이스는 "빈곤을 퇴치하는 해결책은 돈이 아니라 지식"이라고 말했다.[30]

비정규 유연노동자를 위한 사회안전망

코로나바이러스 사태는 위기가 닥쳤을 때에 비정규 노동자가 얼마나 취약할 수 있는지 보여주었다. 전 세계 인구 가운데 상당히 많은 사람들의 소득이 별안간 끊겼다. 여러 선진국에서는 자영업자와 이른바 유연노동자를 지원하기 위해서 정부가 나서야 했고, 또 한편으로는 사업주에게 보조금을 지원하여 종업원을 해고하지 않도록 유도해야 했다. 가장 심각하게 타격을 입은 이들은 대체로 청년 세대와 저기술 노동자 그리고 소수민족이었다.[31] 개도국의 경우 코로나바이러스로 위기를 맞은 업종에 종사하는 노동자들은 손 쓸 새도 없이 생계를 잃고 말았다.

이미 언급했듯이 사회보험, 퇴직금, 연금 및 건강보험 금액을 줄일 수 있기 때문에 사업주는 유연한 고용계약을 선호한다. 일례로 네덜란드에서는 정규직 노동자 한 명에게 들어가는 비용이 정규직만 아닐 뿐 다른 점에서는 거의 차이가 없는 독립사업 계약자에게 들어가는 비용보다 60퍼센트까지 높을 때도 있다. 그러나 유연노동자들은 경제위기 때만이 아니라 노년기에도 불안정하다. 대다수 국가에서 유연노동자들은 연금에 가입하지 못했거나 가입자라고 해도 납부액이 적기 때문이다. 건강보험이 고용과 연계되는 경우가 많은 미국 같은 나라들에서 유연노동자들은 양질의 건강보험 혜택에서 제외될 수 있고, 전일제 근로자들은 그 혜택을 잃게 될까 두려워 그들의 일자리에서 벗어나지 않으려고 애쓴다.

이 문제를 해결하는 데에는 대체로 두 가지 방법이 있다. 하나는 유연노동자도 정규직과 똑같이 사업주가 근무 연한에 따라서 공동으로 연금에 가입하도록 하는 방법이다. 다른 하나는 사업주가 사회보장 보험에 가입해야 하는 의무를 없애고, 대신 일반 세금을 통해서 사회복지 비용을 조달하여 고용 형태에 무관하게 누구나 사회보험 혜택을 받도록 하는 방법이다. 고용 형태를 구분하지 않고 과세를 일원화한다면 방금 말한 두 가지 방법에 따라서 유연노동자에게도 안정성을 제공할 수 있을 뿐 아니라 기업의 경쟁력과 혁신 동력, 재정 안정성에도 유용할 것이다. 그리고 직장을 이전하거나 고용 형태가 바뀌어도 사회보장 혜택이 그대로 연계되도록 한다면, 향후 자동화가 초래할 거대한 변화에도 제대로 대처할 수 있을 것이다. 현재 많은 나라들이 노동의 유연화에 따른 문제를 해결하고자 다양한 방법을 실험하고 있다.

예를 들면 네덜란드는 시간제 노동자에 대한 차별금지법을 제정하여 정규직이든 비정규직이든 상관없이 노동자가 일한 시간에 비례해 사업주가 사회보장과 기타 복지 혜택을 제공하도록 강제하고 있다. 그 결과 네덜란드에서는 여성의 77퍼센트, 남성의 27퍼센트가 시간제로 일하고 있다. 이는 세계에서 가장 높은 비율이다.[32] 이와 비슷하게 덴마크 역시 유연노동자들에게 정규직 직원들과 동일한 혜택을 제공할 것을 의무화했다.

독립사업 계약자들을 위해서 경기장을 평평하게 만드는 정책도 실행할 수 있다. 대다수 국가에서 독립사업 계약자들은 사회보장 보험에 내는 보험료가 정규직 근로자에 비해서 적다. 영국을 예로 들어보자. 사업주들은 일반 직원 1명당 13.8퍼센트의 보험료를 국민보험에 납부하지만, 독립사업 계약자를 위해서는 전혀 보험료를 내지 않는다. 지금까지 이 문제를 개혁하려는 시도는 실패를 해왔지만, 프리랜서들을 고용할 때 사업주가 일반 직원과 동등한 수준으로 보험료를 지원하도록 의무화한다면 유연노동자를 향한 사회적 편견을 완화하고 장기적으로는 사회보험 가입자를 확충할 수도 있을 것이다.[33]

실제로 사업주가 유연노동자에게 사회보험 혜택을 전보다 많이 보장하도록 강제하는 정부가 증가하고 있다. 가령 캘리포니아 주에서는 우버와 리프트 같은 디지털 플랫폼 서비스 회사에 계약직 노동자들을 정규직 직원들과 똑같이 대우하도록 강제하는 정책을 도입했다. 오리건, 뉴욕, 샌프란시스코, 시애틀, 필라델피아는 사업주가 노동자에게 일정한 근무시간을 보장하고, 이를 변경할 경우 사전 통지하도록 의무화하는 법안을 통과시켰는데, 이는 노동자가 소득을 예측하여 안정적으로 미래를 설계하는 데에 도움을 주기 위해서였다. 또 시민의 자발적 참여에 의존해서 근로자를 지원하는 정책도 있다. 뉴욕 주는 비영리 보험인 블랙카 기금Black Car Fund을 설립하여 뉴욕의 리무진 운전기사들이 사고를 당했을 때에 보상금을 제공하고 있다.[34] 이 기금은 승객 요금에 2.5퍼센트의 할증료를 부과하는 방식으로 재정을 확보하며, 회원들에게 안전운전 교육을 통해서 사고위험성을 줄이는 노력도 기울인다.

일각에서는 노동자들이 그들이 원하는 노동 조건을 취하는 대신에 고용안정성을 기꺼이 포기하는 경우가 많다고 주장하며 그 근거로 부족한 소득을 보충하기 위해서 인터넷으로 업무를 처리하는 젊은 긱 워커들을 든다. 반면 미국과 영국의 유연노동자들이 전통적인 고용계약을 선호한다는 사실을 보여주는 설문조사 결과도 있다. 설문에 응답한 이들은 대부분 전일제 계약을 맺을 수 있다면 현재의 시간당 임금을 50퍼센트까지 포기할 의사가 있으며, 1개월 계약 대신 1년 계약을 맺을 수 있다면 시간당 임금을 35퍼센트까지 포기할 의사가 있다고 대답했다.[35] 영국, 이탈리아, 미국에서 긱 워커들을 대상으로 시행한 설문조사에 따르면, 긱 워커들의 약 80퍼센트가 사업주와 공동으로 "사회보장 계좌"를 운영해서 소득을 안정화하는 정책을 지지한다. 그들이 업무 관련 혜택으로, 그다음으로 중요시한 것은 이탈리아와 영국의 경우 연금이었고, 미국은 건강보험이었다.[36]

맥도날드는 최근 11만5,000명의 영국 영시간 계약 노동자에게 주당 최소한의 근무시간을 보장하는 고정계약으로 전환할 기회를 제공했다.[37] 영시간 계약 노동자 가운데 많은 이들이 일정한 소득원을 증명하지 못해서 주택담보 대출계약이나 스마트폰을 구매할 때에 많은 어려움을 겪었기 때문이다. 앞에서 예로 든 설문조사 결과와는 달리, 영국 맥도날드 노동자들의 80퍼센트는 유연한 고용계약을 그대로 유지하는 편을 선호했다. 하지만 이와 같은 결과는 맥도날드에서 일하는 노동자들의 특징이 반영된 것으로, 노동자들의 일반적인 선호로 해석할 수는 없다. 여기에서 가장 흥미로운 대목은 맥도날드가 유연한 근로계약과 보다 안정적인 고정계약을 놓고 직원들에게 선택권을 부여한 이후로 직원 만족도와 고객 만족도가 모두 향상되는 효과를 경험했다는 사실이다.

다수의 선도 기업들은 주주 가치의 극대화에 치중하던 관행에서 벗어나 직원들에게 더 많은 복지 혜택과 사회안전망을 제공하고, 이익 추구라는 협소한 목표를 넘어 다양한 이해관계자들의 이익을 위해서 봉사하는 방향으로 전략을 전환하고 있다.[38] 일부 경제학자들은 "좋은 일자리"를 창출하거나, 일자리의 질을 높이고 직원 재교육에 투자함으로써 결과적으로 수익을 높이고 시장임금보다 높은 임금과 복지 혜택을 제공하는 "착한 기업"을 격려하는 정책의 중요성을 강조한다.[39] 노동자들의 복지를 챙기면서도 경쟁력을 유지하는 기업이 많다는 사실은 이와 같은 정책의 실행가능성을 보여준다. 이처럼 노동자들의 복지를 챙기는 노력을 칭송하고 장려해야 하는 것은 맞지만, 내가 보기에 이러한 노력을 사업주의 도덕성에만 맡기는 것만으로는 부족하다. 기업의 사회적 책임, 복지 혜택, 직원교육 부문에서 좋은 관행을 보편적으로 정착시켜 기업들 사이에 노동자들을 위한 공평한 경쟁의 장을 창출하기 위해서는 법제화와 규제가 필요하다.

노동조합은 유연노동자, 즉 노동조합의 지지기반을 확대하는 데에 중요한 잠재적 회원을 위해서 고용안정성을 요구하며 압력을 행사하는 역할을 맡는다. 근래에는 유연노동자들이 직접 노동조합을 만드는 사례들도 보인다. 이탈리아 볼로냐에서는 음식배달 노동자들과 노동조합, 시 의회가 함께 참여해서 임금과 근로시간, 사회보험에 관한 최저 기준을 도출하고 그것을 딜리버루와 우버이츠 같은 음식배달 플랫폼 기업에 요구했다. 일부 음식배달 플랫폼 기업이 합의에 서명하지 않자 시장은 불매 운동을 전개하기도 했는데, 이는 효과를 거두었다.[40] 인도에서는 독립사업 계약 노동자 여성조합이 조직되어서 노동조합이자 협동조합으로서 기능하며 200만 명이 넘는 여성들이 시민의 권리, 사회적 권리, 경제적 권리를 성취하도록 지원하고 있다. 유연노동자가 증가하는 데에 한 축을 담당했던 디지털 기술은 동시에 유연노동자들이 시장 변화에 대응하기 위해서 조직을 결성하는 데에 활용되고 있다.

시대 변화에 적응하기 위한 노동자 재교육

우리가 다시 쓸 새로운 사회계약의 핵심은 고용 형태에 무관하게 모든 노동자에게 최저소득과 복지 혜택을 보장하는 것이 되어야 한다. 그에 응하여 직장을 잃은 사람들은 신체적으로나 정신적으로 문제가 없다면 재교육을 받고 가능한 한 빨리 새 일터에 복귀할 의무를 져야 한다. 실직자들이 생산적인 업무에 복귀할 수 있도록 사회는 어떻게 지원해야 할까? 수많은 노동자가 자신들이 보유한 기술이 쓸모가 없어져서 직장을 잃게 된다면 어떤 일이 발생할까? 저기술 노동자들이나 경제가 쇠락하는 지역의 거주민을 재교육하여 그들에게 새로운 기회를 제공할 수 있을까?

선진국과 개도국을 막론하고 이미 오래 전부터 노동자 재교육 프로그램의 효과를 다루는 학술적 연구는 수없이 진행된 바 있다.[41] 효과에 대한 평가는 엇갈리지만, 성공적인 직업 재교육 프로그램에서 발견되는 교훈은 확실하다. 먼저 실직자들의 구직 활동을 관리하고 새 직장을 알선하는 등 일자리 배치에 집중한 재교육 정책은 사람들, 특히 저기술 노동자들을 단기간에 새 일터로 복귀시키는 데에 효과적이었으며, 결과적으로는 운영비를 절감시켰다. 한편 실무 체험과 결합해서 사업주들의 구체적인 필요를 충족하도록 설계된 교육 프로그램은 강의실에서만 진행하는 교육보다 훨씬 효과적이었다. 업무 현장과 연계시킨 직업교육에는 비용이 많이 들 수 있지만, 특히 장기 실업자들의 경우 상당한 혜택을 입는다는 사실이 여러 해에 걸친 평가를 통해서 입증되었다. 또한 효과가 좋은 것은 직업교육과정이 국가에서 인증하는 자격증이나 수료증으로 이어질 경우이다. 저기술 노동자들의 경우에는 행정 지원까지 제공하는 교육 프로그램이 보다 나은 고용 결과를 산출하는 경향이 있다.[42]

고용 효과가 없는 직업 재교육도 있다. 가령 노동자들을 대학이나 직업교육기관으로 보내 강의실에서만 교육을 받게 하는 방식은 형편 없는 투자라는 사실이 입증되었다. 기업이 실직 노동자를 고용하도록 장려하는 보조금은 고용을 늘리기도 하지만, 애초에 기업은 보조금 지원이 없었더라도 자주 인력을 고용하므로 그런 식의 보조금 지원은 결국 돈 낭비일 때가 많다. 공공 부문에서 실업자들을 위해서 인위적으로 일자리를 창출하는 정책 역시 하나같이 효과가 없다. 신기술이 등장해서 이미 대체될 위기에 직면한 노동자들을 교육하는 방안은 기술적 변화를 예상하고 일찍이 그들을 교육하는 방안보다 효과적이지 못하다.[43]

체계적인 종합 대책을 수립해서 대량 해고 위기에 놓인 노동자들을 지원하는 우수한 사례를 하나 꼽자면 스웨덴의 직업안정위원회Job Security Councils가 있다. 이 위원회는 노동자들이 일자리를 잃기 전에 자문과 직업교육, 재정 지원을 제공하고, 창업을 도울 뿐만 아니라 노조 및 사업주와 협력해서 기술적 이유나 경제적 이유로 실직 위기에 놓인 노동자들을 지원한다.[44] 실직 위기에 놓인 직원에게는 전담 코치가 배정되는데, 이들은 대상자가 실직하기 6-8개월 전부터 직원들과 협력한다. 지원 정책의 재정은 사업주에게 급여의 0.3퍼센트를 분담하게 하는 방법으로 마련한다. 이 지원 정책은 매우 성공적이었다. 참가자들 가운데 74퍼센트가 새 일자리를 찾거나 재교육을 받았고, 일자리를 찾은 노동자들 가운데 70퍼센트가 이전의 임금을 유지하거나 더 높은 임금을 받았다.[45]

가장 이상적인 방안은 미래의 일자리가 어디에서 창출될지 각 정부가 전략적으로 사고해서 이를 토대로 젊은 세대와 노동자들이 미래에 대비하도록 지원하는 것이다. 1950년대와 1960년대 각국의 인력 수급 정책(당시에는 이렇게 불렸다)은 사실 용접공이며 제빵사, 교사, 간호사가 향후 얼마나 필요할지 구체적인 숫자까지 중앙에서 통제하려고 했던 소련의 경제계획자들과 다를 바 없을 정도로 형편없었다. 어쩌면 당연하게도 각국 정부는 어떤 기술적 변화가 생겨서 일자리를 파괴할지 예측하지 못했고, 자신들이 틀렸다는 사실만 드러냈다. 그러나 현재 부상하는 기술들을 고려하면 구체적인 직무까지는 예측하지 못하더라도 미래에 필요한 일자리가 무엇일지 파악하는 일은 가능하다.

가령 덴마크는 미래 일자리 전망을 토대로 교육 및 직업훈련을 위한 전략을 수립했다. 덴마크는 세계의 다른 어느 나라보다도 정부가 적극적으로 노동시장 정책에 많은 돈을 지출한다(GDP의 약 1.5퍼센트). 정책의 목표는 노동자들이 신기술을 습득하도록 교육해서 그들이 고용 상태를 유지하도록 지원하는 데에 있다. 덴마크 근로연계 복지위원회Danish Workfare and Disruption Council는 조직의 목적을 다음과 같이 설명한다. "우리는 모든 사람이 미래의 승자가 되게 만들어야 한다. 변화로 이득을 보는 사람들과 변화 때문에 뒤처진 사람들로 분열되어서는 안 된다."[46] 이는 초등교육부터 직업교육에 이르기까지 고용 가능성이 낮은 사람들(장애인, 이주한 지 얼마 되지 않은 사람들, 저기술 노동자들)을 지원하는 데에 초점을 맞춰서 종합적이고 미래 지향적인 계획을 마련하는 것을 의미한다. 이 제도는 취약계층에 대해서 후한 조건의 지원을 보장하면서 동시에 수급자들을 엄격히 관리한다. 1년간의 실직수당 수급 기간이 끝나면 노동자는 이후 최대 3년간 직업교육이나 수습직 업무에 적극적으로 참여해야 한다. 그들은 노동시장에서 아예 단절되기 전에 사회복지사의 지원과 점검을 받으며, 대체로 1년 이내에 새 일자리에 복귀한다.[47] 그 결과 덴마크는 세계에서 실업률이 가장 낮고 취업자 비율은 가장 높은 국가 중 하나가 되었다.

노동자들을 일찌감치 기술 변화에 적응하도록 만들면 노동자만이 아니라 기업의 전반적인 생산성과 효율성에도 유리하다는 사실이 입증되고 있다.[48] 가령 전자 의료 기록 시스템을 도입한 뉴욕 주의 요양원 304개를 조사한 연구에 따르면, 신기술을 도입하는 과정에서 직원들이 문제 해결 및 의사결정에 참여하고 의견을 내도록 장려한 요양원들은 결과적으로 훨씬 더 높은 생산성을 경험했다.[49] 가장 성공적인 평가를 받은 요양원은 기술적 변화에 관해서 일찌감치 직원들에게 알렸고, 신기술과 관련한 편익을 극대화하기 위해서 직원들을 교육하고 새로운 업무를 습득하도록 했다. 만약 신기술이 기존 업무를 대체하는 경우에는 해당 직원에게 새로운 직무를 재교육받는 기회를 제공했다.

다시 말하지만, 이러한 접근방식은 노동자들뿐만 아니라 사업주들에게도 이득이 될 수 있다. 기업이 기존 직원을 해고하고 신규 직원을 채용하면 퇴직금과 채용 비용, 신입 직원에 대한 교육 비용이 발생한다. 미국에서 발표한 한 평가보고서에 따르면, 기존 직원이 재교육받는 동안 발생하는 손실을 포함하더라도 새로운 직원을 채용하는 편보다 향후 10년 동안 기술 변화로 인해 해고될 노동자들의 25퍼센트를 재교육하는 쪽의 이득이 컸다.[50] 만약 재교육 비용을 업계 전체가 분담할 수 있다면 기업이 인력의 절반을 재교육하는 것이 재무적으로도 합리적이다. 또한 노동자를 해고하지 않고 그대로 유지할 때 사회전반에 초래할 편익을 고려한다면(세수입 유지와 복지 비용 감소), 실직 노동자들의 77퍼센트를 재교육하는 방안이 타당하다.

이번 장에서는 새로운 사회계약의 필요하며 개혁이 가능하다는 사실을 설명했다. 우선 가난한 나라에서는 극빈층에 최저소득을 제공하고 사회가 부유해지면 최저소득을 점차 늘려나가는 것이 좋다. 이미 최저소득을 실행할 수 있는 선진국에서는 실직자들이 최저소득에 만족하지 않고 일터에 복귀하도록 지원하는 정책을 마련할 수 있다. 노동의 유연화로 초래되는 위험에 대해서는 고용계약 형태와 무관하게 모든 사람에게 복지 혜택을 제공해 소득의 안정성을 늘리는 방법으로 균형을 잡을 수 있다. 설령 직장을 잃더라도 그로 인한 위험을 사회가 함께 분담하리라는 사실을 아는 것만으로도 구성원들의 불안감이 상당히 감소한다. 마지막으로 시대 변화에 대응해서 노동자들이 신기술을 습득하도록 평생교육 시스템에 투자한다면 사회 구성원으로서 그들이 오래도록 사회에 일조하게끔 만드는 것이 가능하다.

제6장
고령화

우리는 모두 (불의의 사고로 일찍 죽지 않는 한) 늙어간다. 노년에 들어서면 사람들은 대부분 두 가지 문제에 직면한다. 첫째, 더는 일할수 없을 때 생활을 유지하기 위한 재원을 어떻게 확보할 것인가? 둘째, 더는 자기 힘으로 살아가지 못할 때 어떻게 보살핌을 받을 것인가? 대다수 사회에서는 노년에 일할 수 없거나 자활하지 못하는 사람들이 인간다운 삶을 유지할 수 있도록 최저생계비를 지원해야 한다고 요구한다. 사회계약 항목이 대부분 그렇지만, 고령화 문제에서도 관련 위험 요소를 개인과 가족, 사회와 시장이 어떻게 분담하느냐가 관건이다. 그러나 노인 세대를 위해서 계획을 세우는 일은 다른 사회계약 항목보다 까다롭다. 사람이 얼마나 오래 살지 혹은 언제까지건강할지 아무도 알지 못하기 때문이다. 나의 친할아버지는 과학자로 매사 신중한 분이셨지만, 당신이 94세까지 장수하리라고는 상상도 하지 못하셨다. 외할아버지는 화려한 것을 좋아하셨는데 농장에서 수확한 오렌지를 판매하고 새 옷장을 주문한 직후 72세를 일기로 갑자기 돌아가셨다.

역사적으로 남성의 대부분은 60세가 넘어도 계속 일을 했다. 은퇴라는 개념은 20세기에 생겼다. 노인을 돌보는 일은 으레 집안의 여성이 맡았다. 하지만 평균 수명이 길어지면서 일하지 않고 보내는 기간이 상당히 길어지리라 예상되고, 갈수록 더 많은 여성이 사회에 진출함에 따라서 고령화에 따른 문제가 심각해지고 있다. 흔히 아시아 지역으로 갈수록 노인을 더 공경한다고들 하지만, 한국과 일본 같은 나라에서조차 대가족이 드물어지고 독거노인이 늘어나는 추세이다. 사회계약의 많은 부분이 그렇듯이 고령화와 관련한 위험 요소는 갈수록 개인이 감당할 몫으로 남겨지고 있다.

은퇴 및 노인부양 문제와 관련해서 사회는 개인에게 얼마나 많은 의무를 지는가? 국민연금을 수령할 자격을 얻기 위해서는 얼마나 오랫동안 일을 해야 하는가? 노인 세대가 빈곤에 처하지 않도록 사회가 최저소득을 제공해야 하는가? 노인 세대를 어떻게 부양할 것이며 인생의 마지막 기간에 인간답게 살아가기 위해서는 재정적 측면에서 어떤 지속가능한 방법을 찾아야 하는가? 대다수 국가는 이들 질문에 답을 찾는 속도보다 더 빠르게 고령화 사회에 들어서고 있다. 문제는 노인 세대가 가까운 미래에 자립할 수단과 능력을 상실하리라는 점이다.

고령화와 변화하는 노동시장

기대 수명의 연장은 지난 세기의 큰 성과였지만, 난제를 낳기도 했다. 생산가능 인구가 부양해야 하는 노인의 수가 증가한 것이다. 일본은 생산가능 인구(20-64세) 대비 65세 이상 노인 인구의 비율이 세계에서 가장 높다. 선진국에서는 이 비율이 향후 50년에 걸쳐 2배로 증가할 전망이다. 이는 모든 노동자가 노인 1명 이상을 부양해야 한다는 의미이다. 대부분의 중위소득 국가들은 인구구조상 일본보다 훨씬 젊은 편에 속하지만, 경제 발전 단계의 초기에 해당함에도 고령화가 빠르게 진행되고 있어서 이 문제에 대처할 자원은 더 적은 형편이다. 아프리카와 남아시아의 저소득 국가들은 전체적인 연령이 젊은 편이지만, 일자리가 부족하고 퇴직 후 적절한 소득을 보장할 제도가 불충분하다는 점이 문제이다.

사회는 정치적인 과정을 거쳐서 연금을 수령할 나이를 정하고, 개인이 받을 수 있는 퇴직금의 액수를 결정한다. 비스마르크가 1889년 독일에서 첫 연금보험제도를 만들었을 때 사회가 정한 정년은 70세였다. 당시 기대 수명을 고려할 때, 이는 국가가 평균 7년 동안 연금을 지급해야 한다는 의미이다. 독일의 정년은 1916년에 65세로 낮아졌고, 이는 오늘날 국가가 20년 동안 연금을 지급해야 함을 의미한다. 이러한 패턴은 대다수 국가에서 비슷하게 나타난다. 은퇴 연령이 높아지더라도 기대 수명이 증가하는 속도를 따라잡지 못하기 때문에 은퇴 후의 삶은 더 길어지고 있다. 오늘날 대부분의 중위소득 국가와 고소득 국가의 노동자는 인생의 3분의 1가량을 은퇴 후의 생활로 보내게 된다(그림 11). 은퇴 후 기간이 가장 많이 증가한 나라로는 오스트리아, 벨기에, 칠레, 독일, 룩셈부르크, 폴란드, 슬로베니아, 스페인이 있다.

가장 기본적인 문제는 근무 연수보다 은퇴 후 기간이 너무 길어져서 직장생활 중에 납부한 연금만으로는 노후를 대비하기에 충분하지 않다는 점이다. 이는 현재 근로자들이 내는 보험료가 연금 수급자의 재원으로 쓰이는 부과방식에서 확연히 드러나고 있다. 고령 인구가 증가하는 반면 생산가능 인구는 줄어들면서 오늘날의 근로 세대가 부담할 몫은 점점 커지고 있다. 2060년까지 모든 G20 국가에서는 인구가 감소하겠지만, 생산가능 인구가 부양해야 하는 65세 이상 노인 인구는 최소 2배 늘어날 것이다. 대다수 국가에서는 세금을 대폭 올리지 않는 한 고령 인구 부양비를 감당하기 위한 부채 부담이 엄청나게 증가할 전망이다.[1]

문제는 사람들이 너무 오래 사는 것이 아니라 노후를 충분히 대비하지 못한 채로 너무 일찍 은퇴한다는 데에 있다. 이와 동시에 고령화 사회에서는 출산율 감소도 문제이다. 어린 세대가 향후 생산적인 일꾼으로서 더 많은 고령 인구를 부양하기 위해서는 더 많은 투자를 받아야 한다. 즉 고령화 문제를 해결하려면 저축과 투자 두 가지를 모두 확대하려는 노력이 필요하다.

이전 장에서도 설명한 바와 같이 고용 형태의 변화와 노동시장 유연화를 반영하지 못하는 연금제도는 문제의 심각성을 배가한다. 많

은퇴생활 기간이 성인 수명에서 차지하는 비율

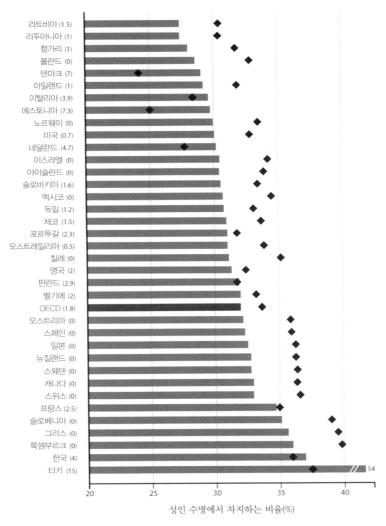

라트비아 (1.5)
리투아니아 (1)
헝가리 (1)
폴란드 (0)
덴마크 (7)
아일랜드 (1)
이탈리아 (3.9)
에스토니아 (7.3)
노르웨이 (0)
미국 (0.7)
네덜란드 (4.7)
이스라엘 (0)
아이슬란드 (0)
슬로바키아 (1.6)
멕시코 (0)
독일 (1.2)
체코 (1.5)
포르투갈 (2.3)
오스트레일리아 (0.5)
칠레 (0)
영국 (2)
핀란드 (2.9)
벨기에 (2)
OECD (1.8)
오스트리아 (0)
스페인 (0)
일본 (0)
뉴질랜드 (0)
스웨덴 (0)
캐나다 (0)
스위스 (0)
프랑스 (2.5)
슬로베니아 (0)
그리스 (0)
룩셈부르크 (0)
한국 (4)
터키 (15)

54

성인 수명에서 차지하는 비율(%)

■ 현재 기준 은퇴자 평균   ◆ 현재 기준 노동시장에 진입하는 성인 평균

괄호 속 숫자는 연금 전액 수급 연령이 늘어난 기간을 가리킨다.

그림 11 증가하는 은퇴생활 기간

은 국가에서 자영업자들은 의무 가입 대상이 아니거나 가입자라고 해도 보험료가 적은 편이어서 미래에 얻을 수 있는 혜택도 크지 않다. 이직을 자주 하는 사람들에게 특히 불리하게 설계된 연금도 있다. 한 직장에서 오래 일하지 못한 사람들은 이직할 때마다 개인연금에서 돈을 인출하는 경향이 있어서 충분한 목돈을 마련하지 못하고 노년에 위기를 자초하기도 한다. 특히 유연노동이나 시간제로 일하는 여성은 연금이 없어서 노후 준비에 어려움을 겪는다. 요컨대, 연금 개혁은 현재 꼭 필요한 일이다.

연금 개혁의 과제

앞에서 언급했듯이 대부분의 선진국은 고령화로 인한 재정적 압박에 대처하는 방법으로 개인에게 위험을 전가하고 있다. 확정급여형 퇴직연금으로 알려진 전통적인 연금제도는 사업주가 직원들의 임금과 근속 연수에 따라서 고정된 연금(확정급여)을 지급한다. 이는 사업주가 최종적으로 퇴직급여를 책임지는 방식이다. 오늘날 이 연금제도는 확정기여형 퇴직연금으로 대체되고 있다. 여기에서는 사업주가 사전에 확정된 일정 금액(확정부담금)을 근로자의 계좌에 납입하고, 그후에 계좌 운영과 관련해서 발생하는 위험이나 퇴직연금 지급액에 관해서는 어떤 책임도 지지 않는다. 퇴직연금 운영과 관련한 위험을 제대로 관리할 개인이 드문데도 불구하고 확정기여형 퇴직연금제도는 보편화되는 추세이다.[2]

한편, 개도국에서는 전체 경제에서 극히 일부분을 차지하는 정규직에게만 퇴직연금 혜택을 제공하고 있다. 이러한 곳에서는 노인 세대를 부양하는 비용을 주로 가족이 부담하고, 자선단체가 일부의 역할을 맡고 있다. 문제는 이들 국가에서 연금제도가 보급되는 속도보다 사회가 고령화되는 속도가 더 빠르다는 점이다. 더 많은 노동자를 연금제도권 안으로 포함하지 못하면, 정부가 지원하는 국민연금 및 가정의 재정 부담은 감당하지 못할 수준에 이를 것이다. 그러므로 개도국에서는 우선 정규직 일자리의 창출을 장려하고, 연금을 보장하는 범위를 확대하며, 현실적인 수준에서 정년을 연장하는 조치에 힘을 써야 한다.

　연금을 개혁하고자 하는 최근의 움직임들에도 불구하고 대다수의 국가들, 특히 저금리로 인해서 연금투자 수익률이 낮은 국가에서는 연금의 지속가능성이 압박을 받고 있다. 이때 실행가능한 해결책은 정년 연장, 보험료 인상, 연금 수령액 축소, 세 가지이다. 근래에 여러 국가들에서는 이 세 가지 방법을 모두 시험하고 있다.[3] 연금보험료를 늘리는 한 가지 방법은 이주민을 더 많이 허용해서 생산가능 인구를 확충하는 것이지만, 이것은 정치적으로나 사회적으로 또다른 문제를 낳는다.

　다시 말해, 연금 개혁을 위해서는 이제 효력이 다한 사회계약을 두고 재협상을 벌여야 한다. 이는 노후를 위해서 더 많이 저축하고, 더 오래 일하도록 장려하는 것을 의미한다. 또한 비정규직 유연노동자들이 자동으로 연금제도에 가입시켜서 위험을 효과적으로 분산할 방법을 제공하는 것을 의미한다. 마지막으로 이는 노년에 빈곤에 처하지 않도록 모든 사람에게 최소한의 연금을 보장하는 것을 의미하기도 한다. 이처럼 최소한의 연금이 보장된다면 주로 경력 단절 여성과 저소득층을 비롯한 취약계층을 보호하는 안전망이 될 것이다. 이상적인 연금제도는 노동자들이 노년에 그들의 소득을 보충할 수 있는 다양한 연금 선택지를 제시해서 모든 사람에게 최소한의 공적연금을 제공하는 것이다.

문제는 연금 개혁에는 이해가 충돌할 여지가 많다는 점이다. 일반적으로 사람들은 그들이 힘들게 쟁취했으므로 마땅히 누릴 자격이 있다고 여기는 것을 쉽게 포기하지 않는다. 노인이 청년보다 투표율이 더 높다는 사실만으로도 연금 개혁은 매우 정치적인 사안이다. 일례로 OECD 국가의 2012/2013년도 투표율을 보면, 55세 이상은 86퍼센트이고, 청년 세대는 70퍼센트 정도이다. 노년 세대는 정치적으로 로비 활동을 펼치는 데에도 매우 능숙한 편이다. 선진국의 중위투표 연령이 높아지면서 연금에 대한 공공지출이 GDP의 0.5퍼센트까지 증가한 것은 우연이 아니다.[4]

대다수 국가에서 개혁은 재정적 압박이 가중되는 위기의 순간에 일어난다. 그런 위기의 순간에도 연금 개혁에 대한 정치적 합의는 흔히 "조부 조항grandfather clause"을 포함하는 타협으로 끝나기 십상이다. 조부 조항은 개혁 이전의 기득권을 그대로 존중하고, 이 기득권 조항을 폐지하기까지 오랜 유예 기간을 두며, 새로 개정된 조항들은 오직 미래 세대에만 적용되도록 하는 것을 의미한다. 아프리카, 중동, 남아시아 지역의 인구 구성이 젊은 국가들은 재정적으로 지속 불가능한 조항으로 이득을 보는 기득권이 강성해지기 전에 일찌감치 대책을 취하는 편이 현명할 것이다.

더 오래 노동하기

연금을 제공하는 관점에서 그나마 다행인 점은 사람들이 이미 더 오래 일하고 있으며, 미래에도 더 오래 일하리라는 사실이다. 가령 OECD 국가들에서 55-64세인 사람들의 고용률은 2000년 기준 47.7퍼센트에서 2018년 기준 61.4퍼센트로 대폭 증가했지만, 25-54세 인구의 고용률은 거의 변하지 않았다.[5] 나라로 따지면 독일, 이탈리아, 프랑스, 오스트레일리아에서, 그리고 노동력으로 따지면 고학력 노동 인구에서 근로 수명이 가장 많이 길어졌다. 정년은 모든 나라에서 연장되고 있으며(그림 12) 대체로 60대 후반까지 연장되고 있는데, 고소득 국가 중에는 70세 이상까지 연장된 곳도 있다. 중위소득 국가의 대부분은 기대 수명이 증가하는 현실에 신속하게 적응하지 못한 채 여전히 정년을 60세 이하로 유지하고 있다.

근로 수명이 길어졌다고는 해도 그에 비례해서 더 늘어난 은퇴 후의 생활비를 감당하기에는 여전히 부족하다. 이 간극을 따라잡을 수 있는 가장 확실한 방법은 정년과 기대 수명을 연계하여 근로 수명이 은퇴 후의 수명과 적절한 비율을 유지하도록 만드는 것으로, 덴마크, 에스토니아, 핀란드, 그리스, 이탈리아, 네덜란드, 포르투갈을 비롯한

22세에 노동시장에 진입한 성인이 연금을 수급하는 은퇴 연령

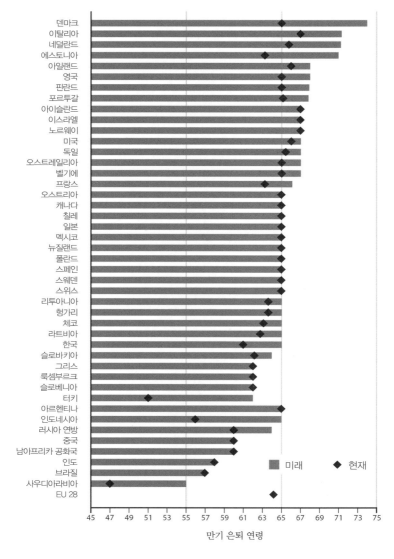

그림 12 기대 수명 증가만큼 빠르지는 않지만, 정년은 모든 나라에서 연장되는
추세이다

많은 나라에서 이미 시행하고 있는 방법이다. 포르투갈의 경우에는 정년이 기대 수명 증가분의 3분의 2까지 연장되는데, 이 공식 덕에 사람들은 연금의 재정건전성을 해치지 않으면서 더 늘어난 수명을 즐길 수 있다. 이런 경우 어떤 공식이 채택되든 두 수명의 비율을 적절히 고려한 공식에 따라서 자동으로 조정되는 까닭에 정년 연장과 관련해 빈번하게 정치적 대립을 치를 필요가 없으며, 정치적으로 대립하며 보낼 시간을 기대치를 조정하는 데에 사용할 수 있다.

그러나 기대 수명과 정년을 연계하는 방식은 꾸준히 논란이 되어왔고, 정치적 반대로 이 방식의 적용을 취소한 국가도 있다. 가령 슬로바키아는 기대 수명과의 연계를 폐지하고 정년을 64세로 확정지었다. 이탈리아는 2026년까지 일부 노동자들을 위해서 연계 정책을 중단했다. 스페인 역시 기대 수명과의 연계를 전면 중단했고, 네덜란드는 한시적으로 중단을 선언했다. 캐나다, 체코, 폴란드에서도 비슷하게 기대 수명과의 연계 정책이 번복되는 일이 발생했다.[6]

정년 연장을 향한 반감은 보통 공정성에 대한 우려에서 비롯한다. 정년 연장을 반대하는 이들이 내세우는 근거 가운데 하나는 수명만 늘었을 뿐 몸이 건강하지 않을지도 모르는데, 몸이 불편한 이들에게 노동을 기대하는 일이 불합리하다는 것이다. 그러나 이 주장은 실제 사례들에 비추어볼 때 사실에 부합하지 않는 듯하다. 사람들은 단순히 수명만 늘어난 것이 아니라 건강하게 더 오래 일할 능력을 지닌 것으로 보인다. 일각에서는 가난한 사람이 더 일찍 죽는 경향이 있고, 육체적으로 고된 노동을 많이 하던 사람들은 더 오래 일하지 못할 수도 있기 때문에 정년을 연장해서 연금 수급을 늦추는 일은 복지 정책의 퇴보라고 주장한다. 이는 타당한 지적이지만, 추정치들을 보면 이들이 입을 손실은 극히 일부에 지나지 않는다.[7] 그러나 계산이 다소 복잡해지더라도 건강 위험 요인이 더 높은 사람들에게 더 많은 편익이 제공되도록 기대 수명의 사회경제적 차이를 고려하는 방안도 가능하다.[8]

여성의 연금과 관련해서는 공평성도 중요한 문제이다. 여성이 남성보다 더 오래 사는 경향을 보이는데도 많은 국가에서는 여성의 정년이 남성보다 이르다. 더욱이 여성은 경력이 더 짧고, 임금이 더 낮은 편이어서 연금 수령액마저 적다. 가령 유럽에서는 여성의 평균 연금이 남성보다 25퍼센트 낮다. 빈곤층 노인 가운데 여성이 차지하는 비율이 훨씬 많은 이유도 여기에 있다. 정책적으로는 남성과 여성의 정년 차이를 차츰 없애고, 노동시장에서 여성에게 기회를 평등하게 제공하려는 움직임이 있다. 이는 향후 연금 격차를 줄이는 데에 도움이 될 것이다.[9]

모든 사람이 공적연금에 가입해야 한다

연금 가입자가 많을수록 더 많은 사람이 위험을 분담하게 되므로 연금제도의 효율성 및 지속가능성이 커진다. 따라서 모든 사람에게 최저생활을 보장하는 연금을 제공하기 위해서는 모든 사람이 연금에 가입해야 한다. 이전 장에서 설명한 최저임금과 보건의료 혜택과 마찬가지로, 최저생활 보장연금 역시 국가의 역량에 따라서 지원 수준이 천차만별일 것이다. 연금 수령액은 적어도 노년에 빈곤에 처하지 않을 정도가 되어야 하고, 시간이 지나도 그 가치가 유지되도록 (공정한 방식으로) 물가와 임금 혹은 평균 소득과 연동해야 한다. 고소득 계층은 공적연금은 물론 개인연금에도 가입되어 있으므로 일반 예금에 부과하는 세율에 근접하게 연금소득세를 부과하는 편이 좋다. 물론 은퇴를 대비한 저축을 장려하기 위해서 이런 연금에 어느 정도 세제 혜택을 제공하는 것은 효과가 있다.

여기에서 문제는 저소득 노동자들이다. 이들은 재무 관련 능력이 부족하고 저축 역량에도 한계가 있기 때문에 고소득 노동자들만큼 연금을 적립하지 못하고 그만큼 세제 혜택도 적게 받는다. 어떻게 하면 이들이 연금에 가입하게 만들 수 있을까? 뉴질랜드와 같은 일부 국가에서는 초기에 가입 보너스를 지급하거나 노동자의 납입금과 같은 금액을 적립해주는 인센티브를 제공한다. 하지만 사람들을 연금에 가입시키는 가장 효과적인 방법들 가운데 하나는 자동으로 연금에 가입시키는 것이다. 자동 가입 제도는 연금 가입을 기본값으로 설정하고 나중에 납부 예외를 신청할 수 있도록 허용한다. 브라질, 독일, 뉴질랜드, 폴란드, 러시아, 터키, 영국을 비롯해 이 제도를 도입한 나라에서는 예외 없이 연금 가입률이 대폭 증가했다. 미국에서는 기업연금의 가입방식을 자동 가입으로 바꾼 이후 연금 가입률이 2배로 증가했다. 칠레는 한발 더 나아가서 연금 가입을 의무화했다. 자동으로 연금에 가입한 노동자들은 대부분 납부 예외를 따로 신청하지 않았다(특히 사업주가 의무적으로 연금에 가입된 경우일수록 연금을 그대로 유지했다). 연금 가입이 쉽고 탈퇴하고 싶지 않을 만한 재정적 동기를 제공한 덕분이다. 가입 효과는 정기적으로 보험료를 상향할 수 있게 하고, 임금 인상분을 자동으로 반영하는 연금제도일수록 좋았다.[10]

제5장에서 설명한 대로 연금제도에도 급증하는 유연노동의 위험성을 반영할 필요가 있다. 사람들은 대부분 노후를 위한 저축이 부족한 편이고, 시간제 계약이나 임시계약을 맺은 독립사업 계약자일수록 이러한 위험에 취약하다. 대개는 여성이나 청년 혹은 노인, 그리고 저소득층 노동자가 여기에 해당한다. 유연노동자도 모두 연금제도에 가입하게 만들면 연금 납부자가 증가할 뿐만 아니라, 사업주가 연금에 들어가는 비용을 줄이려고 비표준 고용계약을 요구하는 일도 줄어든다. 유연노동자를 고용하는 회사들도 연금에 의무적으로 부담금을 내야 하기 때문이다. 하지만 유연노동을 매력적으로 보이게 만들어 비공식 경제 부문에 들어가고 싶은 유혹을 줄이기 위한 시도로 많은 국가들이 소득비례 연금제도 가입을 의무화하지 않거나(오스트레일리아, 덴마크, 독일, 일본, 멕시코, 네덜란드) 보험료를 적게 내는 것을 허용하고 있어, 결과적으로 노년에 받을 연금은 적을 수밖에 없다(캐나다, 프랑스, 이탈리아, 한국, 노르웨이, 폴란드, 슬로베니아, 스웨덴, 스위스, 미국).[11]

자동 가입 제도를 도입하여 유연노동자들도 누구나 임의연금에 가입하도록 하고, 이들을 고용한 기업에는 정규직 근로자와 마찬가지로 부담금을 납부하게 하면 더 많은 사람들이 연금제도권 안으로 진입할 수 있다. 한 사업주와 시간제 계약이나 임시계약을 맺고 일하는 노동자들의 경우에 이것은 상당히 간단한 일이다. 문제는 여러 회사와 계약을 맺은 독립사업 계약자들의 경우이다. 이를 해결하는 첫 번째 방법은 독립사업 계약자가 개인 부담금과 사업자 부담금을 모두 납부하는 것이다(이렇게 하면 독립사업 계약의 이점이 줄어든다). 또다른 방법은 소득이 매우 적은 독립사업 계약자들을 대상으로 노후 저축을 장려하기 위해 국고에서 연금부담금을 지원하는 방법이 있다. 우리는 이와 같은 연금제도를 실행하면서 전통적인 노동자와 유연노동자 간에 연금보장 범위, 보험료, 수급권이 차츰 균형을 맞추도록 조절해야 한다. 이렇게 하는 것이 합리적인 이유는 노년의 빈곤과 관련한 위험을 줄이고, 공평성을 보장하고, 더 효율적으로 위험을 분담하고, 고용형태에 무관하게 노동이동성을 증대할 수 있기 때문이다.

연금보험료를 납부하는 노동자의 수를 늘리는 또다른 방법은 더 많은 사람들에게 일자리를 제공하는 것이다. 제2장에서 살펴본 바와 같이 여성이 교육을 받고, 사회규범이 바뀌고, 의료 서비스에 대한 접근성이 개선되면서 거의 모든 나라에서 보다 많은 여성들이 노동시장에 참여하게 되었다. 일본처럼 고령화가 급속히 진행되고 있는 국가에서는 보육을 지원하는 규모를 늘리고, 여성의 노동 참여를 저해하는 여러 세제를 개편하여 보다 많은 여성이 노동시장에 참여하도록 적극적으로 장려하고 있다.[12] 여성을 차별하는 정책을 폐지하고, 보육과 노인부양 지원을 늘리고, 여성이 경제 활동에 참여하도록 지원하는 일은 지속가능한 연금제도를 만드는 일과 상통한다. 비슷한 맥락에서 이주민 노동자 역시 연금제도를 지탱할 신규 가입자로서 매우 중요하다. 미국의 경우 이주민은 증가한 노동력의 65퍼센트를 차지하며, EU에서도 92퍼센트에 달한다.[13] 물론 이주민의 유입은 사회적으로나 정치적으로 문제를 초래할 때도 있다. 그러나 연금보험료를 납부하는 젊은 노동자 수를 증가시키는 만큼 이는 해결책의 일환이 될 수 있다.

정년과 위험 분담

사람들은 대체로 충분히 저축하지 않는다. 140개국에 걸친 설문조사를 보면 선진국의 경우 성인 가운데 절반 그리고 개도국의 경우에는 성인의 84퍼센트가 노후에 대비해서 따로 저축하지 않는 것으로 나타났다.[14] 다행히 근래에는 디지털 및 모바일 뱅킹, 다양한 저축상품, 그리고 저렴한 비용에 투자 조언을 제공하는 로보어드바이저 서비스까지 등장하여 저축 수단이 엄청나게 확대되었다.

넛지 정책은 저축을 장려하는 데에도 효과적으로 쓰인다. 가령 케냐에서는 비공식 경제 부문 노동자들의 저축을 장려하기 위해서 세 가지 정책을 실험하며 어떤 정책이 가장 효과적인지 알아보았다. 이들은 실험 참가자의 자녀가 보낸 것처럼 보이도록 만든 문자 메시지, 매주 저축한 금액을 확인할 수 있는 금화, 얼마를 저축하든 저축한 금액의 10−20퍼센트에 해당하는 돈을 지원하는 매칭프로그램을 각

각 실험했다. 흥미롭게도 금화로 확인하는 저축액은 저축률을 2배로 높였고, 문자나 재정적 인센티브보다 더 효과가 좋았다.[15] 필리핀에서는 익히 관찰된 인간의 심리, 곧 동일한 이익을 추구하고 즐기기보다 손실을 두려워하고 회피하려는 성향을 토대로 프로그램을 설계했다. 실험은 참가자들에게 저축 서약을 시키고 목표치를 이루지 못할 경우 벌금을 물도록 했고, 저축률이 81퍼센트 상승하는 결과를 얻었다. 저축에 관한 의사결정은 이성보다 심리에 깊이 뿌리내리고 있으며, 앞의 사례들은 사람들의 행동을 교정하는 데에 주안점을 둔 정책이 얼마나 도움이 되는지 보여준다.

사람들은 은퇴 소득에 관해서는 확실한 보장을 받고 싶어하면서도 투자에 대해서는 책임을 덜 지고 싶어한다. 캐나다, 덴마크, 네덜란드를 비롯해 몇몇 나라들에서는 이러한 심리를 반영해 확정기여형 연금의 대안으로 단체 확정기여형 연금을 개발했다. 이는 사업주와 노동자들이 납부한 보험료로 운영되며, 노동자의 개별 연금 계좌에 보험료를 넣는 대신 공동 기금에 투자한다. 이 상품의 이점은 투자 위험이 집단 전체에 분산되어 변동성이 감소하고 기금을 운용하는 비용이 줄어든다는 것이다. 한 연구는 단체 확정기여형 연금이라면 지난 50년에 걸쳐 임금의 28퍼센트에 해당하는 연금액이 꾸준히 지급되었을 것이고, 기존의 확정기여형 방식의 연금이라면 17-61퍼센트 사이의 연금액이 지급되었을 것이라고 추산했다.[16]

단체 확정기여형 연금은 근무 연수가 짧고, 고위험 투자 포트폴리오를 선호하는 젊은 노동자들에게는 적합하지 않을 수 있다. 단체 연금은 최대 수익률이 다른 연금에 비해서 낮기 때문이다. 대신 단체 확정기여형 연금은 수익률이 아주 저조할 가능성도 훨씬 적다. 가입자가 나이가 들수록 고수익 고위험 주식상품보다는 수익성은 떨어져도 안전한 채권으로 전환하기를 권유하는 확정기여형 연금과 달리, 단체 확정기여형 연금은 이런 권유 자체가 불필요하다는 점도 또다른 이점이다. 마찬가지로 시장이 불황일 때에 연금 가입자가 갑자기 은퇴할 경우 수령액이 타격을 입을 위험성도 줄어든다.

현대의 경력 개발은 사다리를 오르는 과정보다는 나무를 오르는 과정에 더 가깝다. 따라서 은퇴 역시 이와 같은 관점에서 고려해야 한다. 많은 사람들이 전일제 노동자로 일하다가 어느 날 갑자기 은퇴해야 하는 상황을 반기지 않는다. 은퇴 후 사망위험성이 무척 높다는 사실도 크게 놀랍지는 않은데, 남성의 경우 특히 그렇다. 65세에 경력 사다리에서 갑자기 뛰어내리기보다는 여기저기 가지를 옮기며 천천히 나무에서 내려오는 편이 낫다. 연금제도는 노동자가 유연하게 혹은 시간제로 일하며 단계적으로 은퇴과정을 밟아나가더라도 수령 조건에 부정적인 영향이 미치지 않도록 해야 한다. 가령 스웨덴에서는 정년에 도달한 사람이 연금을 전액 한꺼번에 수령할 수도 있고 75퍼센트, 50퍼센트, 25퍼센트를 인출할 수도 있고, 전혀 인출하지 않을 수도 있다. 인출하지 않은 돈은 얼마가 되었든 계좌에 남아서 계속 수익을 낸다. 또한 해당 근로자가 일을 지속하는 경우에는 임금을 받는 것은 물론이고 연금보험료도 꾸준히 납부할 수 있다.

대다수 노동자는 은퇴 후에도 일정 기간 시간제 근무로 일을 지속

65세 이상인 사람들의 소득원

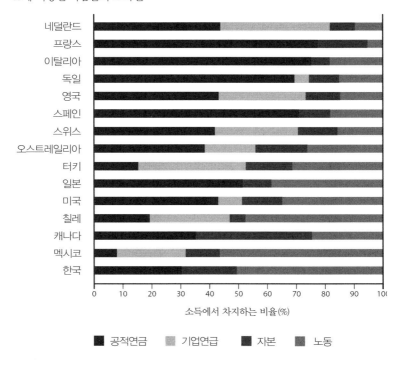

그림 13 은퇴 이후의 다양한 소득원

하는 쪽을 선호하지만, 이 선택지를 제공하는 사업주는 거의 없다.[17]
생산성 높은 근로 수명을 연장하기 위해서는 의무 정년을 폐지하고,
유연한 근무시간과 근무장소(재택근무를 포함)를 도입하고, 제5장에
서 설명한 바와 같이 나이 든 노동자들을 위한 평생학습 프로그램을
제공하는 정책이 유용하다.[18]

나이가 들어서도 국고에서 지원하는 최저생활 보장연금, 기업이 제
공하는 임의연금, 개인의 저축 및 시간제 근로 등 다양한 소득원을 통

해서 돈을 버는 모습을 상상해보자. 그림 13을 보면 이미 여러 국가에서 노년 세대의 근로자들이 다양한 소득원을 가지고 있음을 알 수 있다. 프랑스, 이탈리아, 독일은 국고를 열어 65세 이상의 사람들에게 상당한 소득을 제공한다. 터키에서는 기업이 제공하는 연금이 가장 중요하다. 한국, 칠레, 멕시코 등의 국가에서는 65세 이상 인구가 대체로 노동을 지속하면서 돈을 번다. 앞으로는 노후의 다양한 소득원 마련이 누구에게나 가능한 일이어야 한다.

누가 노인을 돌봐야 하는가?

나의 할머니는 이집트에서 대가족의 살림을 도맡아 하셨다. 점심은 오후 2시(당신이 이 시간을 선호하셨다)에서 오후 6시까지 이어졌는데, 먼저 손주와 증손주들이 학교에서 돌아왔고, 나중에 어른들이 일터에서 귀가했다. 할머니의 열일곱 형제나 조카들이 식사 때에 찾아오기도 했다. 할머니는 도움이 필요했지만, 대개는 홀로 그 많은 일을 담당하셨다. 집안의 갈등을 해소해야 할 때에는 수석 외교관이셨고, 가족 문제를 놓고 발언할 때에는 수석 대변인이셨고, 모든 대소사를 기획할 때에는 조직위원장이셨다. 할머니는 식구들을 모두 사랑하셨지만, 여기에는 너무 많은 책임이 따랐다. 그리고 나이가 들어서는 당신이 보살폈던 세대에게 보살핌을 받으셨다. 이와 같은 대가족 모델은 몇몇 국가에 여전히 남아 있지만, 독립해서 생활하는 노인층과 핵가족이 늘면서 사라지는 추세이다.

지금까지 우리는 더 이상 일할 수 없는 노년 세대를 재정적으로 지원할 방법들을 살펴보았다. 지금부터는 노후에 직면하는 두 번째 문제, 즉 더는 자활하지 못하는 노인을 돌보는 문제를 살펴보자. 앞에서 언급했듯이 모든 사회와 대부분의 역사에서 노인들은 주로 집안의 여성에게 보살핌을 받아왔고, 여전히 거의 모든 나라에서 여성에게 이 일을 맡기고 있다. 그러나 가족의 규모가 작아지고, 더 많은 여성들이 노동시장에 진출하며, 노인과 아이들을 둘러싼 사회적 인식이 바뀌는 한편 수명 증가로 노인을 돌보는 기간은 길어지면서 많은 국가에서 노인 돌봄 문제를 어떻게 해결할지 고민하고 있다. 일본은 노인들에게 다양한 서비스를 제공할 수 있는 로봇을 실험하고 있다. 여러 유럽 국가에서는 이민 정책을 통해서 돌봄노동자들을 충원하고 있다. 노인 공동 주거 모델이나 지역 사회를 기반으로 하는 돌봄 서비스, "에이징 인 플레이스ageing in place" 같은 새로운 모델들이 시도되고 있다.

최근 유럽과 미국에서는 젊은이들이 나이가 들어서도 독립하지 못하면서 핵가족 모델로 나아가던 추세가 역전되었다. 유럽에서는 2011년을 기준으로 18-34세 청년의 48퍼센트가 부모와 함께 살았다. 미국에서도 부모와 함께 사는 18-34세 청년의 비율이 36퍼센트로 나타나 사상 최고를 기록했다.[19] 이러한 현상은 제5장에서 기술했듯이 주거비가 상승하고 불안정 노동이 증가했다는 데에서 기인한다. 2008년 금융위기 이후 이탈리아, 스페인처럼 극심한 경제위기를 겪은 나라일수록 "부메랑 세대"의 비율이 높았다. 수많은 청년들이 일자리를 찾지 못하고 부모에게 의지할 수밖에 없었기 때문이다. 한편 부동산 및 세제 정책에서 주택을 노후연금으로 이용하라고 장려하면서 노인들이 주택을 여러 채 보유하는 반면, 청년들은 부모의 도움 없이는 주택을 구매할 능력이 부족하다. "월세 세대generation rent"니 "건물주 세대generation landlord"라는 용어가 등장한 것도 이런 이유에서이다.

흥미롭게도 선진국이나 개도국을 가리지 않고 모두 비슷한 문제에 직면하고 있다. 현대인들은 경제적 불확실성, 불안정 노동 증가 및 부족한 연금, 상승하는 주거비, 그리고 주택연금이나 공공지원 주택 정책의 후퇴로 인해서 발생하는 경제적 위험을 가족 내에서 분담해야 하는 처지에 놓였다. 청년들은 부모의 도움 없이는 독립해서 생활하기가 힘들어졌고, 적절한 연금을 확보하지 못한 노인층은 자녀들과 함께 살아야 하거나 주택을 임대해 월세로 그들의 소득을 보충해야만 한다. 과거 우리 할머니처럼 여러 세대가 모여 사는 것이 그나마 인간다운 생활 수준을 유지하는 방법이 되고 있는 것이다.

그럼에도 미래에는 수많은 노인, 특히 혼자 사는 여성이 늘어날 전망이다. 이유는 간단하다. 수명이 늘어났기 때문이다.

21세기에 노인이 된다는 의미

21세기에는 장수하는 사람이 특별하지 않다. 현재 남성이 85세까지 살 가능성은 50퍼센트이지만 2100년경에는 75퍼센트까지 증가할 것이다. 여성의 경우에는 현재 64퍼센트에서 83퍼센트로 증가할 전망이다.[20] 캐나다, 프랑스, 이탈리아, 일본, 영국, 미국과 같은 국가에서 2000년 이후에 태어난 사람들(내 아이들처럼)은 100세까지 살 가능성이 50퍼센트에 이른다.[21]

대다수의 노인들은 자신의 집에서 홀로 살거나 가족과 함께 가능한 한 오래도록 사는 편을 선호한다. 그렇게 살 수 있느냐 없느냐는 노후 준비와 노년기의 건강 상태에 따라서 다르다. 사람들이 늘어난 수명을 건강하게 보내고 있음을 보여주는 연구 결과는 점차 늘고 있다.[22] 그럼에도 여전히 많은 노인들이 목욕이나 식사 준비 같은 일상적인 일에서도 누군가의 도움을 받으며 살아가야 한다. 노년기에 건강하게 늙어갈 가능성이 가장 낮은 사람들은 일찍부터 빈곤을 경험한 저소득층이다. 다시 말해서, 누군가의 돌봄이 가장 필요한 사람일수록 돌봄 비용을 지불할 여력이 없을 가능성이 크다. 방문(혹은 재가) 돌봄 서비스의 비용은 요양시설을 이용하는 비용보다는 저렴하겠지만(극빈층 노인은 국고에서 지원하므로 예외이지만) 저소득층 노인에게는 기본적인 지원 서비스조차 비용을 감당하기 어려울 때가 많다.[23]

주요 선진국은 비용을 감당하지 못하는 노인들을 위해서 돌봄시설을 보급하지만, 개도국에서는 대부분 그 책임을 가족과 공동체가 맡는다. 미래를 위해서는 가능한 한 오랫동안 방문 돌봄 서비스를 지원하는 정책을 마련하는 일이 무엇보다 중요하다. 이는 가족 구성원에 의한 돌봄을 지원하고, 가정 방문 전문 요양사를 확충하고, 돌봄 서비스에 첨단기술을 활용하는 방안을 모두 포함한다. 또 보건의료 서비스와 노인 돌봄 서비스를 통합 및 조율하고 이에 필요한 재정을 확보하는 일도 빼놓을 수 없다. 대다수의 국가에서 노인 돌봄 서비스는 의료 서비스와 분리되어 있는데, 이는 여러모로 비효율적인 결과를 초래한다. 가령 약간의 지원만 받으면 가정에서 더 좋은 건강 상태를 유지할 수 있음에도 그러지 못해 값비싼 병원 신세를 지게 되는 경우는 비효율성을 가장 분명하게 보여주는 사례이다.[24]

아시아를 중심으로 여러 개도국에서 돌봄 서비스와 의료 서비스를 통합하는 정책이 사회적으로 주목받고 있다. 고령화가 빠르게 진행되고 있는 이들 국가에서는 자녀의 수가 감소하고, 고향을 떠나는 젊은 세대가 늘고, 직장생활을 하는 여성이 증가해서 가족이 노인을 부양하던 과거의 방식이 더는 유효하지 않다. 일례로 중국은 집에서 노인을 돌보는 이들에게 교육과 보조금을 지원하는 등의 정책을 도입했고, 지역 사회는 노인들에게 주거지는 물론 급식 서비스도 제공하고 있다.[25]

노후를 집에서 보낼 수 있기 위해서는 여태까지와 달리 돌봄노동을 하는 사람이 전문가든 집안 식구든 노동의 대가를 지급받을 수 있도록 근본적인 의식의 전환이 이루어져야 한다. 네덜란드를 비롯해 북유럽의 몇몇 고소득 국가에서는 개인의 소득과 무관하게 모든 사람이 장기간 돌봄 서비스를 받을 수 있도록 보장하지만, 대다수의 국가에서는 이 비용을 지급할 능력이 없는 사람들만 국고로 지원하는 것을 목표로 삼는다. 연로한 자기 식구를 돌보는 일에 돈을 지불하도록 지원 정책의 범위를 넓히는 방안은 이상해 보일지 모른다. 하지만 이는 노인과 간병인 모두에게 훨씬 인간다운 삶을 보장하는 길일 뿐 아니라 요양시설을 널리 보급하는 것보다 비용 측면에서 훨씬 효과적이고 효율적인 조치이다. 가족이나 친척에게 돌봄을 받으면 외로움과 우울증 증상도 감소한다.[26] 한편 장기 요양 체계를 제대로 설계하면 돌봄 서비스 부문에서 더 많은 일자리가 창출된다. 아울러 더 많은 여성이 가정에서 벗어나 직장을 다니게 되면 세금과 연금보험료를 납부할 수 있는데, 이는 결국 노인 돌봄 서비스 비용을 마련하는 데에 일조한다.

노인을 돌보는 비전문가들을 재정적으로 지원할 경우 그 혜택은 어느 나라에서나 여성에게 가장 많이 돌아간다.[27] 여성들은 노인을 돌보는 책임을 가장 많이 지고 있으며, 그 과정에서 소득 손실과 정신건강 문제를 겪게 된다. 이러한 문제는 정작 본인이 나이 들었을 때에 궁핍해지는 결과를 초래하기도 한다.[28] 비전문 돌봄노동자에게 현금 급여나 연금 크레딧을 제공하고, 일에서 벗어나서 쉴 수 있도록 대리 돌봄 서비스를 제공하는 정책, 그리고 유연근무제를 통해서 주기적으로 휴가를 제공하는 방식은 모두 돌봄노동자, 특히 여성에게 유용한 정책이다. 어쩌면 너무 당연한 일일지도 모르겠으나, 장기 돌봄 서비스에 가장 많이 재정을 지원하는 국가(네덜란드, 덴마크, 스웨덴, 스위스 등)는 여성고용률도 가장 높고 성불평등 지수도 가장 낮다.

첨단기술 역시 도움이 될 수 있다. 나는 제4장에서 원격의료를 살펴보면서 스마트 기기와 웨어러블 기술, 또 가정용 의료기기를 이용해

환자가 집에서도 질병을 관리하고 치료할 수 있다는 사실을 설명했다. 일본은 수많은 이주민 돌봄노동자들을 받아들여야 하는 상황을 우려해 유럽처럼 "케어봇" 산업에 집중적으로 투자하고 있다. 케어봇은 활력 징후를 측정하고, 응급 서비스를 호출하고, 약물 복용 및 운동 시간을 상기시키고, 심지어 환자와 일상적인 대화까지 나눈다.[29] 케어봇은 사람이 쓰러졌음을 감지하고 도움을 청할 줄 안다. 음성인식 기술과 자율주행 차량은 노인들이 다른 사람의 도움 없이도 장비를 작동시켜 이동할 수 있도록 한다. 코로나바이러스로 봉쇄조치가 내려졌을 때, 우리는 혼자 사는 노인들이 가족이나 친구들을 영상으로 만나며 안부를 확인하고 연락을 지속하는 데에 기술이 얼마나 유용하게 쓰였는지 목격한 바 있다.

그러나 돌봄 서비스의 물리적 측면을 기술로 대체할 수는 있어도 인간과 교감을 나누는 일은 기계로 해결할 수 없다. 더 많은 노인들이 집에서 자활하기 위해서는 고독의 문제를 해결하는 일이 무엇보다 중요하다. 이를 위해 일본에서는 눈길을 끄는 몇 가지 모델을 개발했다. 가령 지방자치단체들은 일종의 사교 모임으로 "살롱"을 조직했는데, 노인 세대는 이 모임에서 문화 활동, 교육, 운동 등에 참여할 기회를 얻는다. 여러 연구 논문에 따르면 살롱에 참여한 덕분에 장기 돌봄 서비스의 필요가 절반으로 감소했고, 치매 발생률은 3분의 1이나 줄어들었다고 한다.[30] 어린 학생들을 요양원으로 초대하거나 노인들을 학교로 초대하는 등 노인층과 유소년층이 함께 시간을 보내게 하는 실험은 두 세대에 모두 유익한 것으로 드러났다.[31]

존엄한 죽음

코로나바이러스가 대유행하면서 발생한 일 가운데 특히 비극적인 일은 가족과 함께 집에서 임종하기를 간절히 바랐을 사람들이 병원에서 쓸쓸히 죽음을 맞았다는 것이다. 병원에서 삶을 마감하는 것은 병상에 누운 환자로서 하루하루가 순전히 의료적 관점에서 다루어졌음을 의미하고, 이 경우 삶의 질과는 무관하게 무의미한 연명조치가 수반되었을 가능성이 크다.[32] 사회계약의 관점에서 볼 때 문제의 핵심은 비용 절감(만성질환을 앓고 있어 기대 수명이 짧은 사람들이 생애 마지막에 과중한 의료비를 지출하는 경향이 있다[33])이 아니라 존엄한 죽음을 맞이할 권리를 보장하는 일이다. 사람들의 대다수는 고통 없이 사랑하는 이들에게 둘러싸여서 죽음을 맞이하고 싶어한다. 실제로 많은 국가에서는 노인들이 병원이나 요양시설이 아니라 집에서 (필요하다면 호스피스의 도움을 받아) 죽음을 맞이하는 방향으로 정책을 선회하고 있다. 2000년부터 2015년까지 미국의 메디케어 가입자 가운데 병원에서 죽음을 맞이한 비율은 33퍼센트에서 20퍼센트로 감소했고, 가정이나 살던 곳으로 돌아가서 죽음을 맞이한 비율은 30퍼센트에서 40퍼센트로 증가했다.[34]

임종을 어떻게 맞이할지 사전에 분명하게 아는지 그렇지 않은지는 환자와 그 가족들의 복지에 크나큰 차이를 낳는다. 사전 연명의료 의향서 혹은 생전 유언으로 미리 자신의 뜻을 정확하게 밝히면, 가족들이 져야 할 의사결정의 부담이 덜어지고, 유족이 겪을 충격과 법적 분쟁도 최소화된다. 사전 연명의료 의향서를 작성한 이들은 그렇지 않은 이들보다 입원 비율이 낮고, 심리 상태가 건강하며, 돌봄의 질에 대한 만족도가 큰 경향이 있다. 그러나 이 모든 장점에도 불구하고 이를 작성한 성인은 소수에 불과하다.[35] 많은 나라에서 임종에 관한 대화를 꺼리는 경향이 있는데, 개인이 입원할 때에 의무적으로 사전 연명의료 의향서를 작성하게 만드는 등의 넛지 정책이 도움이 될 것이다. 이러한 정책을 어떻게 실현하든, 중요한 것은 고령화 사회에서 새로 작성할 사회계약에는 생애 말기 의료에 관해서도 다루어야 한다는 점이다.

고령화 비용

기하급수적으로 증가하리라로 추정되는 고령화 비용은 경각심을 불러일으킨다. 현재 추세로 미루어볼 때 의료보험과 연금 지출은 2100년까지 선진국의 경우 국내총생산의 25퍼센트를 차지하고, 개도국의 경우 16퍼센트를 차지할 것으로 추산된다.[36] 국민소득 4분의 1에 해당하는 고령화 비용으로 발생하는 부채와 과세 수준을 그대로 유지하는 일은 십중팔구 불가능하므로 고령화와 관련해서 새로운 사회계약이 필요하다. 만약 늦지 않게 합리적인 결정이 내려진다면, 노년 세대에 지속가능한 방식으로 인간다운 삶을 보장하는 일이 가능할 것이다. 앞에서 살펴보았듯이 이미 노인 인구가 많고 기존에 많은 혜택을 제공하고 있는 선진국일수록 이 문제를 해결하는 일이 가장 어려운 과제가 될 것이다. 아직 연금과 돌봄제도를 구축하는 과정에 있는 저소득 국가와 중위소득 국가들은 이를 선례 삼아서 노인층에 제공하는 복지 비용이 너무 커지기 전에 제도의 자동성과 지속가능성을 고려해야 한다.

정부가 노인 세대에게 재정안정성을 제공하기 위해서는 사람들의 근로 수명을 늘리고, 기대 수명에 비례해서 정년을 늘리고, 최저생활보장연금으로 사회안전망을 제공하며, 모든 노동자(전통적인 고용계약과 유연 고용계약)들이 사업장에서 퇴직연금제도에 의무적으로 가입하도록 하고, 보다 효과적으로 위험을 분담하는 일을 병행해야 한다. 부가가치세 등 소비세를 이용해 국고에서 제공하는 최저생활연금의 재정을 조달한다면 비용을 공평하게 분산할 수 있을 것이다. 반면 그렇지 않아도 감소하는 생산가능 인구에 추가로 근로소득세를 부과하는 대안은 새 일자리를 창출할 의욕을 저해하는 결과를 낳을 것이다.

고령 인구는 저금리와도 관련이 있는데, 이는 경제에 투자 수요가 약한데도 불구하고 은퇴를 대비해 저축하려는 인구가 증가하기 때문이다. 선진국, 특히 일본과 유럽에서는 고령화로 금리가 0.75−1.5퍼센트까지 감소했고, 투자 유인을 늘리는 정책 변화가 생기지 않는 한 저금리 기조가 지속될 가능성이 크다.[37] 금리가 낮으면 확정기여형 연금의 수익률이 감소하고, 확정급여형 연금의 지불 능력이 위협받는다. 반면 공공부채 비용은 줄어들기 때문에 정부가 대규모 공공투자 사업을 벌이는 데에 재정을 조달하기는 훨씬 쉽다. 가족은 노인을 돌보는 일에서 항상 중요한 역할을 맡겠지만, 국가는 돌봄노동을 제공하는 사람들을 지원할 책임이 있다. 일본은 장기 요양보험을 출시하면서 "가족 돌봄에서 사회 돌봄으로"라는 표어를 내걸었다.[38] 여러 국가들이 노인 돌봄 부문에 지출하는 비용은 제각각이다. 고령화가 급속하게 진행되는 일본에서는 GDP의 2퍼센트를 지출하고, 이탈리아에서는 약 0.5퍼센트를 지출하며, 각 가구가 개인적으로 비용을 지불하면서 비공식적으로 돌봄 서비스를 제공하는 오스트레일리아는 이보다 더 적게 지출한다.[39] 이 돌봄 비용을 어떻게 마련하고 지불해야 하는가? 돌봄 비용은 예측하기가 대단히 어려워서(이 사실은 나의 94세 할아버지도 경험하셨다), 국가를 통하든 민간시장을 통하든 보험으로 위험을 분담해야 한다는 견해가 주류를 이룬다.[40]

현실적으로 세 가지 모델이 존재한다. 첫째, 북유럽 국가들은 세금으로 재정을 확보하고 소득에 상관없이 누구에게나 돌봄 서비스를 보장하는 보편적 복지제도를 갖추었다. 둘째, 그 외 국가들은 돌봄 서비스 비용을 포괄적으로 보장하거나(네덜란드나 일본) 부분적으로 보장하는(한국과 독일) 사회보험 제도를 갖추고 있다. 가령 일본에서는 대다수 사람들이 방문 돌봄 서비스를 이용할 때 최대 월정액의 10퍼센트만 지불하는 반면, 고소득자는 20퍼센트를 지불한다. 세 번째 모델은 이탈리아가 대표적인데 돌봄 비용을 보장하기 위해서 국고에서 현금을 지급하는 형태이다. 영국과 미국 같은 경우는 빈곤층을 대상으로 현금을 지급하는 한편, 최부유층은 본인이 비용을 부담하도록 하고 있다. 개도국에서는 돌봄 비용을 국가에서 분담하려는 노력이 거의 없어서 비공식적인 방식, 곧 가족의 무급 돌봄 노동으로 비용을 치른다.

연금과 마찬가지로 장기요양 서비스 재정을 지속가능한 방법으로 조달하는 열쇠는 노인요양보험의 가입자 수를 늘리는 것이다. 가령 일본과 독일에서는 은퇴자뿐 아니라 근로자도 포함한 모든 사람이 노인요양보험에 의무적으로 가입하고 보험료를 내야만 한다. 민간 요양보험은 노년에 돌봄 서비스가 필요할 확률이 높다는 사실을 스스로 인지한 이들이 주로 가입하기 때문에 보험사로서는 수익성이 적은 편이고, 대다수의 사람들은 장기요양 비용에 관해서 근시안적인 태도를 보이는 까닭에 시장이 활발하게 작동하지 않는다. 독일이 처음으로 민간 요양보험을 의무화한 이후 일본이 그 뒤를 이어 40세 이상인 모든 사람을 대상으로 요양보험 가입을 의무화했다. 싱가포르는 민간 요양보험 가입을 기본값으로 정해두고 가입 예외를 따로 신청하도록 했다. 고령화가 진행되고 있는 많은 나라에서는 노인요양보험 의무 가입 제도를 고려해야 한다.

우리는 모두 과거보다 늘어난 노년기를 보내게 될 것이다. 이번 장에서 상상해본 새로운 사회계약은 일할 능력이 되는 사람에게 더 오래 일할 수 있도록 보장하고 그 대가로 노년에 더 많은 사회보장을 얻게 하자는 것, 그리고 가능한 한 오래 혼자서 자신의 집에서 살아갈 수 있는 시스템을 만들자는 것이다. 더는 독립적으로 생활하지 못하는 노인을 돌보는 책임은 지금까지 대부분 여성에게 떠맡겨졌지만, 이제는 모든 사회 구성원들이 이 책임을 분담해야 할 것이다. 노년 세대를 지원하는 일을 공동의 책무로 삼을 때 노후에 궁핍하고 불안정한 삶에 직면할 위험을 소거할 수 있다. 노년 세대는 우리를 키우고, 오늘날 우리가 생산적인 활동을 할 수 있는 기반시설과 제도를 구축한 사람들이다. 이것은 세대 간의 사회계약을 다시 쓰기 이전에 유념해야 할 중요한 사실이다.

제7장
세대 간의 사회계약

오늘날의 평균 수준에 해당하는 소득을 지금 벌고 싶은가, 아니면 중세로 돌아가서 벌고 싶은가? 한번 생각해보라. 그 소득이면 중세의 부유한 지주가 될 것이다. 그럼에도 이 질문을 하면 대부분의 사람들이 과거보다는 현재를 선택한다. 왜 그럴까? 의료 서비스와 사회적 자유에서부터 화장실과 휴대전화에 이르기까지, 평균 소득을 버는 사람조차 현대의 생활에서 얻을 수 있는 많은 혜택과 위안이 토지와 농노들을 소유함으로써 얻는 그 어떤 보상도 압도하기 때문이다. 이는 여러 세대를 거쳐서 우리가 이루어낸 사회계약이 성공적이라는 사실을 보여준다. 간단히 말해, 대다수가 그들의 먼 조상보다 훨씬 더 잘살고 있다는 것이다. 우리가 누리는 생활 수준과 기회를 결정짓는 가장 큰 요인은 우리가 태어난 시대(와 장소)라고 해도 무방하다.

사회는 오랜 세월에 걸쳐서 발전을 이룩했지만, 오늘날 많은 나라의 젊은이들이 자신들이 물려받을 세계에 분노하며 발전을 위해서는 불가피하게 선택한 것들이 있었다는 주장을 곧이곧대로 받아들이지 않는다. 이러한 분노에는 두 가지 측면이 있다.[1] 첫째, 일부 국가의 젊은 세대들은 베이비붐 세대제2차 세계대전 이후부터 1960년대 초 사이에 태어난 세대가 내린 여러 결정들로 인해서 감당하기 어려운 교육비와 치솟는 주거비, 불안정한 소득이라는 미래를 직면하게 되었다며 분개하고 있다. 다시 말해, 그들은 현재 세대들 사이에서 자원과 기회가 분배되는 방식에 만족하지 못한다. 둘째, 젊은이들은 지난 세기에 내려진 결정들이 지구의 미래에 미칠 영향들도 걱정한다. 이것은 지금까지 살아온 사람들과 아직 태어나지 않은 사람들을 포함해 장차 미래에 살아갈 사람들 사이의 자원과 기회의 분배에 관한 문제이다. 현재와 미래의 삶에 대한 불만족은 사회계약을 통해서 조정된다.

가족의 경계 안에서는 세대 간의 사회계약을 이해하기가 쉽다. 부모는 자녀에게 행복하게 살 수 있는 능력과 수단을 주고 싶어하고, 자녀는 부모가 노년을 안락하게 보내기를 원한다. 부모는 할 수만 있다면 자식에게 무한한 가능성을 제공하는 유산을 남기고 싶어한다. 한편 자녀들은 노년에 부모를 돌보며 돕고자 할 것이다. 자식들에게 빚을 물려주고 싶어하는 부모는 없다. 부모의 빚을 자식에게 갚도록 만드는 관행은 고대 메소포타미아와 중세 영국 같은 나라에 존재했으나 이제는 전 세계적으로 금지되었다.[2]

사회적 차원에서 세대 간의 사회계약은 훨씬 복잡하다. 우리가 미래 세대에 남기게 될 유산은 매우 광범위하다. 인간의 지식과 문화, 발명, 기반시설, 제도, 자연 환경 등이다. 현재 세대나 미래 세대는 과거에 교육에 투자하고, 업무 능력을 개발하고, 창업하여 부를 창출하고, 때로는 독립과 자유를 쟁취하기 위해서 전쟁을 치렀던 선조들의 노고에 큰 빚을 지고 있다. 우리 역시 직접 만나지는 못할 미래 세대에게 어떤 의무를 지고 있다는 사실을 인정할 것이다. 각 세대는 최소한 자신만큼 잘살거나 혹은 자신보다 더 잘살 수 있는 세상을 다음 세대에 물려주어야 한다는 데에 모두 동의할 것이다.

이번 장에서는 사회계약이 생활 수준, 부채, 자연 환경 측면에서 얼마나 잘 작동하는지, 그리고 현재 세대들 간에 벌어지고 있는 격차를 메우고, 앞으로 태어날 세대들에게 우리의 의무를 다하려면 무엇을 바꿔야 하는지 살펴보자.

생활 수준 :
세대와 국가 간의 차이

브라질, 중국, 인도, 남아프리카 같은 신흥시장에서는 다음 세대가 그들의 부모 세대보다 훨씬 잘살 것이라고 대다수가 생각한다(그림 14). 이와 대조적으로 프랑스, 독일, 이탈리아, 한국, 영국 같은 부유한 나라들에서는 다음 세대가 부모 세대보다 못살 것이라고 대다수가 믿는다.

개도국들은 경제성장률이 더 높고, 아직 기술적으로 따라잡아야 청년 세대의 삶이 부모의 삶보다 나아질까에 대한 국가별 답변. 오늘날 청년들이 누릴 삶은 부모 세대와 비교해서 좋아질까 혹은 나빠질까? 아니면 변화가 없을까?

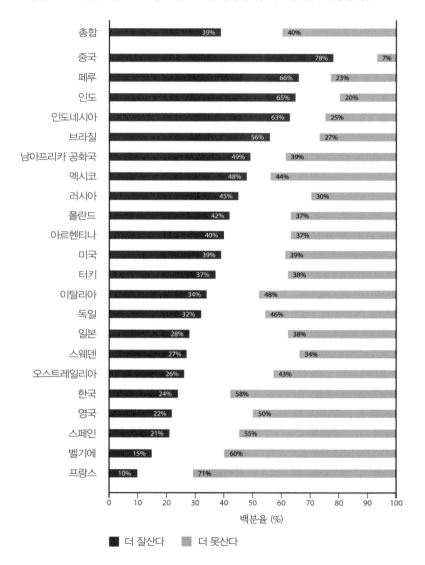

총합 39% 40%
중국 78% 7%
페루 66% 23%
인도 65% 20%
인도네시아 63% 25%
브라질 56% 27%
남아프리카 공화국 49% 39%
멕시코 48% 44%
러시아 45% 30%
폴란드 42% 37%
아르헨티나 40% 37%
미국 39% 39%
터키 37% 38%
이탈리아 34% 48%
독일 32% 46%
일본 28% 38%
스웨덴 27% 34%
오스트레일리아 26% 43%
한국 24% 58%
영국 22% 50%
스페인 21% 55%
벨기에 15% 60%
프랑스 10% 71%

백분율 (%)

■ 더 잘산다　■ 더 못산다

그림 14 청년 세대의 삶은 부모 세대보다 더 좋아질까 아니면 더 나빠질까?

할 것들이 많으며, 인구가 여전히 젊은 편이어서 인구 배당 효과인구의 대다수가 생산가능 인구일 때 경제성장률이 높아지는 효과를 누릴 수 있다. 청년 세대가 실제로 부모 세대보다 더 잘살 것이라고 기대할 만한 근거가 있는 것이다. 하지만 선진국에서는 청년 세대의 미래에 대한 전망이 정반대이다. 베이비붐 세대는 수십 년간 지속된 경제성장 아래 여러 복지 혜택을 제공하는 안정된 직장에 다니며 대폭 향상된 수준의 의료 및 복지 혜택을 누렸다. 이에 비해서 X세대1966~1980년에 태어난 사람들와 밀레니엄 세대1981~2000년에 태어난 사람들가 직면한 세상은 제5장에서 서술했듯이 훨씬 유연한 고용계약과 불안정 노동, 치솟는 집값, 그리고 2008년 금융위기 이후 많은 국가에서 실시한 긴축 재정 정책으로 인한 복지 부문의 지출 감소를 특징으로 한다. 많은 청년들이 20대에 이미 학자금 대출과 신용카드로 많은 빚을 진 탓에 가정을 꾸리거나 주택담보 대출을 받는 데에 어려움을 겪는다. 한편 Z세대2000년 이후에 태어난 사람들는 기후위기와 관련한 환경 시위에 앞장서고 있다. 앞선 세대가 경험했던 안정된 삶과 소득의 증가는 이제 정체되었고, 일부 국가에서는 소득이 되레 감소했다. 빈곤의 위험이 이제 노년층에서 청년층으로 옮겨가고 있다.[3]

많은 선진국에서 청년층의 미래를 비관적으로 전망하는 것은 대략적인 경제 동향에 근거한 판단이 아니라 일상에서 체험할 수 있는 사실들에 기초한 판단이다. 거의 모든 선진국에서 밀레니엄 세대와 X세대는 부모 세대가 그들과 같은 나이일 때에 벌었던 실질소득보다 많이 벌지 못하며, 그보다 훨씬 이른 나이에 더 많은 빚을 지고 있다.[4] 그리스, 이탈리아, 스페인처럼 유럽 재정위기로 큰 타격을 입은 국가들과 영국의 경우 청년층의 미래는 특히 암울하다. 북유럽 국가들만은 예외인데, 이들 국가의 청년층은 더 높은 실질소득과 더 나은 생활 수준을 물려받을 것으로 보인다.

국가 부채 :
다음 세대가 물려받는 유산

부모가 자녀에게 빚을 물려주지 않아도 사회가 젊은 세대에게 국가 부채를 물려주기도 한다. 이 부채는 미래 세대가 낸 세금으로 청산될 것이다.[5] 고학력 노동자, 신기술, 더 나은 기반시설 등 새로운 생산 능력을 얻는 데에 재정을 조달하느라 빚을 진 경우에는 그러한 투자로 더 많은 소득을 얻어서 수월하게 부채를 상환할 수 있겠지만, 비용이 많이 들고 투자 수익률이 낮아 지속가능하지 않은 애물단지 사업에 재정을 조달하느라 빚을 진 경우에는 미래 세대가 또다른 짐을 짊어지게 된다.

2008년 금융위기 이후 대규모 불황의 충격을 완화하는 과정에서 많은 선진국들의 부채가 대폭 늘어났다. 공공부채의 규모는 GDP의 약 50퍼센트부터 90퍼센트까지 국가마다 다양하고, 일본과 이탈리아처럼 GDP의 100퍼센트를 한참 넘어선 국가들도 있다. 한편, 개도국 중에는 저금리를 이용해 세계 금융시장에서 돈을 빌린 국가들이 많다. 저금리 세계에서 고수익을 올리기를 열망하는 투자자들이 아프리카, 아시아, 라틴 아메리카 지역의 많은 국가들에 기꺼이 돈을 빌려주었고, 그 결과 그런 나라들은 전보다 좋은 조건으로 더 많은 돈을 빌릴 수 있었다.

코로나바이러스가 유행하자 사람들은 미래 세대가 짊어질 이 막대한 부채의 무게에 대해서 생각하기 시작했다. 코로나 사태의 결과 선진국에서도 개도국에서도 인류 역사상, 심지어 제2차 세계대전 이후부터 살펴도 유례가 없는 수준으로 부채가 증가했다. 선진국들은 코로나 대유행이 경제에 미치는 피해를 견디기 위해서 엄청난 양의 자금을 빌렸는데, 현재로서는 금리가 낮기 때문에 그만한 부채의 이자를 지불하는 일이 가능해 보인다. 반면 개도국들은 애초에 아주 많은 돈을 빌릴 능력이 되지 않았다. 일부 저소득 국가들이 빚을 갚지 않고 국가 부도를 선언해 빚을 탕감받는 혜택을 보기도 했지만, 현재의 정세는 매우 심각하다(그림 15). 일본, 이탈리아, 그리스, 베네수엘라, 레바논 같은 국가들은 그들의 경제 규모보다 2배나 더 많은 부채를 졌다. 이들 국가의 청년들은 정부가 진 빚을 미래의 소득으로 지불하게 될 것이다.

문제는 이 부채를 미래 세대가 어떻게 갚느냐는 점이다. 이전에 많은 부채를 졌을 때, 각국은 경제학자들이 금융억압이라고 부르는 세 가지 전략을 펴서 빚을 상환했다. 첫째는 빠른 경제성장이었고, 둘째는 높은 수준의 세율 인상이나 공공 부문의 지출 삭감을 통한 긴축재정이었으며, 마지막은 인위적인 금리 인하와 더 높은 인플레이션을 허용하는 전략이었다. 후자의 전략은 저축하는 사람들과 민간 부문

GDP에서 부채가 차지하는 비율

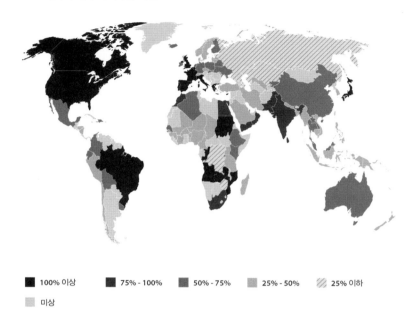

■ 100% 이상　　■ 75% - 100%　　■ 50% - 75%　　■ 25% - 50%　　▨ 25% 이하
■ 미상

그림 15 많은 나라에서 부채 수준이 높다

에 피해를 입히는 전략으로, 채무자들과 정부가 져야 할 부담을 줄이기 위해서 다른 모든 사람들이 강도 높은 인플레이션 상황을 겪도록 만드는 것이다.

　세 가지 전략 가운데에서는 빠른 경제성장이 가장 매력적인 방법이지만, 이를 실현하는 일은 쉽지 않다. IMF에서 일할 당시 각 나라가 빚을 상환할 수 있는지를 평가하는 작업에 특히 오랜 시간이 걸렸던 기억이 있다. 우리는 경제성장률에 아주 작은 변화(0.5퍼센트)만 생겨도 복리의 위력 때문에 부채 지속가능성debt sustainability에 엄청난 영향이 미친다는 사실을 발견했다. 교육에 더 투자하고, 여성들이 노동 시장에 진출하게 하고, 근로 수명을 연장하는 등 이 책에 요약한 여러 정책들은 미래의 성장률과 생산성을 향상시키는 데에 도움이 되기 때문에, 이러한 정책들을 시행하면 미래 세대가 국가 부채를 짊어지는 일이 좀더 가능해질 것이다.

긴축 재정 혹은 인위적 인플레이션을 통해서 부채를 줄이려는 전략에는 이점이 별로 없다. 코로나바이러스의 대유행 이후 대부분의 정부는 이번 사태로 드러난 불평등 문제를 다루고, 특히 보건의료 서비스 부문에 지출을 크게 늘려야 하는 압박을 받을 것이다. 금융억압 정책은 글로벌 금융시장에서는 구현하기가 훨씬 어렵다. 그래도 한 가지 희망은 금리가 낮게 유지될 전망이기 때문에 부채의 이자를 갚는 일이 좀더 실현 가능하리라는 점이다. 따라서 지금 당장 우리는 높은 부채를 감당할 수 있을 것이다. 하지만 이것은 미래 세대에게 현명하게 투자해서 그들이 장차 높은 소득을 벌며 일할 수 있도록 지원할 때에만 가능한 일이다. 그리고 그렇게 되어야만 미래 세대가 부채를 청산할 수 있다.

자연 환경

경제학자들은 한 국가의 생산 능력이나 부를 결정짓는 다른 종류의 "자본"의 관점에서도 각 세대가 물려받은 유산을 고려한다. 이들 자본은 인적 자본(교육받은 사람들, 그들이 구축한 제도와 사회구조)과 생산 자본(기술, 기계, 기반시설), 자연 자본(토지, 기후, 생물다양성) 세 가지이다. 인적 자본과 생산 자본은 종종 가역적이지만(시간이 지나서 생각이 바뀌면 투자를 줄일 수도 늘릴 수도 있다), 자연 자본에 발생한 변화는 불가역적일 때가 많다. 일단 한 종이 소멸하거나 빙하가 녹는다면 그것을 되돌리기는 불가능할 것이기 때문에 자연 자본을 소모할 때에는 상호의존적인 생태계에 미치는 영향과 멸종의 위험에 주의해야 한다.

기후 문제의 경우에도 우리는 과거에 우리가 물려받았을 때보다 더 뜨거워진 지구를 다음 세대에 물려주게 되었다는 사실을 인지하고 있다. 과학자들은 인간의 활동으로 지구의 온도가 산업화 전보다 약 1도가량 더 올랐다고 추정한다.[6] 이렇게 오른 온도는 장차 수세기에 걸쳐서 유지될 것이다. 이것이 지구의 미래와 관련해서 무엇을 의미하는지는 대단히 불분명하지만, 온도가 더 높아져서 지금보다 훨씬 심각한 영향을 미칠 가능성도 무시할 수 없다. 우리가 아는 것은 폭풍, 홍수, 가뭄, 사막화, 해양 산성화, 해수면 상승의 형태로 전 세계의 물을 통해서 기후 변화를 느낄 수 있다는 점이다. 이 모든 것이 자연과 인간의 안녕에 영향을 미친다.

우리가 후손에게 물려줄 세계는 생물다양성도 덜할 것이다. 다양한 생물들이 역사상 유례를 찾아보기 힘들 정도로 빠르게 사라지고 있다. 생물 멸종률이 지난 수백만 년 동안 유지되었던 평균치를 훌쩍 뛰어넘어 적게는 100배에서 많게는 1,000배까지 증가했다. 지난 40년 동안 포유류, 조류, 어류, 파충류, 양서류의 개체 수가 평균 60퍼센트

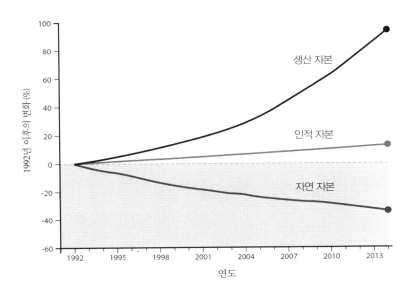

그림 16　전 세계가 물려받은 생산 자본과 인적 자본, 그리고 자연 자본

나 감소했다. 동식물 약 100만 종이 멸종위기에 처해 있다.[7]

　세대를 걸쳐 전달된 자본이나 부가 어떻게 관리되었는지 경제적 관점에서 어떻게 분석할 수 있을까? 이 질문에 답하는 한 가지 방법은 미래 세대에 우리가 얼마나 많은 자본을 물려주고, 그 자본이 시간이 지나면서 얼마나 증가하는지를 측정하는 것이다. 그림 16은 실제로 1992년부터 2014년까지 140개국에 걸쳐 세대 간에 자본이 어떻게 전달되고 관리되었는지 보여준다.[8] 이 그림을 보면 미래에 각 개인은 2배로 늘어난 생산 자본과 13퍼센트가 증가한 인적 자본을 물려받게 되는 반면, 자연 자본은 40퍼센트나 줄어들 것으로 전망된다. 이런 유형의 상속이 미래 세대에 더 나은 세상을 물려주는 것일까?

세계 각국의 청년들을 보면 그들은 이러한 유산에 만족하지 못하는 듯하다. 2019년 9월 20일에 런던에서 환경 시위를 하던 한 학생이 들고 있던 팻말에는 "당신은 늙어서 죽을 테지만, 우리는 기후 변화 때문에 죽을 것이다"라고 적혀 있었다. 환경 파괴에 대한 조치를 요구하는 시위는 전 세계 150여 개국에서 2,500여 건 발생했다. 시위대의 대부분은 젊은이들이었는데 이들은 수업에 결석하면서 시위에 참여했고, 일부는 스웨덴의 그레타 툰베리가 시작한 "미래를 위한 금요일 Fridays for Future" 동맹휴학 운동의 일환으로 매주 수업을 빠지고 있었다. 이는 미래가 기성세대에 의해서 망가지고 있다는 젊은이들의 믿음을 가장 확연하게 보여준 사례일 것이다. 하지만 기성세대에 대한 이 비판은 과연 정당한가?

이 질문에 순전히 경제적 관점에서만 답해보자. 우리는 자연 환경을 고갈시킨 대가로 충분한 인적 자본과 생산 자본을 미래 세대에 제공했는가? 혹은 우리가 자연 자본에 대한 투자를 소홀히 하고 인적 자본과 생산 자본에 지나치게 투자한 것인가? 여기에서 경제학자들이 맞닥뜨리는 문제는 환경의 가치가 대부분 시장 가격에 반영되지 않는다는 점에서 기인한다. 많은 나라에서 사람들이 강을 오염시키고, 산림을 파괴하고, 거의 아무 비용도 치르지 않고 엄청난 양의 탄소를 배출한다. 이렇듯 환경에 대한 투자가 낮은 경향을 보이는 이유는 환경에 대한 투자 수익률이 시장 중심의 계산서에 포함되지 않기 때문이다. 그렇다면 어떤 방법으로 자연 자본에 대한 투자 수익률을 측정할 것인가?

환경에 관해서 활발하게 연구한 경제학자 파르타 다스굽타는 이 문제를 파고들었다. 그는 지구가 매년 생산하는 바이오매스biomass의 양을 주식과 비교하는 방법으로 자연 자본의 투자 수익률을 추정했다.[9] 그가 추산한 자연 자본의 투자 수익률은 연간 약 19퍼센트였는데, 이것은 주택과 기업 주식과 같은 생산 자본의 투자 수익률이 5퍼센트인 데에 비하면 훨씬 높은 수치였다. 이 계산에 따르면 세계는 생산 자본에 지나치게 많이 투자했고, 자연이 사회에 얼마나 가치가 있는지 제대로 측정하지 않은 탓에 그보다 투자수익률이 훨씬 높은 자연 자본에는 충분히 투자하지 못했다. 다스굽타는 환경에 투자하면 다른 상품의 투자 수익률의 변동성과 불확실성까지 줄어든다고 주장했다. 가령 뒤영벌의 종을 늘리는 일은 뒤영벌의 멸종 위험을 분산시킬 뿐 아니라 우리 생태계를 위한 일종의 보험이 된다.

세대 간의 사회계약에 대해서 전반적으로 평가하면 우리는 스스로가 지식, 기술, 기반시설, 제도의 형태로 방대한 인적 자본과 물질적 부를 미래 세대에 남겨주었다는 결론에 도달할 것이다. 하지만 자연환경을 파괴하여 기후와 생물다양성에 심각한 결과를 초래한 것도 사실이다. 선진국에서도 생활 수준의 향상 속도가 둔화되었고, 이전 세대가 경험했던 종류의 성장을 미래 세대가 경험하지 못하리라는 징후들이 나타나고 있다. 비록 코로나바이러스 대유행과 고령화 사회에 대처하기 위함이지만 모든 국가에서 부채가 증가하고 있으며, 이 부채는 미래 세대의 어깨를 짓누를 것이다. 세대 간에 더 지속가능한 사회계약은 어떤 모습일까?

세대 간에 지속가능성을 정의하기

현재 세대와 미래 세대 간의 지속가능한 사회계약에 대해서는 많은 이들이 정의를 해왔다. 전 세계적으로 지속가능한 개발을 장려하기 위해서 UN이 1987년에 구성한 브룬틀란 위원회는 지속가능한 사회계약을 가리켜 "미래 세대가 그들의 필요를 충족하는 데에 필요한 여건을 훼손하지 않는 방식으로 발전을 이루고 현재의 필요를 충족하는 것"이라고 정의했다.[10] 4년 뒤 경제학자 로버트 솔로는 "지속가능성이란 우리의 후계자들을 빈곤하게 만들어가며 자신의 욕구를 충족하지 말라는 명령"이라고 말했다.[11] 현재 세대와 미래 세대의 복지가 걸린 문제이기 때문에, 우리는 현재의 소비와 다음 세대를 위한 대비 및 투자 사이에서 각각의 장단점을 살펴야 한다. 문제는 오늘날의 시장이나 정치체제에 미래 세대를 대변하는 사람들이 없고, 그들의 이익을 사회계약에 보장하기 위한 협상에 당사자가 참여할 수 없다는 점이다.

그렇다면 사회계약은 아직 태어나지 않은 사람들을 어떻게 고려해야 하는가? 도덕철학자들은 흔히 오늘날 살아 있는 사람들의 복지를 고려하는 것과 동일한 무게로 미래 세대의 복지를 고려해야 하며, 그렇게 하지 않으면 생일을 기준으로 사람을 차별하는 행위라고 주장한다. 경제학자들은 일반적으로 철학자들과는 다른 견해를 보인다. 이들은 어떤 정책의 비용과 편익을 평가할 때에 현재 세대에 비해서 미래 세대에 비중을 더 적게 두는 경향이 있다. 경제학 언어로 표현하자면 오늘날 살아 있는 사람들의 소득에 비해서 미래 세대의 소득은 평가절하하고(가치를 줄이고), 따라서 미래의 편익은 오늘날의 편익보다 덜 중요한 요소로 고려한다.[12]

이렇듯 현재 가치를 더 중시하며 사회적 할인율의 적용을 옹호하는 이들은 미래 세대가 우리가 상상하지도 못할 많은 기술의 혜택을 누리며 우리보다 더 잘살 것이라고 주장한다. 이것은 실제로 수천 년의 인류 역사에서 사실로 밝혀진 바와 같기도 하다. 또한 사회적 할인율 옹호론자들은 오늘날 수많은 빈민들이 존재하며, 아직 존재하지도 않는 사람들의 복지를 위해서 이들에게 희생을 요구할 수 없다고 주장한다. 한편 반대론자들은 사회적 할인율 적용이 미래 세대의 선택지(심지어 생존권까지)를 너무 많이 제약하며, 현재 세대의 선택으로 상실될 것들 중에는 대체하거나 되돌리지 못하는 것들이 있고, 의사결정을 내릴 때에는 먼 미래까지 반드시 고려해야 할 위험과 불확실성이 많다고 주장한다.

미래 세대의 소득에 대한 평가절하가 지루하고 난해한 경제 논리처럼 들릴지 모르나, 이것은 기후 변화에 대응하는 조치의 긴급성을 판단하는 중요한 문제이다.[13] 사회적 할인율에 관한 논쟁을 마시멜로, 잼, 수영장을 이용한 사례들로 설명해보겠다.

1972년 스탠퍼드 대학교에서는 한 실험을 실행하면서 아이들을 마시멜로 1개와 함께 방에 홀로 둔 뒤에 15분 동안 그것을 먹지 않고 참으면 마시멜로를 2개 얻을 수 있다고 설명했다.[14] 3-5세의 아이들은 가만히 있지 못하고 유혹을 피하기 위해서 눈을 가리고 주의를 돌리고자 노력했다. 나중에 밝혀진 바에 따르면, 마시멜로를 먹고자 하는 욕구를 억누르는 데에 성공한 아이들은 이후에 학교 시험 성적도 높았다. 여기에서 즉각적인 욕구를 충족시키기보다 미래의 소비를 더 가치 있게 평가한 아이들은 마시멜로를 먹어치운 아이들보다 미래 편익에 할인율을 낮게 적용했다고 볼 수 있다. 이 실험의 교훈은 수익률이 높은 데에 투자하기 위해서 절제할 줄 아는 사람이 결국에는 더 잘산다는 것이다. 15분만 참으면 마시멜로를 2배로 소비하거나, 혹은 교육이나 기반시설에 투자하면 미래 세대가 더 잘살게 되는 경우 특히 그렇다.

이제 잼 이야기를 해보자. 1871년 루이스 캐럴의 저서 『거울 나라의 엘리스*Through the Looking-Glass*』에서 흰 여왕은 엘리스에게 "이틀에 한 번씩 잼"을 주겠노라 약속하지만, 이는 "어제 잼과 내일 잼은 되어도 오늘 잼은 안 되는 것이 규칙"이기 때문에 공허한 약속이 된다.[15] 20세기의 위대한 경제학자 존 메이너드 케인스는 이 이야기를 예시로 들면서 미래에 너무 집착하는 것은 위험하다고 설명했다. "'목표 지향적' 인간은 항상 미래에 관심을 두면서 그럴싸하지만 신기루에 불과한 목표를 내세우고 자신의 행동을 정당화한다. 그는 자신의 고양이는 사랑하지 않지만, 그 고양이가 낳을 아기 고양이는 사랑한다. 아니 사실은 아기 고양이도 사랑하지 않고, 아기 고양이가 낳을 손주 고양이, 아니 그 뒤로 끝없이 이어질 후손의 후손 고양이를 사랑할 뿐이다. 그에게 잼은 내일의 잼인 경우에만 잼일 수 있으며 오늘의 잼은 결코 잼이 아니다."[16]

여기에서 교훈은 당장 필요한 것들이 있는 궁핍한 사람들에게 오늘 무엇인가를 희생하라고 요구하는 일은 근본적으로 경제의 목표와 상충한다는 것이다. 경제의 목표는 모든 사람이 충분히 인간다운 생활을 유지하도록 만드는 것이다. 케인스는 과도한 저축이 경기 침체를 불러올 수 있고, 때로는 당장 더 많이 소비하는 일이 경제위기를 피하는 최선의 길이라고 주장했다.

마지막으로 수영장 이야기를 해보자. 1992년에 나는 세계은행이 발표한 환경보고서를 연구하며 수영장이 호수의 대체재가 될 수 있는지를 두고 사람들과 토론했다. 분명히 수영장은 야생동물을 위한 생태계나 경계선, 혹은 담수를 저장할 공간 같은 다른 재화는 제공하지 못하지만, 호수가 제공하는 일부 재화(수영과 오락을 위한 장소)를 제공한다. 다시 말해, 어떤 상품들은 쉽게 대체할 수 있다. 가령 세계의 구리를 모두 소진하더라도 아주 유사한 속성을 지닌 다른 물질들이 있기 때문에 그것을 구리 대신 사용할 수 있다. 그러나 쉽게 대체하지 못하는 상품들도 있고, 혹은 내재된 가치 때문에 보존하고 싶은 것들도 있다. 이럴 경우 계산서가 달라질 것이다. 여기에서 교훈은 우리가 물려받은 것과 정확히 동일한 유산을 다음 세대에 물려주는 일이 아니라 비슷한 수준의 기회를 물려주는 일을 목표로 삼아야 한다는 것이다.

마시멜로와 잼, 수영장 이야기에서 어떤 결론을 도출할 수 있을까? 역사는 설령 미래 세대의 복지가 현재 세대의 복지보다 가치가 덜하다고 주장하는 것(경제학자들이 순수 시간 할인율이라고 부르는 것)

이 옳지 않을지라도(공정한 사회계약이라면 우리가 사는 시대를 기준으로 다음 세대를 차별해서는 안 된다), 미래 세대가 더 부유해질 가능성이 크다는 생각에 근거해서 할인율을 높게 적용하는 편이 타당하다고 이야기한다. 그럼에도 현재의 욕구 충족을 뒤로 미루고 환경을 보호하기 위한 녹색기술처럼 수익률이 높은 분야에 투자하는 것은 내일의 마시멜로를 갑절로 늘리는 일이기 때문에 일리가 있는 투자이다. 이와 동시에 당장 먹지 않으면 굶주릴 사람들이 있다면, 일부 잼은 오늘 먹을 수 있어야 한다. 우리는 동시대의 사람들은 물론 다른 시대의 사람들도 복지를 누릴 수 있도록 기회의 평등을 추구해야 하지만, 어떤 재화와 서비스가 다른 재화와 서비스로 대체될 수 있다는 사실을 믿는다면 기회의 내용이 다를 수 있음은 인정해야 한다. 요컨대, 일부 잼은 오늘 먹어야 하며, 마시멜로의 소비는 내일을 위해서 뒤로 미뤄야 하고, 수영장이 대체할 수 있는 재화에는 한계가 있음을 인정해야 한다.

물론 가장 큰 문제는 미래 세대가 어떤 기회를 열망하는지 또 그들이 어떤 기술을 이용하게 될지 모르기 때문에 지금 그들을 위해서 우리가 내리는 결정들이 불확실성으로 가득하다는 점이다. 이것은 피할 수 없는 일이다. 그러한 상황에서는 여러 가지 가능한 미래를 감안해서 실속 있는 선택을 하되 선택의 여지를 남겨두는 것이 최선이다.[17] 가령 미래의 기술적 진보나 파국적 사건들과 관련한 위험 요소들에 대해서 여러 가지 시나리오를 세우고 각 시나리오의 관점에서 의사결정의 타당성을 시험해볼 수 있다. 이 신중한 접근법은 필요한 정보를 모두 갖추고 있지 못하고, 미래 세대의 선호와 발생 가능한 여러 결과들에 대한 지식이 부족하며, 되돌리지 못할 손실을 초래하는 일만은 피하고 싶을 때에 적합하다.

어디에 한계를 그을지는 어느 정도 현재의 여건에 따라서 좌우된다. 가령 다음과 같은 질문을 생각해보자. 오늘날 많은 사람들이 여전히 빈곤 속에 살아가는데 미래 세대를 위해서 현재 세대에게 희생하라고 요구하는 일은 정당한가? 많은 개도국들은 선진국들이 과거에 환경을 파괴한 덕분에 부를 축적했으니 환경 문제를 해결할 책임은 부유한 국가들에게 있다는 입장을 취하고 있다. 이처럼 오늘날 가난한 국가들의 필요가 긴급하며 당장 해결되어야 하는 것도 맞지만, 그들에게도 기후위기에 대한 대응을 회피할 명분이 없는 것도 사실이다. 해답은 각 국가가 지닌 부와 환경 파괴에 대한 상대적 기여도를 고려해서 기후위기 대응의 짐을 공평하게 나눠 질 방법을 찾는 데에 있다.[18] 기후 변화와 관련한 협상의 핵심은 공평하게 짐을 분담하는 것이고, 효율적인 해결책들은 더 적은 비용으로 탄소 배출량을 줄이기 위해서 부유한 국가의 재원을 가난한 국가로 이전하는 정책을 포함한다.[19]

자연 환경의 복구

증조부모가 과거에서 현재로 시간 여행을 해서 당신을 만난다고 상상해보자. 대부분의 경우 그들은 후손에게 좋은 유산을 남겼다고 확신할 것이다. 우리는 그들의 상상 이상으로 물질적 부를 누리고 있으며, 기아와 빈곤의 위험을 안고 살아가는 사람들의 수도 과거에 비하면 훨씬 적다. 정보에 접근하거나 교육을 받을 기회가 전례 없이 많고, 대부분의 사람들이 누리는 정치적, 사회적 자유는 증조부모의 부러움을 살 만하다. 증조부모는 전쟁으로 잃은 목숨들, 파괴된 산림과 멸종한 동식물들, 그리고 기후와 관련한 위험들을 유감스럽게 여길 테지만, 자신들이 물려받은 것보다 훨씬 나은 세계를 우리에게 물려주었다고 생각할 것이다.

만약 우리가 현재에서 미래로 시간 여행을 떠나서 증손자를 만나게 된다면, 우리는 어떤 말을 할까? 교육과 물질적 자본 관점에서 우리는 계속 투자해왔고, 특히 개도국의 경우에는 그 투자로 얻은 이익이 매우 컸다. 하지만 자연 자본에 대한 투자는 부족했고, 특히 선진국들은 전 세계적으로 너무 많은 자연 자본을 고갈시켰다. 이 고갈된 자원의 일부는 미래 세대를 더 잘살게 해줄 신기술과 역량으로 보상할 수 있을 것이다. 하지만 지구에 불가역적 손실을 입힐 수 있는 임계점에 다다른 상황에서는 손실된 자연 자본의 일부를 되돌려놓아야만 미래 세대의 복지를 보장할 수 있을 것이다. 오늘날 많은 청년들이 이런 생각에 공감하며 환경 시위에 나서고 있다.

우리가 자연에 저지른 잘못을 바로잡아야 한다는 사실은 분명하다. 먼저, 우리는 히포크라테스 선서대로 해를 끼치지 말아야 한다. 이 경우에는 이미 해를 끼쳤으니 "더 이상" 해를 끼치지 말아야 할 것이다. 현재 전 세계 각국에서 농업, 어업을 활성화하고 수자원 및 화

석연료를 얻기 위해서 환경을 훼손하는 활동을 적극 장려하며 지원하는 보조금의 규모는 매년 약 4조-6조 달러이다.[20] 이러한 보조금은 자연을 마음대로 고갈시켜도 되는 것은 물론, 그러한 행위를 저지르도록 납세자들이 세금을 납부하고 있음을 의미한다! 둘째, 우리는 나무 심기 등과 같이 생태계의 회복과 보존에 더 많이 투자해야 한다.[21] 현재 자연 환경 보존 사업에 투입되는 공공투자와 민간투자의 규모는 약 910억 달러인데, 이는 환경을 훼손하는 데에 지출되는 보조금의 0.02퍼센트에도 미치지 못한다.[22] 다른 용도의 보조금들을 삭감하고 저축한 돈으로 자연 환경 보존 사업에 지출하는 비용을 50배 늘리더라도 여전히 저축한 돈의 99퍼센트가 남을 것이다.

세 번째 단계는 자연 환경의 가치를 제대로 평가하는 것이다. 시장 가격이 환경 서비스의 진정한 가치를 반영하지 못하고 있는 곳에서 그것을 반영할 수 있는 다른 방도를 찾아 추정치와 의사결정에 정확하게 반영해야만 한다. 지금은 환경에 미치는 영향들을 측정하고, 그것들을 국가 예산에 적절히 반영할 좋은 방법들이 있다.[23] 자연 환경을 제대로 평가하고 적절한 가격을 책정하지 못한다면, 시장은 자연 자원의 과도한 고갈을 부추길 것이다. 기업은 (노동처럼) 대가를 지불해야 하는 요소들을 절약하는 기술을 창조하는 한편, 공기의 질이 나빠지고 교통이 혼잡해지고 다양한 서식지가 망가지는 등 자신들이 대가를 지불하지 않아도 되는 것들은 남용하는 경향을 보인다. 마찬가지로, 우리가 성공의 척도로 GDP에만 집중하고 복지와 전체 인구의 역량 같은 더 포괄적인 척도를 사용하지 않는다면 잘못된 길로 들어설 수 있다.

자연 환경을 제대로 평가하기 위해서는 자연이 제공하는 모든 서비스를 고려해야 한다. 고래의 역할을 생각해보자. 고래는 매우 인상적인 동물이며 해양 생태계에서 아주 중요한 역할을 담당하는데, 특히 엄청난 양의 탄소를 흡수한다. IMF에서 이것을 경제적 가치로 환산한 결과, 살아 있는 고래 한 마리는 200만 달러의 탄소 제거 서비스를 제공하고 있다고 추정되었다(둥근귀코끼리 한 마리는 176만 달러의 가치가 있다).[24] 전 세계적으로 고래의 수효를 회복하면, 탄소량을 줄이기 위해서 20억 그루의 나무를 심는 것과 동일한 효과를 얻을 수 있다. 자연은 세계 최고의 탄소 포집 기술을 지녔으며, 이와 같은 자연의 서비스를 추정치에 포함시킨다면 우리는 미래를 위한 투자를 좀더 잘 하게 될 것이다.

웨일스 지역은 자연 환경의 가치를 고려하기 위해서 흥미로운 접근법을 개발했다. 세계 최초로 "미래 세대 위원회Minister for Future Generations"를 신설한 것이다.[25] 이 위원회는 운송, 에너지, 교육 같은 분야의 정부 정책을 감시하고 그 정책들이 아직 태어나지 않은 세대의 이익을 반영하도록 만드는 임무를 맡고 있다. 가령 이들은 장차 생물다양성에 미칠 영향과 미래 세대가 떠안을 공공부채를 고려하여 뉴포트 시의 우회도로 사업안에 반대 의견을 표명했다. 비록 정책 결정을 뒤집지는 못하지만, 미래 세대 위원회는 아직 태어나지 않은 세대를 대변하는 목소리를 내며, 중요한 사안들을 확실히 짚고 넘어가도록 만들 수 있다.

파괴된 환경을 복구하기 위한 네 번째 단계는 정부가 세금을 징수하여 지출하는 힘, 즉 재정 정책을 이용하는 것이다. 정부는 파괴된 환경을 되돌리는 노력을 하는 방향으로 대중의 행동을 바꾸기 위해서 재정적 유인책을 사용할 수 있다. 가령 탄소 이용에 세금을 부과하면 온실가스를 확실하게 줄일 수 있으며, 이를 통해서 다른 부담금들도 폐지할 수 있기 때문에 전체 세금 부담의 증가도 막을 수 있다. 하지만 이 정책으로 피해를 입는 저소득층에게는 보상이 필요할 것이다 (이를 무시한 마크롱 대통령은 "노란 조끼 운동Gilets Jaunes"이라는 대규모 시위를 마주하게 되었다). 탄소세가 수행할 수 있는 역할에 대해서는 제8장에서 좀더 자세히 다루겠다.

재정 정책은 녹색기술에 대한 보조금도 포함한다. 태양광과 풍력 등 보다 저렴한 비용으로 보다 신속하게 녹색 에너지를 이용하는 방향으로 전환할 수 있게 해주는 수많은 재생가능 기술들이 현재 상업적으로 성공을 거두고 있다. 이들 기술을 개발하는 데에 보조금을 지원하면 도움이 될 것이다. 이러한 투자로 얻는 혜택은 미래 세대가 체감하게 될 것이고, 그들은 자연 자본을 보존할 수 있는 선택지를 더 많이 얻게 될 것이다. 그러나 먼 미래까지 가지 않아도 실질적인 변화를 일으킬 수 있는 기회가 아직 있다. 주로 개도국에서 향후 20년에 걸쳐 기반시설에 대한 투자가 100조 달러 이상의 규모로 이루어질 예정이다. 런던 정치경제대학교의 경제학자 닉 스턴은 이렇게 말했다. "운송, 에너지, 수자원, 건물과 토지에 대한 투자가 이루어지는 방식에 따라서 지구온난화 추세를 2도 이하로 유지할 수 있다. 그렇게 하지 못하면 각 도시는 이동하거나 숨을 쉬기가 어려운 곳으로 변하고, 생태계도 무너지고 말 것이다."[26]

세대 간의 새로운 사회계약 구성하기

코로나바이러스의 대유행은 세대 간의 수많은 갈등을 수면 위로 올려놓았다. 노인층은 이 바이러스의 피해를 입는 주요 집단이 되었고, 청년층은 노인층을 보호하기 위해서 경제적, 사회적으로 희생해야 했다. 이 유행병과 전쟁을 치르느라 초래되는 막대한 부채는 청년층이 갚아나가게 될 텐데, 대부분의 선진국에서는 청년층이 이미 부모 세대보다 소득이 훨씬 낮을 것으로 전망된다. 감수성이 예민한 18-25세에 코로나 대유행을 겪게 된 청년들은 분명 정치제도나 지도자들에 대한 신뢰, 특히 정부의 책임 있는 행동과 대응을 기대하는 민주주의 체제에 대한 신뢰에 부정적인 영향을 받을 테고, 그 영향은 매우 깊고 오래도록 남을 것이 분명하다.[27]

　기울어진 세대 간의 사회계약을 어떻게 바로잡을 수 있을까? 우리는 파괴된 환경을 회복하기 위해서 가능한 한 많은 노력을 기울여야 하고, 미래 세대의 재정 부담을 줄이는 데에 도움이 되는 방법을 찾아야 한다. 이 목표를 이루기 위해서는 제6장에서 설명한 대로 노인들이 더 오래 일하고, 정년을 기대 수명과 명시적으로 연계시켜야 할지도 모른다. 제4장에서 설명한 조치들(보편적 의료 서비스를 마련하고, 신기술을 이용하는 등의 방법으로 치솟는 의료비를 관리하는 조치)

도 재정 부담을 줄이는 데에 도움이 될 것이다.

또한 다음 세대가 늘어난 근로 수명 동안 직업을 얻어서 생산적으로 일할 수 있도록 투자할 필요가 있다. 제3장에서 설명한 대로 청년층이 인생을 시작할 때부터 교육 보조금을 받아 경력을 쌓아가는 내내 신기술을 계속 습득할 수 있도록 지원하는 것이 이상적이다. 제5장에서 설명했듯이 적극적인 노동시장 정책(노동자들을 재교육해서 미래의 일자리에 적응하도록 돕는 정책)도 생산성을 높이는 데에 도움이 될 것이다. 또한 아동교육을 개선하고 근로 여성들을 지원한다면 사회의 모든 인재를 활용할 수 있게 될 것이다. 덕분에 향상된 생산성은 고령화 인구의 노인요양 서비스 비용을 지불하고, 미래 세대가 부채를 감당하는 데에 도움이 될 것이다. 이렇듯 다음 세대에 대한 한 세대의 투자는 계몽된 관점의 투자이며, 세대 간의 새로운 사회계약을 구성하는 데에 토대가 된다.

이미 살펴본 바와 같이, 청년층보다는 노인층이 정치력을 행사하는 데에 능숙한 탓에 정치적으로 새로운 변화를 이끌어내는 일은 쉽지 않다. 연구 결과에 따르면 전체 인구에서 노인 인구가 차지하는 비율은 공공지출의 패턴에 상당한 영향을 미친다.[28] 간단히 말해, 노인 인구의 증가는 연금에 대한 지출이 늘고 교육에 대한 지출은 줄어든다는 사실을 의미한다. 노인층 유권자들은 (저금리와 양적 완화 등) 경제 수요를 늘리고 완전고용을 유지하되 저축 수익률을 낮추고 인플레이션 증가 위험을 무릅쓰도록 설계한 정책에 강하게 반대한다. 그들은 이미 은퇴했기 때문에 대체로 일반 시민에 비해서 실업 문제에 대한 관심이 덜하다.[29] 독일이나 일본 같은 고령화 사회의 정당들은 점차 이러한 노인층의 기호에 맞출 수밖에 없는 상황에 처하고 있다. 일각에서는 노인층이 부유할수록 상속을 통해서 다음 세대에 더 많은 부가 전달될 것이라고 주장하지만, 상속을 통한 부의 분배는 대단히 불평등하고(이 주제는 다음 장에서 다룰 것이다), 개인적으로 상속할 수 없고 반드시 공유해야만 하는 것들(자연 환경 등)도 존재한다.

한편, 케임브리지의 정치학자 데이비드 런시먼은 증가하는 민주주의의 연령 차별에 맞서 균형을 유지하기 위해서는 투표 연령을 6세(정말 6세라고 했다. 잘못 읽은 것이 아니다)까지 낮춰야 한다고 주장했다.[30] 그렇게 하지 않는다면 젊은이들의 이익이 의회나 선거에서 적절히 반영되지 못할 것이고, 아직 태어나지 않은 이들의 이익은 아예 고려되지도 않을 것이다. 이 사실은 다이앤 파인스타인 상원의원과 미국의 어린 학생들이 만난 자리에서 잘 드러났다. 학생들이 "친환경 뉴딜"을 요구하자 파인스타인이 "너희들이 나에게 표를 주지는 못하잖니"라며 거절한 것이다.[31] 그녀의 말은 아이들이 그녀에게 투표했어야 한다는 뜻이 아니다. 분명 아이들은 투표하고 싶어도 할 수가 없었다. 파인스타인의 의무는 그녀에게 표를 준 사람들의 이익을 대변하는 것이었고, 그 유권자들 속에 아이들은 포함되지 않았다.

학교 수업을 거부하고 기후위기에 대한 대책을 요구하는 시위를 하는 일이 헤드라인을 장식하기는 하지만, 민주주의체제에서 변화를 성취하는 가장 강력한 도구는 여전히 투표이다. 어떻게 해서든 우리는 젊은이들 및 미래 세대의 목소리와 이익에 더 큰 비중이 실리도록 만들 방법을 찾아야만 한다. 그렇게 하지 않으면 정작 미래에 살아갈 사람들의 의견은 전혀 반영되지 않고, 살아서 그 미래를 보지도 못할 사람들의 의견만 전적으로 반영된 사회계약이 미래를 결정하게 될 것이다.

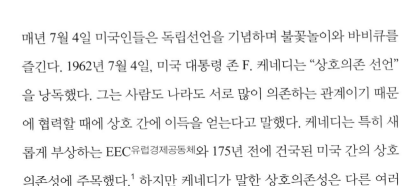

제8장
새로운 사회계약

매년 7월 4일 미국인들은 독립선언을 기념하며 불꽃놀이와 바비큐를 즐긴다. 1962년 7월 4일, 미국 대통령 존 F. 케네디는 "상호의존 선언"을 낭독했다. 그는 사람도 나라도 서로 많이 의존하는 관계이기 때문에 협력할 때에 상호 간에 이득을 얻는다고 말했다. 케네디는 특히 새롭게 부상하는 EEC유럽경제공동체와 175년 전에 건국된 미국 간의 상호의존성에 주목했다.[1] 하지만 케네디가 말한 상호의존성은 다른 여러 나라 간의 상호의존성에도 동일하게 적용된다.[2]

이로부터 5년 후에 미국 시민 운동의 지도자였던 마틴 루서 킹이 크리스마스 설교를 하며 비슷한 견해를 피력했다. "사실 모든 생명은 서로 연결되어 있습니다. 모든 사람은 상호의존성이라는 그물에 갇혀서 벗어날 수 없으며 운명이라는 하나의 거대한 옷으로 결속되어 있습니다. 한 사람에게 직접 영향을 미치는 것은 무엇이든 모든 사람에게 간접적으로 영향을 미칩니다. 여러분이 본모습을 찾기 전까지 나역시 본모습을 찾지 못하며, 내가 본모습을 찾기 전까지 여러분도 본모습을 찾지 못합니다."[3]

코로나바이러스의 대유행은 여러 측면에서 상호의존성을 여실히 드러내주었다. 이 바이러스는 모든 사람에게 영향을 미쳤으며 몸이 허약한 사람일수록 큰 해를 끼치면서 전 세계로 두루 퍼졌다. 우리 모두의 안전은 이전까지 만나본 적도 없고 얼굴도 모르는 수백만 명의 책임감 있는 행동과 이 질병에 대처하는 역량을 갖춘 먼 나라의 의료 시스템에 달려 있다. 국내적으로는 어떤 노동자들이 꼭 필요한 존재들인지 명확해졌다. 간호사, 트럭 운전기사, 슈퍼마켓 직원, 청소노동자들이 없으면 우리 삶은 제 기능을 하지 못할 것이다. 그런데 이들 필수 노동자들 가운데 다수가 가장 적은 임금을 받고 일하고 있으며 불안정한 고용계약을 맺었을 가능성이 가장 크다는 사실은 참으로 모순적이다.

이 책에서 나는 수많은 사회의 사람들이 삶에 좌절하는 이유가 기술 발전과 인구구조 변화에서 발생한 압력에 기존의 사회계약이 제대로 작동하지 않기 때문이라고 주장했다. 이처럼 사회계약이 제대로 작동하지 않은 결과 아이들을 돌보는 일, 실직자가 자신의 기술을 개발하고 유지하는 일, 노년기에 자신을 돌보는 일 등 보다 많은 책임과 그에 따른 위험을 개인이 감당하고 있다. 우리가 사는 사회는 "혼자 힘으로 해결하는" 사회가 되어가고 있다. 이런 사회에서는 분노의 정치가 자라고, 정신건강 문제가 확산되고, 청년층과 노인층 모두 미래를 두려워하는 일이 벌어진다.[4] 삶의 여러 영역에서 발생하는 위험을 개인이 혼자 감당하는 일은 불공평할 뿐 아니라 사회 전체가 함께 위험을 분담하는 것보다 비효율적이고 비생산적이다.

우리에게는 새로운 사회계약이 필요하고, 이 계약은 모든 사람들에게 안정된 삶과 다양한 기회를 보장하는 보다 나은 사회구조를 실현할 수 있어야 한다. "나"보다 "우리"를 생각하고, 상호의존성을 인정하고, 그 의존성을 상호이득이 되도록 만들어야 한다. 모두가 직면하는 걱정거리를 줄이기 위해서 더 많은 위험을 함께 공유하고 분담하는 한편, 사회 전반에 걸쳐 인재 활용을 최적화하고, 개개인이 사회에 가능한 한 많이 이바지할 수 있도록 지원하는 내용을 담아야 한다. 나의 후손뿐만이 아니라 다른 사람들의 후손도 함께 번영하는 길을 고려해야 한다. 미래에는 그들이 모두 한 세상에서 살아갈 것이기 때문이다.

지금까지 거론한 주장은 세 가지 원칙으로 요약할 수 있다.

1. **모두에게 최소한의 안정성을 보장한다.** 모든 사람은 최소한의 인간다운 삶을 보장받아야 한다. 이 최소한의 수준은 나라가 제공할 수 있는 역량에 따라서 다르다.
2. **시민 역량 강화에 최대한 투자한다.** 생산적인 사회 구성원으로서 오래도록 공익에 이바지하는 기회를 창출하기 위해서는 가능한 한 많이 사람에 투자해야 한다. 사회는 공익을 위해서라면 인센티브를 제공

하여 탄소 배출과 비만 문제처럼 사회 구성원이 원하지 않는 위험을 줄여나가야 한다.

3. **효율적이고 공평하게 위험을 분담한다.** 너무 많은 위험을 엉뚱한 곳에서 부담하고 있다. 개인과 가족, 기업, 국가가 저마다 역할에 맞게 위험을 감당할 경우 더 효율적으로 위험을 관리할 수 있다.

이번 장에서는 이들 원칙에 기초한 새로운 사회계약이 어떤 모습인지 살펴보고, 이 계약이 가져올 경제적 편익이 무엇인지 서술하고, 이 계약을 실행하기 위해서 재정을 어떻게 조달할지 제안하겠다.

우리는 서로 많은 것을 빚지고 있다

지금까지 살펴본 내용을 종합해볼 때 새로운 사회계약을 구성하는 핵심 항목은 무엇인가? 가장 기본적인 것에서부터 시작해보자. 모든 사람은 인간다운 삶을 영위하는 데에 필요한 최소한의 것들을 보장받아야 한다. 최저소득, 교육받을 권리, 필수의료 서비스, 노인 빈곤 예방을 위한 복지가 그것이다.

사람들의 최저생계비를 보장하는 방법은 많다. 여기에는 최저임금 제도, 저임금 노동자들의 소득을 최대화하는 세금 공제 혜택, 극빈층에 제공하는 현금 지원금 등이 있다. 기본 의무교육에는 유아교육 및 평생학습 지원까지 포함할 필요가 있다. 후자의 재정은 기업이 내는 일반 세금으로 충당하거나 좋은 조건의 대출을 이용해서 확보할 수 있다. 필수의료 서비스에는 WHO가 권장한 필수의료가 모두 포함되어야 한다. 어떤 의료기술이나 치료에 공적으로 얼마를 지원할지 상한액을 미리 명시하고, 1인당 국민소득이 증가하면 그에 따라서 상한액을 늘리도록 한다. 병가와 실직수당 등 최소한의 혜택은 고용계약 유형과 무관하게 모든 노동자에게 제공되어야 한다. 기대 수명과 연계된 최저생활연금을 국고로 지원해서 노인들이 빈곤에 처하지 않도록 해야 한다.

  실행가능한 사회계약이 되기 위한 핵심은 사회가 가진 모든 역량을 활용함으로써 생산성을 증대하는 것이다. 생산성이 높아지면 소득이 커지고, 소득이 커지면 세수가 증가해서 교육과 사회보험에 투자할 역량이 커진다. 교육받은 여성과 소수민족, 빈곤가정에서 태어나 미처 잠재력을 발휘하지 못하는 아이들의 수가 증가하고 있다. 이들 가운데 활용되지 못하는 인재들이 많다. 단지 정치적 올바름을 위해서 평등을 주장하는 것이 아니다. 제2장에서 설명했듯이 1960년부터 2010년까지 미국의 생산성이 20−40퍼센트 증가했던 배경에는 좋은 일자리를 줄곧 차지했던 백인 남성들의 독점을 깨뜨리고 여성과 흑인, 소수민족 출신의 인재들을 효율적으로 활용한 정책이 있었다.[5] 비슷한 맥락에서 발명을 할 수 있는 여건이 고소득층의 백인 남성과 동일한 수준으로 오늘날의 "잃어버린 아인슈타인"(여성, 소수민족, 저소득층 아이들)에게 허락된다면 기술혁신율을 4배까지 올릴 수 있다.[6] 모든 사람에게 더 많은 기회를 공평하게 제공하는 정책을 펼치면 소득을 재분배할 필요성이 줄어들고, 사람들의 역량을 끌어올려 각자가 바라는 좋은 삶을 실현할 자유를 얻게 된다.

노동시장에서 모든 인재를 활용하도록 만드는 정책은 유아교육을 개선하는 일에서부터 시작한다. 기회의 평등과 사회 이동의 가능성을 증진하기 위해서는 아이들이 학교에 다니기 전부터 교육에 개입하는 것이 가장 효과적이고 경제적인 방법이기 때문이다. 그러나 인재를 확보하기 위해서는 육아와 노인 돌봄 서비스를 지원하는 새로운 정책이 필요하다. 현재로서는 엄청난 수의 무급 여성 노동력을 이 일에 소모하고 있는데, 여성이 보다 생산적인 활동에 참여하기 위해서는 반드시 가족과 공동체 내에서 더 공평한 분업이 이루어지도록 해야 한다.

전 세계 노동시장이 유연화되고 있지만, 미래의 사회계약은 안정성을 더 확보해서 노동유연성과 안정성의 균형을 맞추어야 한다.[7] 이를 위해서는 근로소득세를 통해서 노동자와 사업주가 더 많이 위험을 공유하고, 유연노동자들을 위한 최저임금 및 복리후생을 의무화하는 등 규제를 마련하고, 유연노동자들을 위한 단체교섭 장치를 마련하거나 혹은 일반 과세로 재원을 조달하는 공공보험 및 교육 지원 정책 등을 시행해야 한다. 이로써 노동자는 인간다운 생활 수준을 유지할 수 있고, 사업주는 자신이 인력을 조정하더라도 노동자가 새 일자리를 찾기까지 적절한 지원을 받으리라는 사실에 안심하고 노동유연성을 유지할 수 있다. 한편, 직원들은 소득안정성을 확보해 새로운 기술을 학습하는 데에 투자하고, 결혼이나 주택 구매 계획 등의 미래를 계획할 수 있다.

이 모든 것들을 재정적으로 지속가능하게 만들기 위해서는 모든 사람들이 가능한 한 오랫동안 근로자로서 사회에 일조하도록 만들어야 한다. 즉 은퇴가 늦어져야 한다. 정년을 기대 수명과 연계하여 근로 수명과 은퇴 후 수명 사이에서 균형을 유지해야 한다. 이는 또한 인생 후반에도 새로운 기술을 배워야 함을 뜻한다. 유연화된 노동시장에서 노동자가 50년 이상 경력을 유지하려면 평생교육을 효과적으로 지원할 재정 정책이 반드시 필요하다. 직업 재교육에 소요되는 재정은 세금, 노조, 기업을 통해서 사회적으로 조달할 수도 있지만, 재교육의 효과를 높이기 위해서는 기업과 밀접하게 협력하는 가운데 현장에서 재교육을 하는 방법이 가장 좋다. 지속가능한 고용 환경이 얼마나 중요한지 인식한 기업은 세금을 정당하게 지불하고 직원들에게 교육비를 투자하는 일이 향후의 성장 동력을 이끄는 핵심 사업 전략이라는 사실을 알게 될 것이다. 투자자들은 기업의 주가를 평가할 때에 직원 재교육 항목을 고려할 것이고, 금융시장 역시 고용불안 요소를 효과적으로 관리하는 기업을 높이 평가할 것이다. 정책적으로는 모든 사람이 최소한의 기준을 지키도록 규제함으로써 모든 사업주가 공정한 경쟁의 장에서 경쟁을 펼치게 만들어야 한다.

아울러 새로운 사회계약에서는 개인에게 스스로의 건강을 관리할 책임을 더 무겁게 부과해야 한다. 특히 신기술이 도입되면서 개인이 스스로 자신의 몸 상태를 관리하는 일이 가능해졌기 때문이다. 의료비를 사회가 분담하는 곳에서는 넛지 정책과 세금을 이용하여 개인이 건강한 습관을 유지하도록 장려하고, 사전 연명의료 의향서를 작성해 의사를 명시하도록 권장해야 한다. 가령 코로나바이러스가 유행하는 동안 사회가 질병의 확산을 지연하기 위해서 개인에게 마스크 착용을 요구하는 일은 매우 합리적이다. 비슷한 맥락에서 백신 접종을 요구하고, 담배와 해로운 식품에 세금을 부과하고, 운동을 장려하는 일은 건강과 관련된 위험을 공유하는 사회에서 적법한 개입이다.

오늘날 젊은이들은 세대 간의 사회계약을 두고 재협상을 요구한다. 오늘날 살아 있는 사람들은 훼손된 자연 환경과 국가 부채를 다음 세대에 물려주는 문제를 해결해야 한다. 우리가 자연 자산을 너무 많이 이용했음은 틀림없는 사실이므로, 기후 변화와 생물다양성 보호를 위한 대책을 마련하는 일을 우선시해야 한다. 친환경 기술에 대한 투자 장려 역시 건강한 자연을 지켜 다음 세대에 더 많은 기회를 주는 방법이다. 그러나 이것만으로는 충분하지 않다. 현재 젊은 세대는 인적 자본과 물적 자본의 형태로 부를 물려받겠지만 역사상 가장 많은 노인 인구를 부양할 처지에 놓여 있다. 젊은 세대가 향후 기성세대를 부양하는 데에 필요한 비용을 감당하기 위해서는 높은 생산성을 달성해야 한다. 따라서 청년층 교육에 더 많이 투자하는 일은 선택이 아니라 필수이다.

이제는 새로운 사회계약의 경제학을 실현하고 유지하기 위해서 재정을 조달하는 방법을 살펴볼 차례이다. 모든 국가에 해당하는 말이지만, 새로운 사회계약을 실행하는 데에는 여러 정책을 조합하고 병행할 필요가 있다. 크게 세 가지 전략이 요구되는데, 생산성 향상, 재정 정책 재고, 기업과의 새로운 사회계약이 이에 해당한다.

생산성 향상

앞에서 요약한 여러 조치들 중에는 생산성을 늘리기 위해서 설계된 것들이 많은데, 이는 경제적 관점에서 모든 것을 더 낫게 만드는 방법이 결국 생산성 향상에 달려 있기 때문이다. 파이를 키우면 나눠 먹을 몫이 커진다. 개도국의 경우 선진 경제의 생산성을 따라잡기 위해서는 아직 활용되지 않은 기회를 충분히 이용해야 한다. 더 나은 기술과 더 나은 경영기법의 채택, 교육과 기반시설에 대한 투자, 경쟁을 통한 효율성 증대는 선진 경제를 추격하는 원동력이다. 여러 나라에서 유선전화망 구축 단계를 건너뛰고 곧장 모바일 기술에 뛰어들었듯이, 개도국에서는 최신 디지털 기술을 채택함으로써 도약의 기회를 만들 수 있다.

학생 시절의 어느 여름 나는 이집트의 한 사무실에서 아르바이트를 한 적이 있다. 한번은 내가 작성한 서신의 사본이 필요했는데, 회사는 비서가 그 서신을 세 번 타이핑하도록 지시했다. 사무실에 복사기를 설치하고 운영하는 비용보다 비서를 고용하여 그 일을 시키는 비용이 더 저렴했기 때문이다. 노동력이 싸고, 노동자들이 생산성 낮은 업무에 매여 있는 나라에서는 이처럼 비합리적으로 의사결정이 이루어지는 사례가 흔하다.[8]

2008년 금융위기 이후, 특히 선진국에서는 경기를 회복하는 과정에서 생산성이 낮은 저임금 일자리가 늘어났다. 많은 나라에서 수동 세차가 다시 등장했다는 사실이 이를 잘 보여준다. 자동 세차 기계는 이미 수십 년 전에 개발되었지만, 이를 이용하던 업체들이 주로 이주민 노동자들을 채용하여 수작업으로 세차하기 시작한 것이다.[9] 노동력이 저렴하기 때문에 사업주로서는 기계, 컴퓨터, 모바일 기술과 그보다 나은 소프트웨어 등 더 생산적인 도구에 투자할 유인이 거의 없어졌다. 실제로 2008년 이후 노동자 1인당 자본증가율은 전후 역사상 가장 느린 속도를 보이고 있다.[10] 국가는 기술교육에 투자하고 관련 환경을 조성하여 노동자들의 생산성을 향상할 도구에 대한 대규모 투자를 장려할 필요가 있다. 저탄소 미래에 대비하도록 경제를 변모시키는 것이 이러한 대규모 투자를 촉진하는 중요한 계기를 제공한다.

디지털 혁명은 노동자들의 생산성을 향상시킬 거대한 기회를 제공한다. 컴퓨터 혁명 초창기인 1960년대와 1970년대에 경제학자 로버트 솔로는 "오늘날에는 어디에서나 컴퓨터를 볼 수 있지만, 생산성이 얼마나 향상되었는지는 통계로 확인할 수 없다"는 유명한 말을 남겼다. 디지털 특허와 혁신기술이 엄청나게 증가하고 있음에도 생산성은 정체되어 있다는 점에서 오늘날 우리는 비슷한 현상을 목격하고 있다. 교육을 다룬 제3장과 노동을 살펴본 제5장에서 설명한 정책들은 노동생산성을 어떻게 올려야 하는지에 관해서 어느 정도 해답을 제시한다. 제4장에서는 디지털 기술을 적용하여 의료체제를 더욱 효율적으로 만드는 방법들을 기술했다. 하지만 우리는 오늘날의 생산성 정체를 유발하는 원인도 알아야 한다. 바로 경제 전반에 걸쳐 디지털 혁신이 진행되는 속도가 느리고 고르지 못하다는 것이다.[11]

한 추정치에 따르면 유럽에서는 디지털 잠재력을 12퍼센트밖에 활용하지 못하고 있는 반면, 미국에서는 18퍼센트까지 활용하고 있다.[12] 정보통신, 미디어, 금융 서비스, 전문 서비스 부문에서는 디지털화가 빠르게 진행되고 있으나 교육, 의료, 건설과 같은 산업 부문에서는 그렇지 못하다. 하지만 코로나바이러스가 유행하면서 원격의료와 온라인 학습 시장에서 불가피하게 디지털화가 진행되었듯이 몇몇 산업 부문에서도 비슷한 징후가 보인다. 매장 판매보다 2배 가까이 효율적인 온라인 판매의 시장점유율도 코로나바이러스의 여파로 엄청나게 증가할 전망이다. 제3장과 제4장에서는 교육과 의료 부문에서 더 효율적이고 품질이 좋은 다양한 디지털 서비스를 활용할 기회를 살핀 바 있다. 물론 이러한 서비스들은 교사와 학생, 돌봄노동자와 환자 사이의 인간적 교감이라는 요소와 균형을 이루어야 한다.

생산성을 높이는 또다른 방법은 경쟁을 촉진하는 것이다. 많은 국가에서 소수의 기업이 특정 시장을 지배하는 현상(경제학자들은 이것을 "기업집중"이라고 부른다)이 증가하고, 여러 산업에서 독점력이 높아지고 있음을 보여주는 자료가 늘어나고 있다. 최근 미국의 자료들을 보면 우려스럽게도 금융업, 항공업, 제약산업, 의료보험, 기술 플랫폼 부문에서 기업집중이 심화되고 있다.[13] 이러한 현상은 기업이 로비 활동에 지출을 늘림으로써 가능해졌고, 기업 주주들보다 노동자에게 돌아가는 국민소득의 몫을 감소시키는 결과를 낳았다. 기업 간의 경쟁을 회복하고, 디지털 경제를 위해서 경쟁 정책을 다른 관점에서 재고하는 것이 기업집중이 일어나는 국가에서 생산성을 늘리는 중요한 방법이다.[14]

재정 정책 재고 :
새로운 사회계약을 실현하기 위해 어떻게 재정을 조달해야 하는가?

나는 2014년부터 2017년까지 영국 중앙은행 부총재로 일하면서 대출과 투자, 소비를 촉진하기 위해 저금리를 유지하며 경제를 최대한 활성화했다. 현재 금리는 역사상 가장 낮은 수준을 기록하고 있는데, 이는 여전히 전 세계적으로 저축이 투자보다 활발하기 때문이다. 글로벌 저축 과잉 현상은 인구가 고령화되고 고용이 불안정해지고 있다는 데에서 기인한다. 세계에서 가장 빠르게 고령화되어가는 일본과 유럽의 금리가 가장 낮은 이유도 여기에 있다. 고령화와 고용불안정은 상품과 서비스에 대한 수요를 줄이고 경제성장률을 둔화한다(제7장에 등장했던 잼 소비를 뒤로 미루었을 때의 위험성을 경고한 케인스를 기억하자).

더 나은 사회보장제도를 갖출 때 경제학자들이 말하는 스태그플레이션(장기 침체)의 가능성을 감소시킬 수 있다. 가령 중국의 가계저축은 소득의 30퍼센트가 넘는데, 이는 최근까지 실업안전망이나 의료보험 혹은 연금 등의 제도가 거의 혹은 전혀 없었기 때문이기도 하다. 중국에 보다 나은 사회보장 제도가 도입되면 이 수치는 줄어들 것이다.

한편, 투자가 저조한 이유는 기업이 성장의 기회를 발견할 수 있는 여건을 국가에서 조성하지 못했기 때문이다. 그러나 교육 및 탄소 배출을 줄이기 위한 기반시설을 설치하는 등 새로운 사회계약의 여러 항목에 대해서는 특히 개도국에서 경제 수요와 투자를 늘릴 수 있다. 개도국에는 위험을 줄일 수만 있다면 수익성 높은 사업의 기회가 여전히 존재하기 때문이다. 경제 침체 문제는 중앙은행과 통화 정책으로 해결할 문제가 아니라 새로운 사회계약으로 해결할 문제이다.

새로운 사회계약을 실행하기 위해서 공공지출과 세금을 크게 늘려야 하는가? 이는 사안에 따라서 다르다. 공공보육시설, 유아교육, 평생학습에 대한 지원을 확대하려면 지출을 늘려야 하며, 보편적 의료보험과 최저생활 보장연금을 마련하는 일도 마찬가지이다. 그러나 이러한 지출 가운데 일부는 투자이기도 해서 미래에 많은 세수를 창출하거나(제3장에서 살폈듯이 교육에 대한 공공투자 수익률 추정치는 약 10퍼센트에 이른다) 제7장에서 환경을 다루면서 서술했듯이 제대로 평가만 할 수 있다면 순이익을 남길 것이다. 따라서 금리가 기록적으로 낮은 선진국에서는 특히 대출을 통해서 이런 투자를 위한 재정을 조달하는 방안에도 일리가 있다. 그러나 일부 비용(가령 연금과 의료보험에 대한 지출)은 일회성으로 끝나지 않으므로 조세 수입을 통해서 재정을 조달할 필요가 있다. 세금을 인상하여 재정을 조달하는 일은 실현가능한가?

대다수 국가에서 그 대답은 "그렇다"이다. 수많은 선진국에서 GDP의 30−40퍼센트에 해당하는 세금을 거둔다. 새로운 사회계약을 실행할 재정을 조달하려면 앞에서 언급한 대로 생산성을 늘리기 위한 여러 정책들(근로 수명 연장, 최대한의 인재 활용)을 조합해서 실행하고, 조세 수입도 활용해야 한다. 이는 크지 않은 수준의 세금 인상이나 자원의 재할당으로 보완할 수 있다. 하지만 GDP의 50퍼센트 이상에 달하는 세금을 꾸준히 거둘 수 있는 국가는 어디에도 없다. 따라서 프랑스나 덴마크처럼 이미 높은 세금을 부과하는 국가에서는 사회계약을 변경하기 위한 재정을 조달하는 일에 세금 인상 방안을 활용하기 어렵고, 경제를 성장시키거나 자원을 재할당하는 방법에 의존해야 할 것이다.

　이와 대조적으로 대부분의 개도국은 실질적으로 선진국의 절반 수준(GDP의 15-20퍼센트)으로 세금을 거두고 있기 때문에 정부가 조세 수입을 동원할 수 있는 여지가 훨씬 많다.[15] 문제는 많은 개도국의 공식 세율이 선진국과 비슷한 수준임에도 세금을 회피하는 이들이 많고 세금을 거두는 데에 어려움이 크다는 사실이다. 즉 세수가 부족한 것이다.[16] 개도국은 비공식 부문에 종사하는(따라서 세금을 내지 않는) 노동자의 비율이 높아서 거래와 소비에 부과하는 세금에 더 의존해야 한다. 그러므로 공공 서비스를 향한 시민들의 증가하는 기대치를 충족하기 위해서는 공식 부문에 종사하는 노동자의 수를 늘리고, 세수를 늘릴 수 있는 정치력과 행정력을 쌓아야 한다.

　개도국에서 사회계약을 개선하려면 얼마만큼의 비용이 필요할까? 세계은행이 핵심적인 복지 정책에 들어가는 비용을 추정한 바에 따르면, 출생 전 돌봄 서비스, 예방접종, 입학 전 아동의 문해력과 수리력 향상을 위한 보육 지원 등을 포함하는 기본복지 정책을 실현하기 위해 저소득 국가에서는 GDP의 2.7퍼센트가 필요하고, 중저소득 국가에서는 1.2퍼센트가 필요하다.[17] 상하수도시설과 공중위생시설, 양호한 초등학교 시설을 보급하는 등 종합적인 복지 정책을 실현하는 일에는 저소득 국가의 경우 GDP의 11.5퍼센트가 들고, 중저소득 국가에서는 2.3퍼센트가 든다. 만약 개도국이 극빈층 성인을 대상으로 소득을 지원하고 싶다면, 최빈국의 경우 GDP의 9.6퍼센트가 들 것이고, 중저소득 국가의 경우 5.1퍼센트, 고중소득 국가의 경우 3.5퍼센트가 들 것이다. 이는 상당히 큰 금액이지만, 대부분의 개도국은 공식 부문에 종사하는 노동자의 수를 늘림으로써 세수를 더욱 확보할 수 있다. 또한 개도국은 부가가치세, 담배세, 주세와 같은 기존의 세금을 더 잘 활용하고, 에너지 보조금을 줄이는 방식으로 세수를 확충할 여지도 많다.

우리는 새로운 사회계약의 재정을 조달하기 위해 부자에게 과세해서 그 돈을 가난한 사람들에게 이전하는 로빈 후드식 해결책을 적용하고자 하는 유혹에 빠지기 쉽다. 그러나 대다수 국가는 실질적으로 기회의 분배를 평등하게 만드는 근본적인 정책이 소급 적용한 소득의 재분배 정책보다 훨씬 강력하다는 사실을 알고 있다.[18] 양질의 교육을 받을 기회를 평등하게 제공하거나 취약계층에 더 많이 투자하는 등 이른바 선분배 정책들도 취약계층에 힘을 실어주되 국고에 만성적으로 의존하는 위험을 낮춘다. 만약 노동시장을 통해(더 높은 임금을 주는 양질의 일자리를 얻도록 빈곤층을 지원함으로써) 더 공정한 사회를 성취한다면 복지수당의 필요성이 줄고, 복지수당 재원을 마련하기 위해서 세금을 부과할 필요성도 함께 낮출 수 있다. 또한 규제를 적절히 사용해서 인식을 전환하면 사업주들이 더 나은 복지 혜택과 직업교육을 제공해 평등한 기회를 창출하는 데에 이바지하게 만들 수 있다. 이런 정책들이 모두 실패한다면 정부는 소득의 재분배를 통해서 복지를 실현하는 수단을 쓸 수 있다.[19]

재분배가 꼭 필요한 경우에는 단순히 부유층에 대한 세금을 인상하기보다는 복지 혜택이나 공공 서비스, 빈곤층 지원 정책에 공공지출을 늘리는 정책을 활용하는 편이 더 효과적이다. 1980년대 이후 전 세계의 조세제도를 보면, 부유층에 대한 과세를 줄이는 추세가 두드러짐을 알 수 있다. 1980년대의 레이거노믹스와 대처리즘 이래 선진국은 물론 개도국에서도 최상위 소득 구간 세율이 급격히 감소했다(그림 17). 법인세율 역시 각 나라가 외국인 투자 유치로 경쟁하면서 낮아졌다. 이와 대조적으로, 근로소득세는 치솟는 연금, 의료보험, 실업보험 비용을 감당하기 위해서 증가하는 경향을 보였다. 임금이 점점 더 불평등해지고 있음에도 조세제도가 이 문제를 바로잡는 데에서 제 역할을 하지 못했다는 사실은 상당히 놀랍다.[20]

새로운 사회계약을 실현하기 위한 재정을 조달하는 데 충분하지는 않겠지만, 기존의 추세와는 반대 방향으로 세율을 조정하며 누진세를 높이는 방안도 분명 도움이 될 것이다. 문제는 부유층과 그들의 회계사들이 세금을 회피할 방도를 찾는 데에 뛰어나며, 자본의 이동성이 커져서 세금이 낮게 책정된 곳으로 언제든 옮겨갈 수 있기 때문에 세율을 올리는 것만으로 소득 불평등 문제를 바로잡기란 실제로 매우 어렵다는 점이다.

부유세와 관련한 최근의 추세는 이 문제의 어려움을 잘 보여준다.

최상위 구간 소득세(즉, 가장 높은 소득에 부과하는 최대 세율)

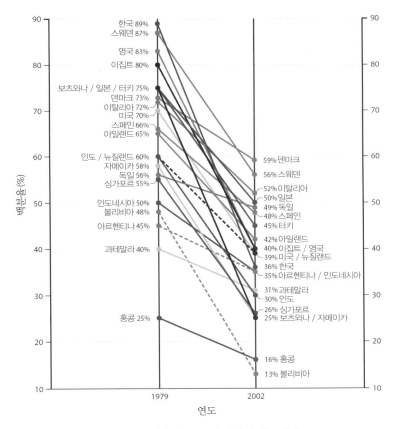

그림 17 최상위 구간의 소득세율은 모든 나라에서 감소했다

부자에게 추가로 과세하는 방법에는 세 가지가 있다. 먼저 재산이 다음 세대로 이전될 때 상속세를 통해서 과세할 수 있다. 또한 자본소득이나 배당금처럼 부를 통해서 얻는 소득에 과세할 수 있고, 마지막으로 재산세 등의 정책을 통해서 매년 과세할 수도 있다. 많은 나라에서

는 상속 재산과 재산으로부터 발생하는 소득에도 과세하며, 재산 자체에만 과세하는 나라는 극히 소수이다(현재 콜롬비아, 노르웨이, 스페인, 스위스뿐이다). 정치적 압력과(혹은) 실행의 어려움 때문에 핀란드, 프랑스, 아이슬란드, 룩셈부르크, 네덜란드, 스웨덴에서는 기존에 있던 부유세를 폐지했다.[21]

　이러한 추세에도 불구하고, 많은 경제학자들은 부의 불평등이 소득 불평등보다 심각하기 때문에 상속 재산(불로소득으로 보이는)에 과세하고 부를 재분배하는 정책이 공평한 기회를 제공하는 과정에서 중요한 역할을 한다고 주장해왔다. 또한 갈수록 심해지는 부의 불평등과 관련한 우려의 목소리가 커지고, 세계 모든 나라의 정부가 새로운 수입원을 찾아나서면서 부유세에 관한 관심이 다시 커지고 있다. 런던 정치경제대학교의 토니 앳킨슨은 누진적 상속세를 부과하여 모든 젊은이에게 기본자산을 지급해야 한다고 최초로 주장했으며,[22] 최근에는 토마 피케티가 부의 소유권을 한시적으로만 허용해야 한다고 주장했다. 시간이 흐르면 상속세와 재산세를 통해서 그 부를 거둬들여 25세 이상의 모든 성인에게 기본자산을 제공하는 데에 써야 한다는 것이다.[23] 피케티는 프랑스를 예로 들면서 사회 전반에 골고루 자본이 분배되고 그 어느 때보다 지원이 필요한 시기에 많은 기회를 얻을 수 있도록 하려면 사회생활을 시작하는 청년들에게 12만 유로를 기본자산으로 지급해야 한다고 제안했다. 또다른 최근 연구에서도 부유세가 불평등 문제뿐 아니라 생산성 향상에도 도움이 된다는 점에 초점을 맞췄다. 한 유망한 연구진은 투자 수익률이 낮은 활동에 자산을 묶어두는 사람들에게 불이익을 주고, 높은 수익을 창출하는 사람들에게는 유인을 제공하는 방식으로 부유세가 경제효율성을 향상할 수 있다고 주장한다.[24] 이들에 따르면 매년 2−3퍼센트의 부유세를 부과할 경우 정부가 효율성을 향상할 수 있음은 물론 경제성장을 촉진하고, 불평등을 줄일 수도 있게 된다.

세수를 늘리는 또다른 방법은 경제학자들이 비재화bad라고 부르는 것들(재화good와 대비되는 개념)에 세금을 부과하는 방안이다. 비재화는 우리가 보고 싶어하지 않는 것들로서, 대기오염, 흡연, 술과 해로운 식품의 과잉 소비 등이 해당된다. 제4장에서 우리는 건강에 해로운 습관 때문에 매년 수조 달러가 지출되고 있으며 그러한 행동을 개선하기 위해서 조세 정책을 이용할 때 사회적으로나 경제적으로 상당한 이득이 발생한다는 사실을 살펴보았다. 제7장에서는 사람들이 에너지, 물, 토지를 이용하며 지구를 파괴하는 활동에 많은 나라가 보조금을 지원하고 있으며, 건강한 자연을 물려주기 위해서는 그러한 보조금의 폐지가 중요하다는 사실을 지적한 바 있다.

그러나 기후 변화를 용인 가능한 수준으로 늦추기 위해서는 그 이상의 노력이 필요하다. 여기에서 탄소세보다 더 효과적인 해결책은 없다고 보아도 무방하다. 탄소세란 모든 연료원에 들어 있는 탄소량에 대해서 분담금을 부과하는 세금이다. 이렇듯 광범위하게 적용되는 세금 정책은 모든 재화와 서비스 가격에 실질적인 변화를 주고, 사람들의 소비와 행동에도 영향을 미친다는 점에서 뛰어나다. 가령 개인의 경우, 탄소세가 시행되면 자가용을 이용하기보다는 대중교통을 이용하는 편이 하루아침에 훨씬 저렴해진다. 또한 머나먼 이국에서 공수해온 식품보다 인근에서 생산된 식품을 구입하는 비용이 일괄적으로 더 저렴해진다. 한편 기업은 친환경 기술에 투자하고 탄소 배출을 줄이는 방법으로 생산해야 할 유인이 커진다. 탄소 배출 절감을 위한 활동은 사람들의 자제력에 호소하는 일이 아니라 양적 목표를 확정해 구체적인 수치를 달성하기 위해서 노력하고, 탄소 배출권을 거래하거나 모든 활동에서 탄소 발자국을 일일이 계산해야 하는 일이다. 탄소세를 부과하면 시장은 가장 저렴한 비용으로 탄소 배출을 줄이는 길을 스스로 개척하며 그 복잡한 작업을 대신 실행한다. 이에 따라서 경제학자들은 이 정책을 선호한다.

탄소세를 반대하는 측에서는 조세 부담이 가중되고 빈곤층에 오히려 악영향을 미칠 수 있다고 주장한다. 프랑스는 유류세 인상에 반대하는 노란 조끼 시위로 도로가 마비되었는데, 시위대는 기후 변화에 대응하는 조치가 아니라 저탄소 미래에 적응하기 위한 비용을 누가 지불하느냐의 문제로 분노했다. 하지만 조세 부담을 늘리지 않으면서 빈민층에도 악영향을 미치지 않도록 탄소세를 설계하는 정책도 얼마든지 가능하다. 그러한 정책은 어떻게 작동할까? 첫째, 처음에는 세율을 낮게 설정하고, 적응 기간을 두고 차츰 세율을 인상한다. 둘째, 세금으로 거둔 수익금은 현금으로든 다른 세금을 인하하는 방식으로든 시민들에게 돌려준다. 만약 수익금의 100퍼센트가 시민에게 돌아간다면 그 세금은 세수 중립적이면서도 탄소를 이용할 유인을 억제하는 데에 효과가 크다고 볼 수 있다. 설령 수익금의 100퍼센트가 시민에게 돌아가지 않더라도 그것은 여전히 국가의 소득으로 남는다. 필연적으로 일부 국가는 다른 국가보다 앞서서 주도적으로 탄소세를 부과할 수밖에 없을 테고, 뒤늦게 시작하는 국가들은 경쟁에서 불리한 위치에 놓이게 될 것이다. 국경조정세탄소세를 부과하지 않은 다른 국가의 수입품에 인상된 세금을 부과하는 것는 경쟁이 공정하게 이루어지도록 환경을 조성하고 다른 국가들에도 탄소세를 부과하고자 하는 동인을 제공하는 데에 유용하다. 결국 목표는 기후 변화가 초래하는 재난의 위험을 줄이는 수준까지 탄소세를 올리는 것이다.

탄소세로 거둔 소득을 시민들에게 돌려주는 이 정책은 미국에서는 "수수료와 배당금" 정책이라고 불리고, 프랑스와 캐나다에서는 "탄소 수표" 정책이라고 불린다.[25] 부유층이 탄소를 더 많이 소비하는 경향이 있으므로, 이런 종류의 제도를 고안하여 실제로 빈곤층이 혜택을 얻도록 만드는 정책도 가능하다. 일례로 미국의 경우 1톤당 49달러라는 비교적 적은 탄소세만으로도 전체 인구에서 극빈층 10퍼센트의 형편이 더 나아지고, 최상위 소득층을 제외한 모든 이들이 혜택을 누리게 될 것으로 추정된다. 프랑스의 한 연구는 도시 지역과 시골 지역 간에 차이를 둔 탄소 수표 정책으로 소득 분포도의 하위 절반에 해당하는 사람들의 형편이 더 나아질 수 있음을 발견했다.[26] 세수를 늘릴 필요가 있어서 전체 세금을 환급하지 않기로 선택한 국가들의 경우, 사회계약을 구현할 재정을 조달하는 데에 필요한 상당한 재원을 탄소세를 통해서 마련할 수 있다. 가령 한 추정치는 미국에서 1톤당 115달러의 탄소세를 부과하면 국민소득의 3퍼센트에 상응하는 세수

가 걷힐 것이라고 한다.[27]

마지막으로 시민단체, 종교단체, 자선단체는 현재 사회계약의 중요한 측면들을 구현하고 재정을 조달하는 일에서 정부를 보완하는 긴요한 역할을 수행한다. 자선단체들은 고대부터 세계 곳곳에 존재했고, 부유한 사람이 가난한 사람을 지원하고, 병든 사람을 돕고, 공공생활을 향상하는 데에 일조해야 한다는 공통된 의견이 있었음을 보여준다. 최근 여러 자선단체와 재단의 자산이 크게 증가했는데, 이는 사회의 부가 증가한 덕분이기도 하다. 글로벌 재단의 자산은 1.5조 달러가 넘고, 주로 지출되는 분야는 교육(35퍼센트), 사회복지(21퍼센트), 건강(20퍼센트)이다.[28] 많은 나라에서 개인과 자원봉사자들은 공동체에 혜택을 주기 위해서 자신들의 시간을 무료로 제공하며 사회계약의 일부를 시행하고 있다. 이러한 활동은 정부 정책을 보완하기 때문에 장려하고 축하할 일이지만, 더 나은 사회계약 자체를 대체하지는 못한다.

기업과의 새로운 사회계약

앞에서 설명한 많은 정책들은 기업과 정부에 다양한 역할을 요구한다. 1980년대 이래로 많은 정부의 정책들은 무역의 자유화, 민영화, 노동시장에 대한 규제 완화를 통한 효율성의 극대화에 초점이 맞춰져 있었다. 기업은 비용을 절감하고, 복지 혜택을 줄이고, 유통을 외주에 맡길 수 있었다. 소비자들은 이러한 변화로부터 대체로 이득을 얻었지만, 일부 노동자들은 임금 정체와 훨씬 불안정한 미래에 직면했다. 이론상으로는 개인이든 공동체든 이러한 변화로 처음에 손해를 본 사람들도 경제가 더 빠르게 성장하면서 보상을 받고, 결국에는 이득을 얻어야 했지만, 현실에서는 그런 일이 거의 일어나지 않았다. 혹시 그런 일이 있더라도 요구되는 수준에는 미치지 못했다.

보다 중요한 문제는, 설령 보상을 받더라도 승자가 아닌 패자가 되고 싶어하는 사람이 있겠는가 하는 점이다. 기업과의 새로운 사회계약은 교육과 업무 능력 개발에 투자하고, 빈곤 지역에 더 나은 기반시설을 짓고, 혁신과 생산성을 촉진함으로써 더 많은 사람들이 승자가 되도록 만드는 데에 집중해야 한다. 이 모든 노력들은 부의 재분배나 보상의 필요성을 줄인다. 새로운 사회계약은 일부는 공공지출을 통해서, 일부는 규제를 통해서 실현될 테지만, 일부는 민간 부문에 요구하는 바를 수정함으로써 실현될 것이다. 그림 18은 그것을 어떻게 조직하고 자금을 어떻게 조달할 수 있는지를 예시한다.[29]

이 새로운 계약의 가장 중심에 있는 원에는 치명적인 손실에 대비한 최소한의 안전망이 놓인다. 이 안전망은 모든 사람에게 제공되고, 그 비용은 일반 세금으로 조달될 것이다. 여기에는 경제적 충격으로 인한 실직에 적응하도록 돕고, 새 일자리를 찾아가도록 지원하는 활동이 포함된다. 정부는 육아휴직 급여와 유연근무제로 일하는 부모들에 대한 지원도 보장할 수 있으며, 이러한 지원은 양성 간 노동시장의 기회를 평등하게 만드는 결과를 가져올 것이다. 그다음 원에는 규제를 통해서 성취할 수 있는 조치들이 포함되는데, 최저임금, 노동 시

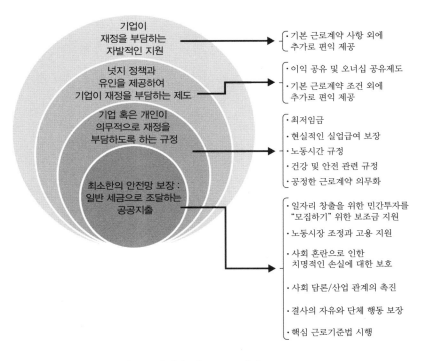

그림 18 노사 간에 새로운 계약을 맺는 구조 예시

간 보장 및 제한, 노동조합 허용, 실업보험이 여기에 해당한다. 그런 다음에는 개선된 연금제도, 추가적인 직업교육 및 이익공유제가 온다. 이것은 노동자들이 계속 생산적으로 일하게 만들고, 사업주와 직원들 간의 이익을 더 조화롭게 조정하는 강력한 방법이다.

고용계약 조건이 점차 더 유연해지는 추세라는 사실은 자본가(투자하는 사람들)와 노동자(고용된 사람들) 사이의 경쟁이 공정하게 이루어지도록 만드는 방향으로 조세 부담을 이동시킬 필요가 있음을 의미한다.[30] 2000년부터 2015년까지 선진국의 기업주와 투자자들은 평균 법인세율이 32퍼센트에서 25퍼센트까지 감소하면서 많은 이득을 얻었다.[31] 반면 사업주와 직원 모두에게 부과되며, 실업보험과 연금, 때로는 건강보험의 재정을 조달하는 데에 쓰이는 근로소득세는 증가했다. 이 모델은 사업주가 사회보장의 제공자가 되리라는 생각에서 비롯되었지만, 이미 일본과 라틴 아메리카의 국가들을 비롯한 수많은 나라에서는 근로소득세로 거둔 세수만으로는 연금 비용을 감당하지 못하고 있다.

자본가에게 유리하고 노동자에게 불리한 조세제도의 편향성은 기업이 노동자들의 교육에 과소투자하고 자동화에 과잉투자하고 있음을 의미한다. 이것은 특히 한국과 독일처럼 급속히 고령화가 진행되고 있는 국가가 직면한 현실이다. 이들 국가에서는 노인층을 부양하기 위해서 줄어드는 생산가능 인구의 생산성이 매우 높아야 하기 때문에 이를 위해 자동화 기술을 더 빠르게 적용하고 있다.[32] 한 추정치에 따르면 미국의 경우 현행 조세제도는 근로소득에 25.5–33.5퍼센트를 부과하는 반면, 실질적인 자본이득에 부과하는 세율은 5퍼센트에 불과하다. 이 세율은 2010년대만 해도 10퍼센트였고, 1990년대와 2000년대 초에는 20퍼센트였다.[33] 근로소득세를 자본이득세에 더 근접하게 줄인다면 기업은 고용 인력을 늘리는 일과 관련하여 보다 나은 결정을 내리게 될 것이다. 자본이득세와 비례하여 근로소득세를 줄인다면 전반적인 고용이 증가할 테고, 노동자가 받는 소득의 몫도 커질 것이다.

더 나은 모델은 기업에 다른 세율을 적용하는 것이다. 이것은 기업에 대한 전반적인 조세 부담을 늘릴 필요가 있다는 뜻이 아니다. 그보다는 핵심적인 복지 정책인 실업수당, 최저생활 보장연금, 일부 직업교육 지원비와 육아수당을 일반 세금으로 충당함으로써 법인세를 올리고 근로소득세를 줄일 수 있다는 의미이다. 가령 오스트레일리아와 뉴질랜드는 이미 근로소득세에서 벗어나 일반 세금을 이용해 핵심적인 복지 정책인 연금제도의 재정을 조달하기로 결정했으며, 많은 개도국들(방글라데시, 레소토, 나미비아, 수단 등)은 노인층을 위해서 일반 세금으로 재정을 조달하는 기초 사회보장 연금 모델을 채택하고 있다.[34]

전일제, 시간제, 독립사업 계약직 등 고용 형태와 무관하게 모든 유형의 직원에게 복지 혜택을 제공하도록 의무화하는 규정을 마련한다면, 직업이나 계약 형태에 따른 차별 없이 안전망이 제공되고, 사회보험에 부담금을 내지 않으려고 비정규 형태의 고용계약을 맺고자 하는 유인이 줄어들 것이다. 많은 국가에서 연구개발 및 혁신을 증진하기 위해서 기업을 지원하듯이 기업이 노동자들을 교육하도록 추가로 유인을 제공하는 일도 가능하다.[35] 오스트리아 같은 국가는 직업교육 비용에 대해 기업과 개인에게 상당한 세금 공제 혜택을 제공한다. 세금 공제 혜택은 특히 저기술 노동자와 중간 노동자 혹은 직원교육에 투자할 여력이 되지 않는 중소기업을 대상으로 한정해서 시행할 수도 있다. 미국에서는 코네티컷, 조지아, 켄터키, 미시시피, 로드아일랜드, 버지니아 주가 이러한 접근방식을 실험하고 있다.

기업과 정부 간에 조세 부담의 분배 문제를 개선하는 일과 더불어 글로벌 기업들의 조세 회피에 대한 조치도 필요하다. 현재 이들 기업이 저세율 국가에서 높은 수익을 올리는 것은 조세 회피 덕분이다. 다국적 기업들이 글로벌 수익의 40퍼센트를 매년 조세 피난처로 옮기고 있다. 영국에서는 외국 다국적 기업의 자회사들 가운데 50퍼센트 이상이 현재 과세 가능한 소득이 전혀 없다고 신고한다.[36] 미국에서는 아마존, 셰브론, IBM 등 포천 500대 기업에 포함된 91개 기업이 2018년에 납부한 연방 실효세율은 0퍼센트였다.[37]

다국적 기업들이 영업은 하면서 이익을 나누지 않는 상황은 해당 국가의 시민들 및 세금을 회피하지 못하는 국내 기업들에 불공평한 일이다. 현재와 같은 상황을 초래한 조세 체계는 법인의 물리적 소재지에 따라서 세액이 결정되는 20세기의 유물이다. 전 세계의 유통이 연결되어 있는 디지털 세계에서 이러한 조세 체계는 시대에 뒤떨어진 것이기 때문에, 기업은 조세 부담을 줄일 수 있는 곳이라면 어느 곳으로든 법인의 소재지를 합법적으로 옮겨 세금을 신고할 수가 있다. IMF는 이러한 상황에 의해서 각국 정부가 거두어들일 수 있는 법인세 소득에서 매년 5,000억-6,000억 달러의 손실이 발생한다고 추산한다.[38] 특히 개도국은 세원의 규모가 훨씬 작다는 점에서 상대적으로 큰 타격을 입는다. 개인이 조세 회피처에 얼마나 많은 돈을 빼돌렸는지에 대한 추정치는 8조7,000억 달러부터 36조 달러까지 다양한데, 이는 조세 수익에서 매년 약 2,000억 달러의 손실이 발생함을 의미한다.[39]

보다 공정한 해결책은 OECD에서 137개국의 협상을 거쳐 제시한 제안서를 바탕으로 마련할 수 있다. 첫째, 정부는 법인의 소재지가 어디에 있든 상관없이 영토 내에서 이루어진 매출에 근거해서 기업에 과세할 권리를 가진다. 둘째, 모든 다국적 기업은 최소한의 세금을 반드시 납부해야 한다. 이 두 가지 원칙 아래에서는 각 나라들이 기업을 유치하기 위해서 법인세를 낮추며 경쟁을 벌일 여지가 줄어든다. 유럽 국가들의 경우 이것은 미국의 거대 기술기업들이 벌어들인 수익에서 훨씬 많은 몫을 세금으로 가져갈 수 있음을 의미하고, 미국의 경우에는 미국에서 팔린 유럽 제품들의 수익에서 더 큰 몫을 가져갈 수 있음을 의미한다.[40] 두 경우 모두 해당 기업의 주주들이 벌어들이는 소득은 줄어드는 반면, 다국적 기업들이 국제조세법의 허점을 악용할 여지가 줄어들기 때문에 개도국들은 이 조치로 수혜를 입을 가능성이 크다. OECD는 그 두 가지 개혁으로 전 세계 법인세 수익이 4퍼센트까지 증가하리라고 추정하는데, 이는 매년 1,000억-2,400억 달러에 달한다.[41]

기업 경영자들은 편협하게 단기 주주 가치만 중시하는 경영이 불평등과 생산성 정체, 보잘것없는 혁신과 환경 파괴를 초래했다는 사실을 점차 인정하고 있다.[42] 기업과의 새로운 사회계약으로 기업은 법인세를 더 많이 내며 모든 노동자에게 복지 혜택을 제공하게 되는 한편, 최저소득, 육아휴직, 연금, 새로운 직업 능력 개발과 관련한 위험은 사회 전체가 분담하게 될 것이다. 또한 이 사회계약으로 인해서 기업 경영자들은 기업의 목표와 넓은 의미의 이해당사자들에 대한 의무를 재고해야 한다는 필요성에 더욱 공감하게 되는데,[43] 이는 기업에도 좋을 것이다. 숙련된 노동자, 고품질의 기반시설, 양호한 사회안전망을 이용함으로써 기업은 비용을 줄이고, 유연하게 혁신할 수 있다. 이미 소비자들과 신세대 노동자들은 사회적 책임을 지는 기업들을 가치 있게 여긴다. 그러나 기업과의 새로운 사회계약을 실현하는 일은 단순히 말로만으로는 이루어지지 않는다. 우리는 기업을 좋은 시민으로 만들 필요가 있으며, 세금, 규제, 기업의 지배구조와 관련해 구체적인 변화를 이루어내야 한다.

새로운 사회계약에 도달하기 :
이를 위해서 고려할 정치학

사회계약은 매우 정치적인 문제로, 한 나라의 역사와 가치관, 여건을 반영한다. 과거에 사회계약은 친족의 의무와 성별의 역할을 규정하는 종교전통과 문화규범의 산물로서 발전했고, 나중에는 사업주와 노동자 사이의 협상과 노사관계를 통해서 구성되었다. 오늘날 대부분의 국가에서 사회계약의 발전에 지대한 영향을 미치는 요소는 정치제도의 구조, 힘을 지닌 자들의 책임을 추궁하는 장치의 효과성, 정치적 연대의 출현, 그리고 위기에서 생기는 기회들이다.

  어떤 유형의 정부는 보다 나은 사회계약을 실현하는 데에 더 우수한 능력을 갖추었다. 민주주의 자체가 반드시 더 우수하지는 않지만, 높은 참여율로 치러지는 자유롭고 공정한 선거와 자유로운 언론에 의해 지도자들이 제약을 받는 민주 사회 쪽이 시민들이 더 장수하고 더 나은 경제적 성과를 실현하는 데에 탁월한 경향을 보인다.[44] 지도자가 권력을 사유화하고도 거의 아무 제약을 받지 않는 독재국가는 그 성과가 초라한 편이다. 그러나 민주주의가 아니더라도, 정책 입안자들에게 책임을 묻는 실질적인 "선출권자"를 둔 국가들(가령 중국 공산당)도 시민들에게 유익한 성과를 낼 수 있다.[45]

지도자들을 제약하고 그들에게 책임을 묻는 일은 그들의 결정으로 소득이 급락하거나 극단적인 경우에는 내전으로 치닫는 사태를 피하기 위해서 특히 중요하다. 아마르티아 센은 이렇게 말했다. "세계 역사상 민주주의가 제대로 작동하는 곳에서 기근이 일어난 적은 없다."[46] 민주 정부는 선거에서 이겨야 하고, 대중의 비판에 직면해야 하며, 재난을 피해야 하고(혹은 적어도 겉보기에는 그렇게 보여야 하고) 시민들의 생활을 개선해야 하는 확실한 동기가 있기 때문이다. 입법부, 사법부, 언론으로부터 강한 견제를 받는 정부는 특정 집단의 사적 이익에 봉사하기보다 공익을 중시하는 사회계약을 실현할 가능성이 더 높다.

민주주의 국가의 정치인들은 경제성과가 좋으면 지지율이 올라가는 경향이 있음을 잘 알고 있다. 하지만 국민소득 개선보다 복지 증진이 가져오는 지지율 상승 폭이 두 배나 더 높다는 사실을 아는 이들은 거의 없다. 1970년대 이후 유럽 각국에서 치러진 153개 의회 선거를 분석한 결과에 따르면, GDP 성장률이나 실업 혹은 인플레이션 같은 전통적 경제지표보다 개인이 느끼는 삶의 만족도가 선거 결과를 예측하는 데에 더 나은 지표로 밝혀졌다.[47] 행복의 정도를 결정짓는 요인으로 꼽히는 건강 상태와 의미 있는 직업은 사회계약을 구성하는 주요 요소이다.

어떤 정치제도가 더 나은 사회계약을 구현할까? 비례대표제가 아닌 승자 독식 정치체제를 갖춘 국가들은 작은 정부를 지향하고, 사회계약이 기득권에 더 유리한 경향이 있다. 미국과 영국과 같은 다수결주의 정치체제에는 소수민족을 돌보아야 할 유인이 거의 없고, 그보다는 다수의 중산층에게 혜택을 제공하는 일을 중시해야 할 유인이 더 크다. 반면 비례대표제를 수용한 국가들은 정치적으로 합의에 도달하려면 다양한 세력과 연대해야 하기 때문에 시민들에게 더 많은 복지 혜택을 제공하는 경향이 있다. 책임을 거의 지지 않는 독재 정부는 사회계약을 실현해야 할 압박을 잘 느끼지 않으며, 종종 국가를 독재자 자신과 패거리의 사익을 실현하는 도구로 전락시킨다. 한편 국가 경영에 실패한 취약국가는 정부가 일반적으로 세수를 늘리지 못하며, 법률제도나 정치적 역량이 부족하고, 공공 서비스를 실행할 능력에 한계가 있기 때문에 사회계약이 가장 허술하다.

사실, 중요한 것은 정부의 의지가 아니라 시민들의 기대에 부응할 만한 역량이 되느냐는 점이다. 이 질문은 아프리카, 라틴 아메리카, 중동, 남아시아에 있는 대부분의 개도국에 해당한다. 이곳에서는 정부가 세금을 인상해 시민들이 요구하는 교육, 건강, 기반시설 같은 기본적인 공공재를 제공할 수 있는지의 여부가 문제이다. 투표권을 가진 청년층 인구가 많은 국가의 경우, 시민들이 최소한 그들의 기대에 부응할 가능성이 높은 정당과 지도자를 선택할 역량을 갖추고 있다.

반면 민주주의가 아닌 국가에서는 시민들이 지배층을 압박할 다른 수단을 강구해야 하는 어려운 과제에 직면한다.

선진국들에서는 국가의 역량보다 여러 이익집단 간의 정치적 교착 상태를 해결하는 것이 더 큰 과제이다. 어떤 이들은 자신들에게 이득이 되는 사회계약의 특정 조건(이를테면 이른 정년)을 고수하는가 하면, 또 어떤 이들(이를테면 청년이나 취약집단)은 자신들의 이익을 확보하기 위한 투표를 할 수 없거나 하지 않는다. 투표 억압, 행정구역 조작, 로비와 부정부패 역시 사회계약의 개혁을 좌절시킬 수 있다. 이런 방해 공작이 벌어지는 나라에서 정부가 개입해야 할 가장 중요한 사안은 모든 사람이 쉽게 투표할 수 있는 환경을 조성하는 일이다. 그래야 가장 취약한 계층도 사회계약을 구성하는 데에 제 목소리를 낼 수 있게 된다. 민주주의를 위해서 다음으로 중요한 일은 안전한 온라인 투표 시스템의 마련이다.[48] 역사를 보면, 더 많은 구성원을 포용하는 정치체제를 갖추는 일은 더 관대한 사회계약을 구성하는 일에 선행하는 경향이 있다.

세계화가 진행되어 자본이 쉽게 이동하는 오늘날의 세계에서 국가가 취약계층에 관대한 사회계약을 구성할 수 있을까? 자본을 유치하기 위해서 다른 나라와 경쟁을 벌여야 한다는 현실은 어쩔 수 없이 기업에 유리하도록 복지 혜택을 최저 수준으로 유지해야 함을 의미하는 것은 아닐까? 대답은 "아니다"이다. 취약계층에 상당한 복지 혜택을 제공하는 사회계약을 구성하는 일은 가능하다. 세계화를 성공적으로 이끈 국가들에는 다양한 사회계약이 존재하며, 취약계층에 상당한 지원을 보장하는 곳도 있고 그렇지 않은 곳도 있다. 경제 개방과 사회계약에 포함된 취약계층에게 상당한 지원 및 부의 재분배 정책의 강도 사이에는 유의미한 상관관계가 없어 보인다.[49] 사실, 세계 무역에 더 개방적인 국가들이 세계 경제로부터 받는 충격을 완화하기 위한 방법으로 노동자들의 재교육에 공적 지출을 더 많이 하는 경향이 있다.[50] 미래에는 많은 기업들이 코로나바이러스 대유행에 대응하여 공급망을 단순화하고 생산시설을 현지의 시장과 더 가까운 곳으로 이동시킬 것이다. 이로써 정부는 정책을 선택할 때에 더 많은 자율성을 얻게 될 것이다.

해당 국가의 정치구조와 역량이 중요하지만, 위기와 그 위기로 인해 등장하는 새로운 연대에서 비롯되는 사회계약의 개혁 역시 가능하다. 영국 인구의 절반이 흑사병으로 쓰러졌던 14세기에는 노동력 부족으로 인해서 노동자들의 임금 협상력이 높아졌고, 이것이 봉건주의가 몰락하는 계기가 되었다. 반면 동유럽에서는 흑사병이 전혀 다른 효과를 초래했다. 지주들이 힘을 규합해 "재판농노제"로 알려진 시대를 연 것이다. 이에 따라서 지주들은 더 많은 노예를 부렸으며, 그들을 더욱 착취하는 제도를 만들었다.[51]

위태로운 순간마다 사람들은 사회에 더 많은 것들을 요구하기 때문에 훨씬 포괄적인 경제적 합의에 도달할 기회가 생기기도 한다.[52] 20세기에 미국에서는 대공황이 닥치자 뉴딜 정책을 발표했다. 제2차 세계대전을 치른 영국은 근대적 복지국가로 거듭났고, 유럽은 마셜 플랜의 원조를 받았다. 현재 전 세계를 휩쓸고 있는 코로나바이러스는 변화를 이끌어낼 좋은 기회이기도 하다. 가장 취약한 계층의 형편이 더욱 나빠졌으며, 비극적인 사태에 직면해서 의료 시스템의 취약점과 안전망의 부실함, 노인층을 부양할 장치의 결핍이 드러났다. 젊은 세대는 상당한 학습 손실을 입었으며, 소득 부문에서 가장 큰 손실을 입게 될 처지에 놓여 있다.[53] 여성들은 코로나바이러스 자체로부터는 영향을 덜 받았지만, 봉쇄조치가 내려진 동안 실직, 늘어난 무급 노동, 혹은 가정 폭력으로 인해서 경제적, 사회적 비용을 치르고 있다.[54] 한편, 각국에는 생산성을 크게 늘려서 상환해야 할 부채가 급증했다. 취약계층을 보호하기 위한 사회보장 제도의 개선과 더 나은 위기관리 능력을 갖추라는 요구가 많은 나라의 시민들로부터 터져나올 것이 틀림없다.

사회와 정부가 수많은 난제들에 동시에 대응해나갈 수 있을까? 수십 년에 걸쳐 수많은 협상을 진행하면서 내가 배운 교훈 하나는 때때로 문제를 크게 키우는 편이 그것을 쉽게 해결하는 길이라는 사실이다. 의제 속에 보다 많은 문제를 포함하면 비용과 혜택을 상쇄시킬 여지가 생기고, 연대를 이루어서 변화를 이끌어낼 수 있게 된다. 만약 내가 50대 후반의 나이에 은퇴를 앞두고 있는데, 은퇴를 미루고 더 오래 일할 경우 아이들에게 평생교육 바우처 혜택이 돌아간다는 사실을 안다면 나는 기꺼이 더 오래 일할 것이다. 비슷한 맥락에서 사회가 청년들을 교육하는 데에 상당한 자원을 투자했고, 미래에 새로운 기술을 배울 때에도 계속 지원할 것이며, 고령으로 접어들 때에는 안전망을 제공하리라는 확신이 든다면, 청년들도 기꺼이 세금을 더 내려고

할 것이다.

새로운 사회계약을 구성하기 위해서 연대할 수 있는 가능성은 크고 다양하다. 청년들은 이미 연대하여 환경을 지키기 위해서 행동에 나서고 있다. 기성세대의 선택으로 상실한 것들을 보충하기 위해서라면, 청년들은 평생교육 바우처 정책을 지지하는 일에도 동일하게 연대할 것이다. 불안정한 계약 조건에서 일하는 사람들, 특히 남성들에 비해서 경력 단절 가능성이 높은 여성들은 더 나은 복지 혜택과 교육에 대한 투자 확대, 재교육 정책의 개선을 점차 더 요구할 것이다. 코로나 대유행 또한 마스크 착용의 의무화나 건강한 체중 유지를 장려하는 등의 보편적 건강 관리 및 공중보건 개입의 정당성을 제공했다. 노인층의 경우에는 최저생활 보장연금과 노인 돌봄 서비스와 관련해서 새로운 합의를 이루는 것이 정년을 미루는 데에 대한 보상이 될 수 있을 것이다.

사회계약의 개선은 궁극적으로 정치 체계의 책임성을 개선하는 일이다. 이 일을 성취하는 방식은 나라마다 다를 것이다. 민주국가에서는 선거 참여, (이 책에서 요약한 주제들에 대한) 언론 보도, 대중적 담론화, 사회 모든 구성원을 위해서 봉사해야 할 권력자들에 대한 입법, 사법적 압력이 핵심적인 요소들이다. 민주주의체제가 아닌 국가에서는 빈약한 복지 혜택에 실망한 시민들이 그들의 지도자에게 변화를 강요할 수 있는 아마도 다소 평화적이지 못한 수단을 강구해야 할 것이다. 어떠한 경우든지 공정하고 효율적이고 효과적으로 공익을 보장하도록 만드는 길은 권력자들에게 더 큰 책임을 요구하는 것뿐이다.

21세기에 걸맞은 새로운 사회계약을 실현하기

우리는 서로에게 많은 것을 의지한다. 더 많은 계층의 이익을 포함하고 더 많은 복지 혜택을 지원하는 사회계약은 이러한 상호의존성을 인정하고, 모든 사람에게 최소한의 사회안전망을 보장하며 함께 위험을 분담하고, 모든 사람에게 가능한 한 오래도록 사회에 많이 이바지하라고 요청하는 내용이 될 것이다. 핵심은 복지국가의 건설이 아니라 사람들에게 투자하고, 위험을 공유하여 전반적인 복지 수준을 높이는 새로운 시스템을 구축하는 일이다.

기술의 진보, 인구 구성비의 변화, 환경의 변화를 고려해야 한다는 부담 때문에라도 사회계약의 변화는 불가피하다. 문제는 그러한 변화에 대비하느냐 아니면 최근 수십 년 동안 해왔던 대로 변화를 촉진하는 여러 요인들에 사회가 시달리도록 계속 방치하느냐는 점이다. 이 책은 우리가 직면한 과제들을 설명하고 아이들, 교육, 건강, 노동, 고령화, 세대 간의 관점에서 사회계약을 개선하기 위한 대안들을 제시했다. 이는 청사진이 아니지만, 경제적으로 실현가능한 방향을 제공한다. 또한 여기에서 제시한 대안들은 고정되어 있지 않기 때문에 각 나라의 필요에 맞게 취사선택할 수 있다. 실제로 대부분의 사회계약은 수십 년의 세월 동안 여러 단계를 거치며 개혁되었고, 개혁은 사회가 지속적으로 압력을 가한 결과물이었다.

에이브러햄 링컨은 "미래를 예측하는 최선의 방법은 미래를 창조하는 것"이라고 말했다. 시민들은 수 세기에 걸쳐서 평등한 기회를 얻기 위해 사회구조를 바꾸어왔고, 그들의 선택이 지금의 삶을 결정지었다. 우리는 새로운 선택이 필요한 역사적 시점에 서 있다. 사회계약을 변경해서 우리 자신과 후손에게 더 나은 미래를 선물할지는 우리의 선택에 달려 있다. 베버리지 보고서는 이렇게 글을 마무리했다. "민주 국가에서 결핍으로부터의 탈피는 강요할 수도 없고 거저 주어지지도 않는다. 오직 노력해서 쟁취해야 한다. 이를 쟁취하려면 용기와 믿음, 인도주의 정신이 필요하다. 현실과 어려움을 직시하고 이를 극복할 용기, 선조들이 기꺼이 목숨을 버리면서까지 지키고자 했던 자유와 공정함, 그리고 미래에 대한 믿음, 어떤 계급이나 당파의 이익보다 전체를 중시하는 인도주의 정신이 필요하다."[55] 우리는 서로에게 의무가 있다. 그리고 용기와 인도주의 정신을 불러일으켜야 할 의무가 우리 자신에게 있다.

주

서문

1 이것은 지난 30년간 인용된 수치를 미디어 데이터베이스 팩티바Factiva에서 확인한 결과이다. 방송 해설가들은 특히 프랑스에서 발생한 테러 공격, 영국의 브렉시트 국민투표, 미국 도널드 트럼프의 당선을 언급할 때 "모든 것이 무너져내린다"는 표현을 사용했다.

2 『국가는 왜 실패하는가Why Nations Fail』에서 애쓰모글루와 로빈슨은 사회가 극히 불안정한 시기를 거치는 동안 결과에 대한 분명한 청사진 없이 급격한 제도적 변화를 이룰 기회가 열리는 "결정적 분기점"에 관해서 설명한다.

3 밀턴 프리드먼은 다음과 같이 말한 것으로 유명하다. "오직 위기만이(실제 위기든 감지한 위기든 간에) 진정한 변화를 낳는다. 그런 위기가 닥칠 때에 어떻게 행동하느냐는 주변의 사상에 좌우된다. 다음은 우리 같은 사람이 수행할 기본 책무라고 나는 믿는다. 기존 정책의 대안을 개발하는 것, 그리고 정치적으로 실행 불가능한 대안들이 정치적으로 불가피한 선택이 될 때까지 그 대안들의 명맥을 유지하는 일 말이다."

4 Carole Seymour-Jones, *Beatrice Webb: Woman of Conflict*, Allison and Busby, 1992.

5 식민지배시대 이후 여러 세계 지도자들이 페이비언 사회주의 사상가들의 영향을 받았다. 인도의 자와할랄 네루, 나이지리아의 오바페미 아올로워, 파키

스탄의 무함마드 알리 진나, 싱가포르의 리콴유, 아랍 세계의 미셸 아플라크가 대표적이다.

6 영국 총리 마거릿 대처가 1975년 여름에 보수연구소를 딱 한 번 방문했는데, 당시 흥미로운 일화가 있다. 보수당 정부의 지지율을 끌어올리기 위해서 실용적인 "중도 노선"을 취해야 한다는 제안을 듣던 대처가 서류 가방에서 하이에크의『자유헌정론*The Constitution of Liberty*』을 꺼내 들더니 "이것이 우리가 믿는 바입니다"라고 선언하고 탁자를 세게 치듯 책을 내려놓은 것이다. John Ranelagh, *Thatcher's People: An Insider's Account of the Politics, the Power, and the Personalities*, Fontana, 1992. 로널드 레이건은 사상적으로 하이에크에게 깊은 영향을 받았음을 알리고 그를 백악관에 초빙하기도 했다.

7 Anthony Giddens, *The Third Way: The Renewal of Social Democracy*, Polity Press, 1998. See also Julian LeGrand and Saul Estrin, *Market Socialism*, Oxford University, 1989.

제1장

1 사회계약 이론과 사회구조의 관계에 관한 철학적 의미를 잘 설명해놓은 문헌으로는 레이프 웨너의 글을 참조하기 바란다. Leif Wenar, 'John Rawls', *The Stanford Encyclopedia of Philosophy*, spring 2017 edition

2 Steven Pinker, *Enlightenment Now: The Case for Reason, Science, Humanism, and Progress*, Penguin/Viking, 2020; Hans Rosling, Ola Rosling and Anna Rosling Rönnlund, *Factfulness: Why Things Are Better Than You Think*, Sceptre, 2018.

3 Edelman 2019 Trust Barometer Global Report: https://www.edelman.com/sites/g/files/aatuss191/files/201902/2019_Edelman_Trust_Barometer_Global_Report.pdf.

4 국가 형성에서 과세의 역할을 다룬 훌륭한 역사서로는 다음 글을 참조하기 바란다. Margaret Levi, *Of Rule and Revenue*, University of California Press, 1989.

5 사회계약 개념은 기원전 400년 초에 기록된 플라톤의『대화편*The Dialogues*』의 "크리톤"과『국가*Politeia*』에서도 찾을 수 있는데, 여기에서 플라톤은 법률 체계를 개인과 국가 간에 이루어진 일종의 계약으로 설명했다. 훗날 아우구스티누스와 토마스 아퀴나스 같은 중세 작가들은 좋은 시민이 된다는 것이 무엇을 의미하고, 집단의 이익과 관련해서 개인의 자율성은 얼마나 보장되어야 하는지 탐구했다.

6 Thomas Hobbes, *Leviathan*, Penguin Classics, 1651/2017.

7 John Locke, *Two Treatises of Government*, J. M. Dent, 1689/1993. 혁명권의 정당성을 주장한 로크의 견해는 미국 건국의 아버지들과 미국 헌법을 작성한

이들에게 지대한 영향을 미쳤다.

8 Jean-Jacques Rousseau, *The Social Contract*, Penguin Classics, 1762/1968.

9 Adam Smith, *The Theory of Moral Sentiments*, Cambridge University Press, 1759/2002. 현대적 관점의 해석은 다음 글을 참조하기 바란다. Jesse Norman, *Adam Smith: Father of Economics*, Penguin: 2018.

10 Howard Glennerster, *Richard Titmus: Forty Years On*, Centre for Analysis of Social Exclusion, LSE, 2014.

11 혹은 마이클 샌델에 따르면, "민주주의는 완벽한 평등을 요구하지는 않지만, 시민들이 보편적인 삶을 공유할 수는 있어야 한다." Michael Sandel, *What Money Can't Buy: The Moral Limits of Markets*, Penguin, 2012. p. 203.

12 John Rawls, *A Theory of Justice*, Belknap, 1971.

13 Ibid. p. 73. 롤스는 정의론을 펼치며 두 가지 원칙을 제시했는데, 바로 자유 원칙(표현의 자유, 결사의 자유, 양심의 자유 등 기본적인 자유를 우리가 최대한 누릴 수 있어야 한다는 것)과 차등 원칙(소득과 부, 자존감 등의 사회적 가치가 사회적 약자에게 더 많이 혜택이 돌아가는 방식으로 재화가 분배되어야 한다는 것)이다.

14 Gary Solon, 'What Do We Know So Far About Intergenerational Mobility?' *Economic Journal*, 2018; Michael Amior and Alan Manning, 'The Persistence of Local Joblessness', *American Economic Review*, 2018.

15 당시 독일 바이에른 거주민의 평균 수명은 남성 37.7세, 여성 41.4세였는데, 이렇게 수치가 낮은 이유는 유아사망률이 높았기 때문이었다. 1916년에 독일의 정년은 65세로 낮춰졌는데, 이는 국가가 근 20년간 연금을 지급해야 함을 의미한다. Martin Kohl, 'Retirement and the Moral Economy: An Historical Interpretation of the German Case', *Journal of Ageing Studies* 1:2, 1987, pp. 125–44.

16 베버리지의 업적을 요약한 다음과 같은 책이 있다. Nicholas Timmins, *The Five Giants: A Biography of the Welfare State*, Harper Collins, 2017.

17 OECD, *OECD Employment Outlook 2018*, OECD Publishing, 2018.

18 World Bank Group, 'Closing the Gap: The State of Social Safety Nets 2017', World Bank, 2017.

19 Francesca Bastagli, Jessica Hagen-Zanker, Luke Harman, Valentina Barca, Georgina Sturge and Tanja Schmidt, with Luca Pellerano, 'Cash transfers: what does the evidence say? A rigorous review of programme impact and of the role of design and implementation features', Overseas Development Institute, July 2016.

20 Ugo Gentilini, Mohamed Bubaker Alsafi Almenfi, Pamela Dale, Ana Veronica Lopez, Canas Mujica, Veronica Ingrid, Rodrigo Cordero, Ernesto Quintana and

Usama Zafar, 'Social Protection and Jobs Responses to COVID-19 : A Real-Time Review of Country Measures', World Bank, 12 June 2020.

21 Alberto Alesina and Edward Glaeser, *Fighting Poverty in the U.S. and in Europe: A World of Difference*, Oxford University Press, 2004.

22 Holger Stichnoth and Karine Van der Straeten, 'Ethnic Diversity, Public Spending and Individual Support for the Welfare State: A Review of the Empirical Literature', *Journal of Economic Surveys* 27:2, 2013, pp. 364–89. Stuart Soroka, Richard Johnston, Anthony Kevins, Keith Banting and Will Kymlicka, 'Migration and Welfare Spending', *European Political Science Review* 8:2, 2016, pp. 173–94.

23 Nicholas Barr, *The Economics of the Welfare State*, 5th edition, Oxford University Press, 2012, p. 174.

24 John Hills, *Good Times, Bad Times: The Welfare Myth of Them and Us*, Policy Press, 2014.

25 니컬러스 바에 따르면 복지국가는 위험 분담을 위한 최적의 장치이다. 이 제도는 (1) 미래에 닥칠지 모르는 빈곤에 대비해 태어난 순간부터 사회보험에 들게 하며, (2) 특히 실직, 질병, 노인요양 문제에서 민간보험으로 해결하지 못하는 기술적 문제로 인해서 시장실패가 발생했을 때 이에 대응하도록 도울 뿐 아니라 (3) 위험 분담 기능을 통해서 인적 자본을 구축하고 경제성장에 일조한다. Nicholas Barr, 'Shifting Tides: Dramatic Social Changes Mean the Welfare State is More Necessary than Ever', *Finance and Development* 55:4, December 2018, pp. 16–19.

26 Amartya Sen, *Commodities and Capabilities*, North Holland, 1985; Amartya Sen, 'Development as Capability Expansion', *Journal of Development Planning* 19, pp. 41–58, 1989; Amartya Sen, *Development as Freedom*, Oxford University Press, 1999.

27 더글러스 키가 마거릿 대처를 인터뷰했을 때 그녀가 한 말이다. 'Aids, education and the year 2000', *Women's Own*, 31 October 1987, pp. 8–10.

28 Franklin Delano Roosevelt, 'Second Inaugural Address', 20 January 1937.

29 Milton Friedman, 'The Social Responsibility of Business is to Increase its Profits', *New York Times Magazine*, 13 September 1970.

30 콜린 메이어는 기업의 미래에 관한 연구 프로그램에서 "기업의 목적은 사람들과 지구가 안고 있는 문제들과 관련해 수익성 있는 해결책을 생산하고, 그 과정에서 이익을 내는 것"이라고 결론지었다. Colin Mayer, *Prosperity: Better Business Makes the Greater Good*, Oxford University Press, 2018.

31 Barr, *The Economics*, Box 10.2, p. 274.

32 저기술 노동자들의 임금 하락을 초래한 주범은 세계화라고 여겨졌지만, 객관적 자료에 의하면 임금 하락의 가장 큰 요인은 기술의 발전이었다. 자료에 따르면, 임금 변동에 미친 영향을 따지면 무역 확대가 10-20퍼센트였고, 이민자 유입의 영향은 이보다도 낮았다. 임금 하락에 가장 큰 영향을 미친 요인은 단연코 "기술 발전"으로, 이는 고학력 숙련 노동자를 선호하는 고용시장의 변화를 초래했다. Phillip Swagel and Matthew Slaughter, 'The Effects of Globalisation on Wages in Advanced Economies', IMF Working Paper, 1997.

33 세계화가 선진국 노동시장에 미친 악영향에 관한 경제학적 분석은 다음 글을 참조하기 바란다. Joseph Stiglitz, *Globalization and Its Discontents*, W. W. Norton, 2002; Paul Krugman and Anthony Venables, 'Globalization and the Inequality of Nations', *Quarterly Journal of Economics*, 110:4, 1995, pp. 857–80; Paul Collier, *The Future of Capitalism: Facing the New Anxieties*, Penguin Random House, 2018; Raghuram Rajan, *The Third Pillar: The Revival of Community in a Polarized World*, William Collings, 2019; David Autor and David Dorn, 'The Growth of Low Skill Service Jobs and the Polarization of the U.S. Labor Market', *American Economic Review* 103:5, 2013, pp. 1553–97. 자동차 공장 폐쇄의 여파로 어려움을 겪은 디트로이트 인근의 제인즈빌 같은 사례가 대표적이다. 이 소도시 이야기는 경제적 기반이 단절된 후 인간이 치러야 하는 고통과 가슴 아픈 사연을 담고 있다. Amy Goldstein, *Janesville: An American Story*, Simon and Schuster, 2018. 이와는 대조적으로 이베르센과 소스키시에 따르면 자본은 주로 대도시에 거주하는 고급 인력을 선호하지만 각국 정부에는 이를 조절할 정책자율성이 있다. Torben Iversen and David Soskice, *Democracy and Prosperity: Re-inventing Capitalism Through a Turbulent Century*, Princeton University Press, 2019.

34 David H. Autor, David Dorn and Gordon H. Hanson, 'The China Shock: Learning from Labor-Market Adjustment to Large Changes in Trade', *Annual Review of Economics* 8, 2016, pp. 205–40; Mark Muro and Joseph Parilla, 'Maladjusted: It's Time to Reimagine Economic Adjustment Programs', Brookings, 10 January 2017.

35 관련 연구에 따르면 여성의 노동시장 참여율은 매우 가난한 나라(여성이 농업에 종사하는)와 매우 부유한 나라에서 아주 높게 나오는 U자형 곡선을 이룬다. 하지만 최근 자료는 이와 다른 패턴을 보여준다. Stephan Klasen, 'What Explains Uneven Female Labour Force Participation Levels and Trends in Developing Countries?' *World Bank Research Observer* 34:2, August 2019, pp. 161–97.

36 Naila Kabir, Ashwini Deshpande and Ragui Assaad, 'Women's Access to Market Opportunities in South Asia and the Middle East and North Africa', Working Paper, Department of International Development, London School of Economics in collaboration with Ahoka University and the Economic Research Forum, 2020.

37 Esteban Ortiz-Ospina and Sandra Tzvetkova 'Working Women: Key Facts and Trends in Female Labour Force Participation', *Our World in Data*, Oxford University Press, 2017.

38 Jonathan Ostry, Jorge Alvarez, Raphasel Espinoza and Chris Papgeorgiou, 'Economic Gains from Gender Inclusion: New Mechanisms, New Evidence', IMF Staff Discussion Paper, 2018.

39 Daniel Susskind and Richard Susskind, *The Future of the Professions*, Oxford University Press, 2015.

40 Andrew McAfee and Erik Brynjolfsson, *The Second Machine Age*, W. W. Norton, 2014.

41 IPCC, *Special Report Global Warming of 1.5 degrees*, Intergovernmental Panel on Climate Change, 2018.

42 Rattan Lal and B. A. Stewart (editors), *Soil Degradation*, Volume 11 of *Advances in Soil Science*, Springer-Verlag, 1990; Sara J. Scherr, 'Soil degradation: a threat to developing country food security by 2020?' International Food Policy Research Institute, 1999.

43 Gerardo Ceballos, Anne H. Ehrlich and Paul R. Ehrlich, *The Annihilation of Nature: Human Extinction of Birds and Mammals*, Johns Hopkins University Press, 2015, p. 135.

44 FAO, *The State of World Fisheries and Aquaculture 2018 – Meeting the Sustainable Development Goals*, United Nations Food and Agriculture Organisation, 2018.

제2장

1 Adalbert Evers and Birgit Riedel, *Changing Family Structures and Social Policy: Child Care Services in Europe and Social Cohesion*, University of Gießen, 2002, p.11.

2 보충성의 원리는 1922년 바이마르 공화국의 청소년복지법에 최초로 명시되었고, 이후 해당 법이 개정되었을 때에도 해당 조항을 재천명했다. Margitta Mätzke, 'Comparative Perspectives on Childcare Expansion in Germany: Explaining the Persistent East West Divide', *Journal of Comparative Policy*

Analysis: Research and Practice 21:1, 2019, pp. 47–64; Juliane F. Stahl and Pia S. Schober, 'Convergence or Divergence? Educational Discrepancies in Work-Care Arrangements of Mothers with Young Children in Germany', *Work, Employment and Society* 32:4, 2018, pp. 629–49.

3 1960년부터 2010년까지 미국의 직업 분포를 보면 점차 인재가 적소에 배치되는 방향으로 수렴하고 개인당 생산성이 20-40퍼센트 성장했음을 알 수 있다. Chang-Tai Hsieh, Erik Hurst, Charles I. Jones and Peter J. Klenow, 'The Allocation of Talent and U.S. Economic Growth', *Econometrica* 87:5, September 2019, pp. 1439–74.

4 유능한 여성이 평범한 남성을 대체하는 현상은 정치권에서도 발생한다. Timothy Besley, Olle Folke, Torsten Persson and Johanna Rickne, 'Gender Quotas and the Crisis of the Mediocre Man: Theory and Evidence from Sweden', *American Economic Review* 107:8, 2017, pp. 2204–42.

5 Columbia Law School, 'A Brief Biography of Justice Ginsburg', Columbia Law School web archive. 그녀와 동시대를 살았던 샌드라 데이 오코너 대법관 역시 스탠퍼드 로스쿨에서 3등의 성적으로 졸업했으나 1952년에 법률비서직을 겨우 얻었다.

6 Rhea E. Steinpreis, Katie A. Anders and Dawn Ritzke, 'The Impact of Gender on the Review of the Curriculum Vitae of Job Applicants and Tenure Candidates: A National Empirical Study', *Sex Roles* 41, 1999, pp. 509–28; Shelley J. Correll, Stephen Benard and In Paik, 'Getting a Job: Is there a Motherhood Penalty?' *American Journal of Sociology* 112:5, March 2007, pp. 1297–1338; Kathleen Feugen, Monica Biernat, Elizabeth Haines and Kay Deaux, 'Mothers and Fathers in the Workplace: How Gender and Parental Status Influence Judgements of Job-Related Competence,' *Journal of Social Issues* 60:4, December 2004, pp. 737–54.

7 Arlie Russell Hochschild and Anne Machung, *The Second Shift: Working Parents and the Revolution at Home*, Viking, 1989.

8 Cristian Alonso, Mariya Brussevich, Era Dabla-Norris, Yuko Kinoshita and Kalpana Kochar, 'Reducing and Redistributing Unpaid Work: Stronger Policies to Support Gender Equality', IMF Working Paper, October 2019: https://www.imf.org/~/media/Files/Publications/WP/2019/wpiea2019225-print-pdf.ashx

9 Alonso et al., *Reducing and Redistributing Unpaid Work*, p. 13.

10 Emma Samman, Elizabeth Presler-Marshall and Nicola Jones with Tanvi Bhaktal, Claire Melamed, Maria Stavropoulou and John Wallace, *Women's*

Work: Mothers, Children and the Global Childcare Crisis, Overseas Development Institute, March 2016.

11 최근 한 기사에서 멀린다 게이츠는 이렇게 지적했다. "미국에서는 엄마들 가운데 75퍼센트가 아이들을 돌봐야 한다는 이유로 일할 기회를 포기하거 나 일자리를 바꾸고, 혹은 직장을 떠났습니다. 아이들과 가족을 돌보기 위 해서 엄마가 직장을 그만둘 가능성은 아빠보다 3배나 더 높습니다. 직장이 없는 여성의 60퍼센트 이상이 그 이유로 가족을 돌봐야 하는 책임을 뽑습니 다. 베이비붐 세대 여성 3분의 1이 연로한 부모를 부양하고 있고, 그들 가운 데 11퍼센트가 직장을 떠나서 온종일 자녀와 노인을 돌보는 일에 시간을 쓰 고 있습니다." Melinda Gates, 'Gender Equality Is Within Our Reach', *Harvard Business Review*, October 2019.

12 영국에서 나온 조사 결과를 보려면 다음의 글을 확인하기 바란다. Monica Costa Rias, Robert Joyce and Francesca Parodi, 'The Gender Pay Gap in the UK: Children and Experience in Work', *Institute for Fiscal Studies*, February 2018.

13 Jonathan D. Ostrey, Jorge Alvarez, Rafael A. Espinosa and Chris Papageorgiou, 'Economic Gains from Gender Inclusion: New Mechanisms, New Evidence', *IMF Staff Discussion Note*, October 2018.

14 가족화 모델과 탈가족화 모델을 둘러싸고 여러 논쟁이 있다. Ruth Lister, '"She has other duties": Women, citizenship and social security,' in Sally Baldwin and Jane Falkingham (editors), *Social Security and Social Change: New Challenges*, Havester Wheatshead, 1994; Gøsta Esping-Andersen, *Social Foundations of Post-industrial Economies*, Oxford University Press, 1999; Roger Goodman and Ito Peng, 'The East Asian welfare states: peripatetic learning, adaptive change, and nation-building', in Gøsta Esping-Andersen (editor), *Welfare States in Transition: National Adaptations in Global Economies*, Sage, 1996, pp. 192–224; Huck-Ju Kwon, 'Beyond European Welfare Regimes: Comparative Perspectives on East Asian Welfare Systems', *Journal of Social Policy* 26:4, October 1997, pp. 467–84; Ito Peng and Joseph Wong, 'East Asia', in Francis G. Castles, Stephan Leibfried, Janes Lewis, Herbert Obinger and Christopher Pierson (editors), *The Oxford Handbook of the Welfare State*, Oxford University Press, 2010; Mi Young An and Ito Peng, 'Diverging Paths? A Comparative Look at Childcare Policies in Japan, South Korea and Taiwan', *Social Policy and Administration* 50:5, September 2016, pp. 540–55.

15 Emma Samman, Elizabeth Presler-Marshall and Nicola Jones with Tanvi Bhatkal, Claire Melamed, Maria Stavropoulou and John Wallace, 'Women's

Work: Mothers, Children and the Global Childcare Crisis', Overseas Development Institute, March 2016, p. 34.

16 Ibid. p. 34.

17 중국은 정부의 보육 지원이 줄어들고 조부모에게 의존하는 비율이 증가한 이후 도시에 거주하는 여성의 노동시장 참여율이 하락했다. 하지만 할머니들의 정년을 늦추면 무상으로 손주들을 돌볼 여건이 되지 않기 때문에 중국 정부는 향후 공공보육제도를 재정비해야 할 것이다. Yunrong Li, 'The effects of formal and informal childcare on the Mother's labor supply – Evidence from Urban China', *China Economic Review* 44, July 2017, pp. 227–40.

18 Daniela Del Boca, Daniela Piazzalunga and Chiara Pronzato, 'The role of grandparenting in early childcare and child outcomes', *Review of Economics of the Household* 16, 2018, pp. 477–512.

19 2016년 OECD 평균 교육비는 5퍼센트였다(https://data.worldbank.org/indicator/SE.XPD.TOTL.GD.ZS). 2017년 OECD 평균 의료비는 12.55퍼센트였다(https://data.worldbank.org/indicator/SH.XPD.CHEX.GD.ZS).

20 Chris M. Herbst, 'The Rising Cost of Child Care in the United States: A Reassessment of the Evidence', IZA Discussion Paper 9072, 2015, cited in Samman et al., *Women's Work*, p. 33.

21 Daniela Del Boca, Silvia Pasqua and Chiara Pronzato, 'Motherhood and market work decisions in institutional context: a European perspective', *Oxford Economic Papers* 61, April 2009, pp. i147–i171; Joya Misra, Michelle J. Budig and Stephanie Moller, 'Reconciliation policies and the effects of motherhood on employment, earnings and poverty', *Journal of Comparative Policy Analysis: Research and Practice* 9:2, 2007, pp. 135–55.

22 Gøsta Esping-Andersen, *Why We Need a New Welfare State*, Oxford University Press, 2002; Olivier Thévenon, 'Family Policies in OECD Countries: A Comparative Analysis', *Population and Development Review* 37:1, March 2011, pp. 57–87; Paolo Barbieri and Rossella Bozzon, 'Welfare labour market deregulation and households' poverty risks: An analysis of the risk of entering poverty at childbirth in different European welfare clusters', *Journal of European Social Policy* 26:2, 2016, pp. 99–123.

23 Giulia Maria Dotti Sani, 'The Economic Crisis and Changes in Work–Family Arrangements in Six European Countries', *Journal of European Social Policy* 28:2, 2018, pp. 177–93; Anne Gauthier, 'Family Policies in Industrialized Countries: Is there Convergence?' *Population* 57:3, 2002, pp. 447–74; Misra

et al., 'Reconciliation policies'; Joya Misra, Stephanie Moller, Eiko Strader and Elizabeth Wemlinger, 'Family Policies, Employment and Poverty among Partnered and Single Mothers', *Research in Social Stratification and Mobility* 30:1, 2012, pp. 113–28; Thévenon, 'Family Policies'.

24 ILO, *Maternity and paternity at work: law and practice across the world*, International Labour Organisation, 2014, cited in Samman et al., *Women's Work*, p. 47.

25 53개 개도국의 3만3,302개 회사를 표본으로 한 기업 자료 분석에 따르면, 남성 육아휴직을 강제하지 않는 국가보다 강제하는 국가에서 민간기업의 여성고용률이 훨씬 높게 나타난다. 보수적으로 추정해도 남성 육아휴직 의무화에 따른 여성 노동자의 증가율은 6.8퍼센트에 이른다. Mohammad Amin, Asif Islam and Alena Sakhonchik, 'Does paternity leave matter for female employment in developing economies? Evidence from firm-level data', *Applied Economics Letters* 23:16, 2016, pp. 1145–48.

26 ODI, *Women's Work: Mothers, Children and the Global Childcare Crisis*, Overseas Development Institute, 2016.

27 이 연구에서는 육아 비용과 여성의 노동시장 참여율 사이의 상관성도 중요하게 다룬다. 이 연구에서 검증하려고 한 가설은 보육 서비스를 이용하는 데에 경제적 부담이 적을수록 사람들이 더 많이 이용하고 여성들이 노동시장에 참여할 가능성이 더 올라간다는 것이다. 앤더슨과 러빈의 연구와 블라우와 커리의 연구 모두 미국의 보육 서비스 비용과 관련해 여성의 노동공급탄력성에 대한 추정치를 세세하게 제시하고 있다. 그들이 알아낸 사실은 대체로 육아 비용이 하락할 때 엄마의 노동시장 참여율이 증가함을 암시한다. 하지만 추정치 크기에는 많은 편차가 있다. Patricia Anderson and Philip Levine, 'Child Care and Mother's Employment Decisions', in David Card and Rebecca Blank (editors), *Finding Jobs: Work and Welfare Reform*, Russell Sage, 2000; David Blau and Janet Currie, 'Pre-School, Day Care, and After-School Care: Who's Minding the Kids?' *Handbook of the Economics of Education* 2, 2006, pp. 1163–1278; Mercedes Mateo Diaz and Lourdes Rodriguez-Chamussy, 'Childcare and Women's Labor Participation: Evidence for Latin America and the Caribbean', Technical Note IDB-TN-586, Inter-American Development Bank, 2013.

28 21개 개도국에서 13만 명가량의 여성을 대상으로 설문조사한 결과에 따르면, 개도국 여성들은 출산 불이익으로 소득이 약 22퍼센트 감소하는 것으로 추정되며, 연령, 교육, 혼인 여부 같은 요인들을 고려할 때에는 7퍼센트가 감소할 것으로 보인다. 딸을 키우는 여성의 경우에는 아이가 나이가 들면서 출산 불이익이 감소하는데, 딸들이 엄마의 가사노동을 거들게 되면서 다시 직

장에 나가서 일할 수 있기 때문이다. Jorge M. Agüeroa, Mindy Marksb and Neha Raykarc, 'The Wage Penalty for Motherhood in Developing Countries', Working Paper, University of California Riverside, May 2012.

29 Henrik Kleven, Camille Landais, Johanna Posch, Andreas Steinhauer and Josef Zweimuller, 'Child Penalties across Countries: Evidence and Explanations', *American Economic Association Papers and Proceedings* 2019. 여성이 생물학적으로 아이를 돌보는 데에 더 우수하므로 출산 불이익이 발생한다고 여겨지는데, 이와 같은 우수성이 입증된 적은 없다. Henrik Kleven, Camille Landais and Jakob Egholt Sogaard, 'Does Biology Drive Child Penalties? Evidence from Biological and Adoptive Families', Working Paper, London School of Economics, May 2020.

30 이 세 국가는 2000년대에 들어서 10년간 보육 지원 재정을 늘렸다. 그렇지만 일본에서의 재정 증가는 대부분 가정에서 아이들을 돌보도록 지원하는 형태이고, 한국에서는 보호자가 보육시설을 이용하도록 지원하며, 대만은 주로 육아휴직 급여를 지급하는 형태로 재정을 지원했다.

31 Takeru Miyajima and Hiroyuki Yamaguchi, 'I Want to, but I Won't: Pluralistic Ignorance', *Frontiers in Psychology* 20, September 2017: doi:10.3389/fpsyg.2017.01508.

32 Ingólfur V. Gíslason, 'Parental Leave in Iceland Gives Dad a Strong Position', *Nordic Labour Journal*, April 2019.

33 Rachel G. Lucas-Thompson, Wendy Goldberg and JoAnn Prause, 'Maternal work early in the lives of children and its distal associations with achievement and behavior problems: a meta-analysis', *Psychological Bulletin* 136:6, 2010, pp. 915–42.

34 Charles L. Baum, 'Does early maternal employment harm child development? An analysis of the potential benefits of leave taking', *Journal of Labor Economics* 21:2, 2003, pp. 409–448; David Blau and Adam Grossberg, 'Maternal Labor Supply and Children's Cognitive Development', *Review of Economics and Statistics* 74:3, August 1992, pp. 474–81.

35 Committee on Family and Work Policies, *Working Families and Growing Kids: Caring for Children and Adolescents*, National Academies Press, 2003.

36 Jane Waldfogel, Wen-Jui Han and Jeanne Brooks-Gunn, 'The effects of early maternal employment on child cognitive development', *Demography* 39:2, May 2002, pp. 369–92.

37 Lucas-Thompson et al., 'Maternal work early in the lives of children', pp. 915–42.

38 Ellen S. Peisner-Feinberg, Margaret R. Burchinal, Richard M. Clifford, Mary L. Culkin, Carollee Howes, Sharon Lynn Kagan and Noreen Yazejian, 'The relation of preschool child-care quality to children's cognitive and social developmental trajectories through second grade', *Child Development* 72:5, 2001, pp. 1534–53.

39 Eric Bettinger, Torbjørn Hægeland and Mari Rege, 'Home with mom: the effects of stay-at-home parents on children's long-run educational outcomes', *Journal of Labor Economics* 32:3, July 2014, pp. 443–67.

40 Michael Baker and Kevin Milligan, 'Maternal employment, breastfeeding, and health: Evidence from maternity leave mandates', *Journal of Labor Economics* 26, 2008, pp. 655–92; Michael Baker and Kevin Milligan, 'Evidence from maternity leave expansions of the impact of maternal care on early child development', *Journal of Human Resources* 45:1, 2010, pp. 1–32; Astrid Würtz-Rasmussen, 'Increasing the length of parents' birth-related leave: The effect on children's long-term educational outcomes', *Labour Economics* 17:1, 2010, pp. 91–100; Christopher J. Ruhm, 'Are Recessions Good for Your Health?' *Quarterly Journal of Economics* 115:2, May 2000, pp. 617–50; Sakiko Tanaka, 'Parental leave and child health across OECD countries', *Economic Journal* 115:501, February 2005, F7–F28.

41 Maya Rossin, 'The effects of maternity leave on children's birth and infant health outcomes in the United States', *Journal of Health Economics* 30:2, March 2011, pp. 221–39.

42 Lucas-Thompson et al., 'Maternal work early in the lives of children'.

43 Kathleen McGinn, Mayra Ruiz Castro and Elizabeth Long Lingo, 'Learning from Mum: Cross-National Evidence Linking Maternal Employment and Adult Children's Outcomes', *Work, Employment and Society* 33:3, 2019, pp. 374–400.

44 Susan Kromelow, Carol Harding and Margot Touris, 'The role of the father in the development of stranger sociability in the second year', *American Journal of Orthopsychiatry* 60:4, October 1990, pp. 521–30.

45 Vaheshta Sethna, Emily Perry, Jill Domoney, Jane Iles, Lamprini Psychogiou, Natacha Rowbotham, Alan Stein, Lynne Murray and Paul Ramchandani, 'Father–Child Interactions at 3 months and 24 Months: Contributions to Child Cognitive Development at 24 Months', *Infant Mental Health Journal* 38:3, 2017, pp. 378–90.

46 J. Kevin Nugent, 'Cultural and psychological influences on the father's role in infant development', *Journal of Marriage and the Family* 53:2, 1991, pp. 475–85.

47 Alonso et al., *Reducing and Redistributing*, p. 21.

제3장

1 Max Roser and Esteban Ortiz-Ospina, 'Primary and Secondary Education', *Our World in Data*, 2020.

2 World Bank, 'World Bank Development Report 2018: Learning to Realize Education's Promise', World Bank Group, 2018, p. 4.

3 World Bank, 'World Bank Education Overview: Higher Education (English)', World Bank Group, 2018.

4 교육에 투자한 수익률은 소년보다 소녀들이 2퍼센트 더 높다. George Psacharopolous and Harry Patrinos, 'Returns to Investment in Education: A Decennial Review of the Global Literature', Policy Research Working Paper 8402, World Bank, 2018.

5 Jack B. Maverick, 'What is the Average Annual Return on the S&P 500?' *Investopedia*, May 2019.

6 UK Government, 'Future of Skills and Lifelong Learning', Foresight Report, UK Government Office for Science, 2017.

7 Richard Layard and George Psacharopoulos, 'The Screening Hypothesis and the Returns to Education', *Journal of Political Economy* 82:5, September–October 1974, pp. 985–98; David Card and Alan B. Krueger, 'Does School Quality Matter? Returns to Education and the Characteristics of Public Schools in the United States', *Journal of Political Economy* 100:1, February 1992, pp. 1–40; Damon Clark and Paco Martorell, 'The signalling value of a high school diploma', *Journal of Political Economy* 122:2, April 2014, pp. 282–318.

8 Daron Acemoglu, 'Technical Change, Inequality, and the Labor Market', *Journal of Economic Literature* 40:1, March 2002, pp. 7–22.

9 Claudia Goldin and Lawrence F. Katz, *The Race between Education and Technology*, Harvard University Press, 2008.

10 World Bank, 'World Bank Development Report: The Changing Nature of Work', World Bank Group, 2019, p. 71.

11 복잡한 문제 해결 능력에서 표준편차 1증가량은 10-20퍼센트의 임금 상승과 상관관계가 있다. Peer Ederer, Ljubica Nedelkoska, Alexander Platt and Sylvia Castellazzi, 'How much do employers pay for employees' complex problem solving skills?' *International Journal of Lifelong Learning* 34:4, 2015, pp. 430–47.

12 Lynda Gratton and Andrew Scott, *The 100 Year Life: Living and Working in an Age of Longevity*, Bloomsbury, 2016.

13 Ibid. p. 110.

14 OECD, *OECD Employment Outlook 2019: The Future of Work*, Organisation for Economic Co-operation and Development, 2019, Chapter 3.

15 William Johnson (*later* Cory), king's scholar 1832–41, master 1845–72, in his *Eton Reform II*, as adapted by George Lyttleton in writing to Rupert Hart-Davis.

16 J. Fraser Mustard, 'Early Brain Development and Human Development', in R. E.Tremblay, M. Boivin and R. De V. Peters (editors), *Encyclopedia on Early Childhood Development*, 2010: http://www.child-encyclopedia.com/ importance-early-childhood-development/according-experts/early-brain-development-and-human

17 Arthur J. Reynolds, Judy A. Temple, Suh-Ruu Ou, Irma A. Arteaga and Barry A. B. White, 'School-Based Early Childhood Education and Age-28 Well-Being: Effects by Timing, Dosage, and Subgroups', *Science* 333, 15 July 2011, pp. 360–64.

18 Rebecca Sayre, Amanda E. Devercelli, Michelle J. Neuman and Quentin Wodon, 'Investing in Early Childhood Development: Review of the World Bank's Recent Experience', World Bank Group, 2014.

19 Paul Glewwe, Hanan G. Jacoby and Elizabeth M. King, 'Early childhood nutrition and academic achievement: A longitudinal analysis', *Journal of Public Economics* 81:3, 2001, pp. 345–68; Emiliana Vegas and Lucrecia Santibáñez, 'The Promise of Early Childhood Development in Latin America and the Caribbean', Latin American Development Forum, World Bank, 2010.

20 이들 연구는 국가 차원의 증거를 다량 확보했을 뿐만 아니라, 시뮬레이션도 개발하여 모든 국가에서 유치원 등록률을 25퍼센트까지 신장시킬 경우 106억 달러의 편익이 발생하고, 50퍼센트까지 신장시킬 경우 337억 달러의 편익이 발행해 편익 대 비용의 비율이 17.6대 1이라고 밝혔다. Patrice L. Engle, Maureen M. Black, Jere R. Behrman, Meena Cabral de Mello, Paul J. Gertler, Lydia Kapiriri, Reynaldo Martorell, Mary Eming Young and the International Child Development Steering Group, 'Child development in developing countries 3: Strategies to avoid the loss of developmental potential in more than 200 million children in the developing world', *Lancet* 369, January 2007, p. 229–42; Patrice Engle, Lia Fernald, Harold Alderman, Jere Behrman, Chloe O'Gara, Aisha Yousafzai, Meena Cabral de Mello, Melissa Hidrobo, Nurper Ulkuer, Ilgi Ertem and Selim Iltus, 'Strategies for Reducing Inequalities and Improving Developmental Outcomes for Young Children in Low and Middle Income Countries', *Lancet* 378, November 2011, pp. 1339–53.

21 Engle et al., 'Child development'.

22 Paul Gertler, James Heckman, Rodrigo Pinto, Arianna Zanolini, Christel Vermeersch, Susan Walker, Susan M. Chang and Sally Grantham-McGregor, 'Labor market returns to an early childhood stimulation intervention in Jamaica', *Science* 344, 30 May 2014, pp. 998–1001.

23 여러 사례에서 입증된 바에 따르면, 유아기에 다양한 학습 프로그램에 참여한 아동들은 취학 전 학업준비도와 초기의 학업성취도가 높을 뿐 아니라 (Lynn A. Karoly, Peter W. Greenwood, Susan S. Everingham, Jill Houbé, M. Rebecca Kilburn, C. Peter Rydell, Matthew Sanders and James Chiesa, 'Investing in Our Children: What We Know and Don't Know About the Costs and Benefits of Early Childhood Interventions', RAND Corporation, 1998; Crag T. Ramey and Sharon Landesman Ramey, 'Early intervention and early experience', *American Psychologist* 53:2, 1998, pp. 109–20; Karl R. White, 'Efficacy of Early Intervention', *The Journal of Special Education*, 19: 4 [1985], pp. 401–16) 훗날 교정교육을 받는 경우가 적고(W. Steven Barnett, 'Long-Term Effects of Early Childhood Programs on Cognitive and School Outcomes', *The Future of Children* 5:3, 1995, pp. 25–50; Karoly et al., 'Investing'; Jack P. Shonkoff and Deborah A. Phillips [editors], *From neurons to neighborhoods: The science of early childhood development*, National Academy Press, 2000), 비행을 저지르는 경우가 적으며(Eliana Garces, Duncan Thomas and Janet Currie, 'Longer-Term Effects of Head Start', *American Economic Review* 92:4, 2002, pp. 999–1012; Arthur J. Reynolds, Judy A. Temple, Dylan L. Robertson and Emily A. Mann, 'Long-term Effects of an Early Childhood Intervention on Educational Achievement and Juvenile Arrest: A 15-Year Follow-up of Low-Income Children in Public Schools,' *Journal of the American Medical Association* 285:18, 2001, pp. 2339–46; L. J. Schweinhart, H. V. Barnes and D. P. Weikart, 'Significant Benefits: The High/Scope Perry Preschool Study through Age 27', *Monographs of the High/Scope Educational Research Foundation* 10, High/Scope Press, 1993; Karoly et al., 'Investing'), 높은 수준의 정규교육과정을 이수하는 경향이 있다(Frances A. Campbell, Craig T. Ramey, Elizabeth Pungello, Joseph Sparling and Shari Miller-Johnson, 'Early Childhood Education: Young Adult Outcomes From the Abecedarian Project', *Applied Developmental Science* 6:1, 2002, pp. 42–57; Consortium for Longitudinal Studies [Ed.], *As the twig is bent: Lasting effects of preschool programs*, Erlbaum, 1983; Reynolds et al, 'Long-term Effects'; Schweinhart et al., 'Significant Benefits'; Ramey and Ramey, 'Early Intervention'; Barnett, 'Long-Term Effects' Shonkoff and Phillips,

From neurons to neighborhoods; Garces, Thomas and Currie, 'Longer-Term Effects'; Reynolds et al., 'Long-term Effects'; Schweinhart et al., 'Significant Benefits'; Campbell et al., 'Early Childhood Education'.

24 Reynolds et al., 'School-Based Early Childhood Education', pp. 360–64. 유아 교육 지원 정책의 효과는 남자아이들보다 여자아이들에게 더 크게 나타난다는 흥미로운 연구 결과가 있다. 일례로 노스캐롤라이나에서 실행한 한 연구에 따르면, 딸을 둔 아빠보다 아들을 둔 아빠가 자녀와 더 많은 시간을 보내고 경제적으로 더 여유로운 경향을 보였으며 결과적으로 여자아이보다 남자아이의 양육 환경이 더 나은 것으로 나타났다. Jorge Luis Garcia, James J. Heckman and Anna L. Ziff, 'Gender differences in the benefits of an influential early childhood program', *European Economic Review* 109, 2018, p. 9–22.

25 World Bank, 'World Bank Development Report 2019', p. 75.

26 Ibid.

27 OECD, 'OECD Family database', Organisation for Economic Co-operation and Development, 2019: http://www.oecd.org/els/family/database.htm

28 World Bank, 'World Bank Development Report 2019', pp. 74–75.

29 Joseph Fishkin, *Bottlenecks: A New Theory of Equal Opportunity*, Oxford University Press, 2014.

30 Canadian Literacy and Learning Network, 'Seven Principles of Adult Learning', 2014: website, Office of Literacy and Essential Skills, Government of Canada.

31 Malcolm S. Knowles, Elwood F. Holton III and Richard A. Swanson, *The adult learner: The definitive classic in adult education and human resource development*, Elsevier, 2005.

32 World Bank, 'World Bank Development Report 2019'.

33 A. D. Ho, J. Reich, S. Nesterko, D. T. Seaton, T. Mullane, J. Waldo and I. Chuang, 'HarvardX and MITx: The first year of open online courses, Fall 2012–Summer 2013', 2014.

34 David Card, Jochen Kluve and Andrea Weber, 'What Works? A Meta-Analysis of Recent Active Labor Market Program Evaluations', *Journal of the European Economic Association* 16:3, June 2018, pp. 894–93.

35 OECD, *Getting Skills Right: Future Ready Adult Learning Systems*, OECD Publishing, 2019.

36 Ibid.

37 여러 국가에서 성인교육을 지원하는 데에 드는 비용을 어떻게 분담하는지 보여주는 사례를 보려면 이 자료를 참고하라. Ibid.

38 Ibid. p. 96.

39 중소기업이 직원들의 역량을 개발하는 좋은 사례로는 보조금제도를 시행하는 한국이 있다. 이 제도를 이용하는 사업주들은 재정적 지원을 받아서 교육 필요성을 분석하는 과정에서 외부 컨설턴트를 고용할 수 있고, 일종의 교육 기관으로서 최고경영자와 관리자들의 역량을 키울 수 있다. 학습 그룹을 조직하고 이들 그룹을 관리할 직원에게 급여를 제공할 때에도 보조금을 이용할 수 있다. 보조금은 학습 활동을 담당할 직원과 경영진의 교육비로도 이용할 수 있다. 마지막으로 동료 간 학습 활동과 직원을 교육하는 기관을 설립한 경험을 공유하는 일에도 사용할 수 있다. OECD, *Getting Skills Right: Engaging low-skilled adults in learning'*, OECD Publishing, 2019, p. 20.

40 Archie Hall, 'Shares in Students: Nifty Finance or Indentured Servitude?' *Financial Times*, 12 November 2019.

41 Thomas Piketty, *Capital and Ideology*, Harvard University Press, 2020.

42 수혜자가 대출을 갚지 못하고 파산할 위험성을 관리하고, 행정 비용을 감당하기 위해서 추가 비용을 부과할 수 있다. 그러나 이 제도가 효과를 거둘 만큼 충분히 매력적으로 보이게 하려면, 학생이 특정한 소득 기준치를 달성했을 때에 대출 상환이 시작되어야 한다.

제4장

1 Daniel R. Hogan, Gretchen A. Stevens, Ahmad Reza Hosseinpoor and Ties Boerma, 'Monitoring universal health coverage within the Sustainable Development Goals: development and baseline data for an index of essential health services', *Lancet Global Health* 6, 2018, pp. e152–68.

2 다른 추정치에 따르면, 모든 저소득 국가들이 기본적인 1차 의료 서비스를 제공하기 위해서는 GDP의 5퍼센트에 1인당 최소 86달러의 지원이 필요하다. Di Mcintyre, Filip Meheus and John-Arne Røttingen, 'What Level of Domestic Government Health Expenditure Should We Aspire to for Universal Health Coverage', *Health Econ Policy Law* 12:2, 2017, pp. 125–37.

3 WHO, *Global Spending on Health: A World in Transition*, World Health Organisation, 2019.

4 ILO, 'World Social Protection Report 2014/15: Building economic recovery, inclusive development and social justice', International Labour Organisation, 2014.

5 WHA세계보건총회가 만장일치로 WHO의 국가 간 보건 인력 채용에 관한 국제적 실무 지침을 채택했지만, 이 실무 지침의 실행에 관한 최초 보고서의 평가는 긍정적이지 않았다. Allyn L. Taylor and Ibadat S. Dhillon, 'The WHO

Global Code of Practice on the International Recruitment of Health Personnel: The Evolution of Global Health Diplomacy', *Global Health Governance* V:1, fall 2011; Amani Siyam, Pascal Zurn, Otto Christian Rø, Gulin Gedik, Kenneth Ronquillo, Christine Joan Co, Catherine Vaillancourt-Laflamme, Jennifer dela Rosa, Galina Perfilieva and Mario Roberto Dal Poz, 'Monitoring the implementation of the WHO Global Code of Practice on the International Recruitment of Health Personnel', *Bulletin of World Health Organisation* 91:11, 2013, pp. 816–23.

6 Kenneth Arrow, 'Uncertainty and the Welfare Economics of Medical Care', *American Economic Review* 53:5, 1963, pp. 941–73.

7 Ruud Ter Meulen and Hans Maarse, 'Increasing Individual Responsibility in Dutch Health Care: Is Solidarity Losing Ground?' *Journal of Medicine and Philosophy: A Forum for Bioethics and Philosophy of Medicine* 33:3, June 2008, pp. 262–79.

8 공중보건 개입 조치를 정당화하는 기준으로는 주로 다섯 가지가 언급된다. (1) 효과성, (2) 비례성, (3) 필요성, (4) 최소한의 권리 침해, (5) 공적정당성. James F. Childress, Ruth R. Faden, Ruth D. Gaare, Lawrence O. Gostin, Jeffrey Kahn, Richard J. Bonnie, Nancy E. Kass, Anna C. Mastroianni, Jonathan D. Moreno and Phillip Nieburg, 'Public health ethics: mapping the terrain', *Journal of Law Medical Ethics* 30:2, June 2002, pp. 170–78.

9 Ruben Durante, Luigi Guiso and Giorgio Guilino, 'Asocial capital: Culture and Social Distancing during Covid-19', Centre for Economic Policy Research Discussion Paper DP14820, June 2020; John Barrios, Efraim Benmelech, Yael V. Hochberg, Paola Sapienza and Luigi Zingales, 'Civic Capital and Social Distancing during the Covid-19 Pandemic,' National Bureau of Economic Research Working Paper 27320, June 2020; Francesca Borgonovi and Elodie Andrieu, 'The Role of Social Capital in Promoting Social Distancing During the Covid-19 Pandemic in the US', *Vox*, June 2020.

10 멀로니와 타스킨이 구글의 이동 경로 데이터를 조사한 바에 따르면, 정부가 봉쇄조치를 내리기 전에 이미 미국에서는 식당예약률이 상당히 감소한 것으로 나타났다. William Maloney and Temel Taskin, 'Determinants of Social Distancing and Economic Activity During Covid-19: A Global View', World Bank Policy Research Working Paper 9242, World Bank, May 2020. For the UK, Surico et al. (2020)에서는 전국적인 봉쇄조치가 시행되기 전에 소비 역시 상당히 감소한 것으로 나타났다. Paolo Surico, Diego Kanzig

and Sinem Hacioglu, 'Consumption in the Time of Covid-19: Evidence from UK Transaction Data', Centre for Economic Policy Research Discussion Paper DP14733, May 2020. Born et al. (2020)에 따르면 스웨덴에서는 국내 이동량이 봉쇄조치를 내린 국가들과 비슷한 수준으로 떨어졌다. Benjamin Born, Alexander Dietrich and Gernot Muller, 'The Lockdown Effect: A Counterfactual for Sweden'. Centre for Economic Policy Research Discussion Paper DP 14744, July 2020.

11 보건의료 시스템을 구축하는 방법을 다룬 문헌의 양은 방대하다. 일각에서 주장한 바에 따르면 보건의료 시스템을 공공사업으로 실행할지 민간사업에 맡길지 결정하는 것보다 더 중요한 일은 의료 서비스 공급에 다양한 선택지가 존재하는지 또 경쟁이 허용되는지를 결정하는 것이다. Julian LeGrand, *The Other Invisible Hand: Delivering Public Services Through Choice and Competition*, Princeton University Press, 2007.

12 Viroj Tangcharoensathien, Anne Mills and Toomas Palu, 'Accelerating health equity: the key role of universal health coverage in the Sustainable Development Goals,' *BMC Medicine*, 2015, pp. 1–5.

13 Marc J. Epstein and Eric G. Bing, 'Delivering Health Care to the Global Poor: Solving the Accessibility Problem', *Innovations: Technology, Governance, Globalization* 6:2, 2011.

14 Reuters, 'Ant Financial Amasses 50 Million Users, Mostly Low Income, in New Health Plan', *Reuters: Technology News*, 12 April 2019. 이 사례에 주목하게 된 것은 로저 마운트포트 덕분이다.

15 OECD는 미국의 기대 수명이 이제 OECD의 평균 80.1세보다 1년 짧다고 지적한다. 이는 1970년대에 OECD 평균보다는 1년 길었던 것과 대비된다. OECD, 'Life expectancy in the US rising slower than elsewhere, says OECD', Organisation for Economic Co-operation and Development , 2013, p.1. 미국의 줄어드는 기대 수명에 대한 자료는 다음 글을 참조하라. Ann Case and Angus Deaton, *Deaths of Despair and the Future of Capitalism*, Princeton University Press, 2020.

16 Luca Lorenzoni, Alberto Marino, David Morgan and Chris James, 'Health Spending Projections to 2030: New results based on a revised OECD methodology', OECD Health Working Paper 110, 23 May 2019.

17 Aaron Reeves, Yannis Gourtsoyannis, Sanjay Basu, David McCoy, Martin McKee and David Suckler, 'Financing universal health coverage: effects of alternative tax structures on public health systems: cross-national modelling in 89 low-income and middle-income countries', *Lancet* 386:9990, July 2015, pp. 274–80.

18 Claudine de Meijer, Bram Wouterse, Johan Polder and Marc Koopmanschap, 'The effect of population aging on health expenditure growth: a critical review', *European Journal of Ageing* 10:4, 2013, pp. 353–61.

19 Irene Papanicolas, Alberto Marino, Luca Lorenzoni and Ashish Jha, 'Comparison of Health Care Spending by Age in 8 High-Income Countries', JAMA Network Open, 2020.

20 웅히엠과 코널리에 따르면 의료비 지출 증가의 상당 부분은 통념과는 달리 인구의 고령화보다는 새로운 의료기술에 대한 수요가 증가했기 때문인 것으로 드러났다. 1인당 국민소득이 1퍼센트 증가할 때 1인당 의료비 지출은 0.9 퍼센트 증가한 것으로 보인다. 두 사람이 연구한 기간 동안 의료비 지출은 해마다 4퍼센트 증가했고, 10년을 주기로 가속화되었는데, 지출 증가의 주된 동인은 기술의 발전이었다. Son Hong Nghiem and Luke Brian Connelly, 'Convergence and determinants of health expenditures in OECD countries', *Health Economics Review* 7:1, 2017, p. 29. 기술과 관련해서 소득과 건강보험료의 지출 증가가 미치는 영향에 대한 평가는 다음 글을 참조하라. Sheila Smith, Joseph P. Newhouse and Mark S. Freeland, 'Income, Insurance, and Technology: Why Does Health Spending Outpace Economic Growth?' *Health Affairs* 28:5, 2009, pp. 1276–84.

21 Lorenzoni et al., 'Health Spending Projections to 2020'.

22 이것은 복제약이 동일한 효과를 제공할 때라야 효과가 있다. 규제가 부실한 경우에는 복제약 품질에 관한 논란이 끊이지 않았다. Karen Eban, *Bottle of Lies: The Inside Story of the Generic Drug Boom*, Ecco Press, 2020.

23 의약품 가격의 책정방식이 보건의료 시스템에 미치는 효과에 관한 정밀한 분석 자료를 찾는다면 다음 글을 참조하라. Sarah L. Barber, Luca Lorenzoni and Paul Ong, 'Price setting and price regulation in health care: lessons for advancing Universal Health Coverage', World Health Organization and the Organisation for Economic Co-operation and Development, 2019.

24 Alex Voorhoeve, Trygve Ottersen and Ole F. Norheim, 'Making fair choices on the path to universal health coverage: a précis,' *Health Economics, Policy and Law*, 2016.

25 McKinsey, *The Social Contract in the 21st Century*, McKinsey Global Institute, 2020.

26 선진국들에 대한 자료는 다음 글을 참조하라. V. G. Paris, G. De Lagasnarie, R. Fujisawa et al., 'How do OECD countries define the basket of goods and services financed collectively', OECD Unpublished Document, 2014. 개도국에서 의료기술을 평가한 연구 근거를 의사결정에 활용하는 사례들은 다음

글을 참조하라. Corinna Sorenson, 'The role of HTA in coverage and pricing decisions', *Euro Observer* 11:1, 2009, pp. 1–4; Leon Bijlmakers, Debjani Mueller, Rabia Kahveci, Yingyao Chen and Gert Jan van der Wilt, 'Integrate HTA – A low and middle income perspective', *International Journal of Technology Assessment in Health Care* 33:5, 2017, pp. 599–604.

27 일부 의료비 산정에 관해 본인부담금 기준을 평가하는 체계는 다음 논문을 참조하라. Gustav Tinghog, Per Carlsson and Carl Lyttkens, 'Individual responsibility for what? – A conceptual framework for exploring the suitability of private financing in a publicly funded health-care system', *Health Economics Policy and Law Journal* 5:2, 2010, pp. 201–23.

28 질 보정 수명의 장단점을 잘 요약한 책으로는 다음을 참조하라. Emily Jackson, *Medical Law*, Oxford University Press, 2019.

29 Melanie Bertram, Jeremy Lauer, Kees De Joncheere, Tessa Edejer, Raymond Hutubessy, Marie-Paule Kieny and Suzanne Hill, 'Cost–Effectiveness Thresholds: Pros and Cons', *Bulletin of the World Health Organization*, 2016.

30 예를 들면 영국의 NICE는 공적으로 지원가능한 가격을 평가하기 위해서 질 보정 수명 1년당 2만 파운드를 기준으로 삼는다. 질 보정 수명 1년당 2만–3만 파운드 내의 비용이 드는 치료는 특수한 상황에서 허용할 수 있는 범위로 간주한다. 그러나 질 보정 수명 1년당 3만 파운드 이상의 비용이 드는 치료는 허용하지 않는다. 실제로 정한 상한액은 4만 파운드이지만, 그 금액으로 신청하면 기각될 가능성이 50퍼센트가 훨씬 넘는다. Jackson, *Medical Law*.

31 Karl Claxton quoted in Robin McKie, 'David Cameron's Flagship Cancer Drugs Fund is a Waste of NHS Cash', *Guardian*, 10 January 2015.

32 John Harris, *The Value of Life*, Routledge, 1985, p. 93; Alan Williams, 'Intergenerational Equity: An Exploration of the "Fair Innings' Argument"', *Health Economics* 6:2, March 1997, pp. 117–32.

33 Norman Daniels, *Just Health Care*, Cambridge University Press, 1985; Ronald Dworkin, *Sovereign Virtue: The Theory and Practice of Equality*, Harvard University Press, 2002.

34 Gwyn Bevan and Lawrence D. Brown, 'The political economy of rationing health care in England and the US: the "accidental logics" of political settlements', *Health Economics, Policy and Law* 9:3, 2014, pp. 273–94.

35 Henry J. Aaron and William B. Schwartz, *The Painful Prescription*, Brookings Institution, 1984.

36 Nina Bernstein, 'With Medicaid, Long-Term Care of Elderly Looms as Rising

Cost', *New York Times*, 7 September 2012.

37 Marc Mitchell and Lena Kan, 'Digital Technology and the Future of Health Systems', *Health Systems and Reform* 5:2, pp. 112–20.

38 R. L. Cutler, F. Fernandez-Llimos, M. Frommer et al., 'Economic impact of medication non-adherence by disease groups: a systematic review', *British Medical Journal Open*, 2018.

39 가령 구글의 딥마인드와 로열프리 NHS 재단기금은 공동으로 급성 신장질환 진단 및 감지를 위한 시스템을 개발할 때 환자들에게 그들의 자료가 관련 과정에서 사용되리라는 사실을 공지하는 데에 소홀했다. Information Commissioner's Office, 'Royal Free-Google Deep Mind Trial Failed to Comply with Data Protection Law', UK Government Information Commissioner, 3 July 2017.

40 가령 전 세계 전문가들과 시민들이 모든 이에게 힘을 실어주고, 모든 이가 접근할 수 있는 안전한 디지털 세계를 이루기 위해서 "웹을 위한 계약서"를 만들었다. 팀 버너스리가 주도한 이 계약서는 정부, 기업, 시민단체, 개인이 개인정보를 보호하는 데에 필요한 원칙들을 명시하고 있다. contractfortheweb.org을 보라.

41 Rebecca Masters, Elspeth Anwar, Brendan Collins, Richard Cookson and Simon Capewell, 'Return on investment of public health interventions: a systematic review', *Journal of Epidemiology and Community Health, British Medical Journals*, 2017.

42 David J. Hunter, *Desperately Seeking Solutions: Rationing Health Care*, Longman, 1997

43 M. Ezzati, S.Vander Hoorn, C. M. M. Lawes, R. Leach, W. P. T. James, A. D. Lopez et al., 'Rethinking the "Diseases of Affluence" Paradigm: Global Patterns of Nutritional Risks in Relation to Economic Development', *PLoS Medicine*, 2005.

44 P. H. M. van Baal, J. J. Polder, G. A. de Wit, R. T. Hoogenveen, T. L. Feenstra, H. C. Boshuizen et al., 'Lifetime Medical Costs of Obesity: Prevention No Cure for Increasing Health Expenditure', *PLoS Medicine*, 2008.

45 Mark Goodchild, Nigar Nargis and Tursan d'Espaignet, 'Global economic cost of smoking-attributable diseases', *Tobacco Control* 27:1, 2018, pp. 58–64.

46 Lord Darzi, 'Better health and care for all: A 10 Point Plan for the 2020s: Final Report of the Lord Darzi Review of Health and Care', Institute for Public Policy Research, 2018.

47 A. W. Cappelen and O. F. Norheim, 'Responsibility in health care: a liberal egalitarian approach', *Journal of Medical Ethics*, 2005.

48 가부장적 간섭주의와 의료 서비스에 관한 심도 있는 분석을 원한다면 다음

글을 참조하라. L. O. Gostin and K. G. Gostin, 'A broader liberty: J. S. Mill, paternalism and the public's health', *Public Health*, 2009.

49 John Stuart Mill, *On Liberty*, Cambridge University Press, 1859.

50 John Rawls, A Theory of Justice, Harvard University Press, 1971; Sen, *Development as Freedom*.

51 David Buchanan, 'Autonomy, Paternalism, and Justice: Ethical Priorities in Public Health', *American Journal of Public Health*, January 2008.

52 U.S. National Cancer Institute and World Health Organisation, *The Economics of Tobacco and Tobacco Control*, National Cancer Institute Tobacco Control Monograph 21, NIH Publication 16–CA–8029A., U.S. Department of Health and Human Services, National Institutes of Health, National Cancer Institute and World Health Organization, 2016.

53 Bundit Sornpaisarn, Kevin Shield, Joanna Cohen, Robert Schwartz and Jürgen Rehm, 'Elasticity of alcohol consumption, alcohol-related harms, and drinking initiation in low- and middle-income countries: A systematic review and metaanalysis', *International Journal of Drug and Alcohol Research* 2:1, 2013, pp. 45–58.

54 L. M. Powell, J. F. Chriqui, T. Khan, R. Wada and F. J. Chaloupka, 'Assessing the potential effectiveness of food and beverage taxes and subsidies for improving public health: a systematic review of prices, demand, and body weight outcomes', *Obesity Reviews* 14:2, 2013, pp.110–28.

55 Michael W. Long, Steven L. Gortmaker, Zachary J. Ward, Stephen C. Resch, Marj L. Moodie, Gary Sacks, Boyd A. Swinburn, Rob C. Carter and Y. Claire Wang, 'Cost-effectiveness of a sugar-sweetened beverage excise tax in the U.S.', *American Journal of Preventive Medicine* 49:1, pp. 112–23.

56 Luz Maria Sánchez-Romero, Joanne Penko, Pamela G. Coxson, Alicia Fernández, Antoinette Mason, Andrew E. Moran, Leticia Ávila-Burgos, Michelle Odden, Simón Barquera and Kirsten Bibbins-Domingo, 'Projected Impact of Mexico's Sugar-Sweetened Beverage Tax Policy on Diabetes and Cardiovascular Disease: A Modeling Study', *PLoS Medicine* 13:11, e1002158; Adam D. M. Briggs, Oliver T. Mytton, Ariane Kehlbacher, Richard Tiffin, Ahmed Elhussein, Mike Rayner, Susan A. Jebb, Tony Blakely and Peter Scarborough, 'Health impact assessment of the UK soft drinks industry levy: a comparative risk assessment modelling study', *Lancet Public Health* 2:1, e15–e22; Ashkan Afshin, Renata Micha, Michael Webb, Simon Capewell, Laurie Whitsel, Adolfo Rubinstein, Dorairaj Prabhakaran, Marc Suhrcke and Dariush

Mozaffarian, 'Effectiveness of Dietary Policies to Reduce Noncommunicable Diseases', in Dorairaj Prabhakaran, Shuchi Anand, Thomas A Gaziano, Jean-Claude Mbanya, Yangfeng Wu and Rachel Nugent (editors), *Disease Control Priorities*, 3rd edition, World Bank, 2017.

57 20조 달러의 추가 세수는 현재 할인 가치로 계산한 것이다. The Task Force on Fiscal Policy for Health, *Health Taxes to Save Lives: Employing Effective Excise Taxes on Tobacco, Alcohol and Sugary Beverages*, Bloomberg Philanthropies, April 2019.

58 Dawn Wilson, Kate Lorig, William M. P. Klein, William Riley, Allison Sweeney and Alan Christensen, 'Efficacy and Cost-Effectiveness of Behavioral Interventions in Nonclinical Settings for Improving Health Outcomes', *Health Psychology* 38:8, 2019, pp. 689–700.

59 Emma Beard, Robert West, Fabiana Lorencatto, Ben Gardner, Susan Michie, Lesley Owens and Lion Shahab, 'What do cost effective health behaviour-change interventions contain? A comparison of six domains', *PLoS One*, 14:4, 2019.

60 넛지라는 용어는 『넛지*Nudge*』라는 책에서 인용했다. '넛지'는 비가부장적 간섭주의에 기초하여 사람들의 행동을 바꾸는 변화를 추구한다. 가령 넛지는 설탕 첨가 식품을 규제하기보다 매장에서 소비자들의 손이 쉽게 가는 곳에 건강한 식품을 배치하고, 사탕류는 소비자가 접근하기 불편한 곳에 배치하는 방식을 이용한다. 선스타인과 탈러는 말한다. "넛지 형태의 간섭은 쉽게 피할 수 있는 동시에 그렇게 하는 비용도 적게 들어야 한다. 넛지는 금지가 아니다. 넛지는 과일을 눈에 잘 띄는 곳에 배치하는 것이지 정크푸드를 전면 금지하는 것이 아니다." Richard Thaler and Cass Sunstein, *Nudge*, Yale University Press, 2008.

61 Chris Perry, Krishna Chhatralia, Dom Damesick, Sylvie Hobden and Leanora Volpe, 'Behavioral Insights in Health Care: Nudging to Reduce Inefficiency and Waste', The Health Fund, December 2015.

62 Michael Marmot and Richardson G. Wilkinson, *Social Determinants of Health*, Oxford University Press, 1999; Richardson G. Wilkinson, *The Impact of Inequality: How to Make Sick Societies Healthier*, W. W. Norton, 2005.

63 Michael Marmot and Jessica Allen, 'Social Determinants of Health Equity', *American Journal of Public Health*, September 2014.

제5장

1 공장 폐쇄 후 또다른 기회를 창출하는 데에 성공하지 못한 지역 공동체에 무

슨 일이 발생하는지에 관한 글을 읽고 싶다면 다음 글을 참조하라. Goldstein, *Janesville*.

2 Paul Collier, *The Future of Capitalism: Facing the New Anxieties*, Allen Lane, 2018. 코로나바이러스 대유행의 여파로 원격근무가 증가하면서 노동의 지리학이 바뀌어 장소에 관계없이 업무를 보는 일이 가능해질지도 모른다. 아직은 섣불리 판단하기 이르지만, 이러한 변화로 지역 격차가 줄어들 가능성이 있다.

3 사하라 이남 아프리카에서 비정규직 고용률은 노동시장의 70퍼센트가 넘는다. 남아시아는 60퍼센트이고 라틴 아메리카는 50퍼센트이다. World Bank, 'World Development Report: The Changing Nature of Work'.

4 시간제 일자리는 2000년부터 2018년까지 고용 증가를 이끈 주요 동인이었다. 21개 국가 중 18개국에서 4.1퍼센트가 증가했는데 이는 평균 2,900만 일자리에 해당한다. 이에 비해서 전일제 고용은 1.4퍼센트 하락했다. McKinsey, *The Social Contract*.

5 2006년 이래 OECD 평균 고용안정성(근속 기간 지표)은 다수의 국가에서 상승했다. 하지만 이것은 고령층 노동자들의 구성비가 증가한 덕분에 발생한 맥락 효과이다. 나이 든 노동자들은 근속 기간이 긴 편이다. 노동력 구성비에 생긴 이러한 변화를 고려하고 나면, 근속 기간은 사실상 대다수 국가에서 감소했다. OECD, *OECD Employment Outlook: The Future of Work*.

6 Franz Eiffe, Agnès Parent-Thirion and Isabella Biletta, *Working Conditions: Does employment status matter for job quality?* Eurofound, Publications Office of the European Union, 2018.

7 Vinny Kuntz, 'Germany's two-tier labour market,' *Handelsblatt Today*, 9 December 2016; Nathan Hudson-Sharp and Johnny Runge, *International trends in insecure work: A report for the Trades Union Congress*, National Institute of Economic and Social Research, May 2017.

8 Nikhil Datta, Giulia Giupponi and Stephen Machin, 'Zero Hours Contracts', *Economic Policy*, July 2019.

9 Lawrence F. Katz and Alan B. Krueger, 'The rise and nature of alternative work arrangements in the United States, 1995–2015', *ILR Review* 72:2, March 2019, pp. 382–416.

10 Tito Boeri, Giulia Giupponi, Alan B. Krueger, and Stephen Machin, 'Solo Self-Employment and Alternative Work Arrangements: A Cross-Country Perspective on the Changing Composition of Jobs', *Journal of Economic Perspectives* 34:I, Winter 2020.

11 Jelle Visser, 'Can Unions Revitalise Themselves?' *International Journal of*

Labour Research 9:1–2, 2019, pp. 17–48.

12 International Labour Organization, 'Industrial relations data', *ILOSTAT database*, 2020, https://ilostat.ilo.org/data.

13 Truman Packard, Ugo Gentilini, Margaret Grosh, Philip O'Keefe, Robert Palacios, David Robalino and Indhira Santos, *Protecting All: Risk Sharing for a Diverse and Diversifying World of Work*, Human Development Perspectives, World Bank, p. 143.

14 콜롬비아 대학교의 한 연구에 따르면, 1982년 독일에서 경기 침체로 해고된 노동자들은 다른 노동자들에 비해서 향후 15년간 10-15퍼센트의 소득 감소를 경험했다. 뉴욕 주립대학교의 한 연구팀은 실직 노동자들이 다른 노동자들에 비해서 이후 질병에 걸릴 가능성이 83퍼센트 더 높다는 사실을 발견했고, 또다른 연구에서는 직장을 잃은 사람들의 기대 수명이 줄어든다는 사실을 확인했다. 맨체스터 대학교 연구팀은 해고된 영국 노동자들이 다른 노동자들보다 타인을 불신할 가능성이 4.5퍼센트 더 높다는 사실을 발견했고, 이러한 영향은 10년가량 지속되었다고 한다. 이들 연구는 다음 책에 인용되었다. McKinsey, *The Social Contract*, p. 59.

15 위스콘신 대학교 매디슨 캠퍼스와 사우스캐롤라이나 대학교의 연구에 따르면, 직원의 1퍼센트를 해고하면 초기 구조조정 이후 자발적 이직률은 평균 31퍼센트 증가했다. 스톡홀름 대학교와 캔터베리 대학교 연구팀은 정리 해고에서 살아남은 직원들은 직무만족도가 41퍼센트 감소하고, 직업몰입도는 36퍼센트 줄어들고, 직업 수행 능력은 20퍼센트 하락한 것으로 나타났다. McKinsey, *The Social Contract*, p. 59; Johannes F. Schmieder, Till von Wachter and Stefan Bender, *The long-term impact of job displacement in Germany during the 1982 recession on earnings, income, and employment*, Columbia University Department of Economics Discussion Paper 0910–07, 2010; Kate W. Strully, 'Job loss and health in the US labor market', *Demography* 46:2, May 2009, pp. 221–46; James Lawrence, '(Dis) placing trust: The long-term effects of job displacement on generalized trust over the adult life course', *Social Science Research* 50, March 2015, pp. 46–59; Jena McGregor, 'Getting laid off can make people less trusting for years', *Washington Post*, 19 March 2015; Charlie O. Trevor and Anthony J. Nyberg, 'Keeping your headcount when all about you are losing theirs: Downsizing, voluntary turnover rates, and the moderating role of HR practices', *Academy of Management Journal* 51:2, April 2008, pp. 259–76; Sandra J. Sucher and Shalene Gupta, 'Layoffs that don't break your company', *Harvard Business*

Review, May–June 2018.

16 McKinsey, *The Social Contract*.

17 European Commission, 'Study on employment and working conditions of aircrews in the European internal aviation market', European Commission, 2019.

18 Richard Susskind and Daniel Susskind, *The Future of the Professions: How Technology Will Transform the World of Human Experts*, Oxford University Press, 2015.

19 Herbert Simon, 'Automation', *New York Review of Books*, 26 May 1966.

20 Martin Sandbu, *The Economics of Belonging*, Princeton University Press, 2020.

21 ILO 회원국의 90퍼센트 이상이 법률로 제정하거나 노사 협의를 통해서 최저임금제를 갖추고 있다. ILO, *Minimum Wage Policy Guide*, International Labour Organisation, 2016.

22 Frank Pega, Sze Yan Liu, Stefan Walter, Roman Pabayo, Ruhi Saith and Stefan K Lhachimi, 'Unconditional cash transfers for reducing poverty and vulnerabilities: effect on use of health services and health outcomes in low- and middle-income countries', *Cochrane Database of Systematic Reviews* 11, 2017; Independent Commission for Aid Impact, *The Effects of DFID's Cash Transfer Programmes on Poverty and Vulnerability: An Impact Revew*, Independent Commission for Aid Impact, 2017; Francesca Bastagli, Jessica Hagen–Zanker, Luke Harman, Valentina Barca, Georgina Sturge and Tanja Schmidt, with Luca Pellerano, 'Cash transfers: what does the evidence say? A rigorous review of programme impact and of the role of design and implementation features', Overseas Development Institute, July 2016.

23 Guy Standing, *Basic Income: And How We Can Make it Happen*, Pelican Books, 2017.

24 Anna Coote and Edanur Yazici, *Universal Basic Income: A Union Perspective*, Public Services International and the New Economics Foundation, April 2019.

25 Sigal Samuel, 'Everywhere Basic Income has been Tried in One Map: Which Countries Have Experimented with Basic Income and What were the results?' *Vox*, 19 February 2020.

26 IMF는 선별된 국가들의 경우에 그 비용이 GDP의 3–6퍼센트에 해당하리라고 추산한다. IMF, *Fiscal Monitor: Tackling Inequality*, International Monetary Fund, October 2017.

27 Dominique Guillaume, Roman Zytek and Mohammad Reza Farzin, 'Iran— The Chronicles of the Subsidy Reform', Working Paper, IMF Middle East and

Central Asia Department, July 2011.

28 Thomas Piketty, *Capital and Ideology*, Harvard University Press, 2020. 미국에서 애커먼과 알스톳은 21세 청년에게 8만 달러의 자본 보조금을 제공할 것을 주장했다. Bruce Ackermann and Anne Alstott, *The Stakeholder Society*, Yale University Press, 1999.

29 O. Bandiera, R. Burgess, N. Das, S. Gulesci, I. Rasul and M Sulaiman, 'Labor Markets and Poverty in Village Economies', *Quarterly Journal of Economics* 132:2, 2017, pp. 811–70.

30 Mosely B. Ingham, 'The Fundamental Cure for Poverty is Not Money But Knowledge: Lewis's Legacy', in *Sir Arthur Lewis*, Great Thinkers in Economics Series, Macmillan, 2013.

31 Brian Bell, Mihai Codreanu and Stephen Machin, 'What can previous recessions tell us about the Covid-19 downturn?' Paper 007, Centre for Economic Performance, London School of Economics, August 2020. Shania Bhalotia, Swati Dhingra and Fjolla Kondirolli, 'City of Dreams no More: The Impact of Covid-19 on Urban Workers in India', Centre for Economic Performance, London School of Economics, September 2020. Jack Blundell and Stephen Machin, 'Self-employment in the Covid-19 crisis', Centre for Economic Performance, London School of Economics, May 2020.

32 'Why so Many Dutch People World Part-time', *The Economist*, 11 May 2015.

33 Matthew Taylor, Greg Marsh, Diane Nicol and Paul Broadbent, *Good Work: The Taylor Review of Modern Working Practices*, Department for Business, Energy and Industrial Strategy, 2018, p. 72.

34 McKinsey, *The Social Contract*.

35 Nikhil Datta, Giulia Giupponi and Stephen Machin, 'Zero Hours Contracts and Labour Market Policy', *Economic Policy* 34:99, July 2019, pp. 369–427.

36 Tito Boeri, Giulia Giupponi, Alan B. Krueger and Stephen Machin, 'Solo Self-Employment and Alternative Work Arrangements: A Cross-Country Perspective on the Changing Composition of Jobs', *Journal of Economic Perspectives*, winter 2020.

37 Taylor et al., *Good Work*.

38 Larry Fink, 'Profit & Purpose: Larry Fink's 2019 Letter to CEOs', *BlackRock*, 2019; Colin Mayer, *Principles for Purposeful Business*, British Academy, 2019.

39 Dani Rodrik and Charles Sabel, 'Building a Good Jobs Economy', HKS Working Paper RWP20–001, November 2019; Paul Osterman, 'In Search of the High Road: Meaning and Evidence', *International Labour Review* 71:1, 2018, pp. 3–34.

40 Kurt Vandaele, 'Will trade unions survive in the platform economy? Emerging patterns of platform workers' collective voice and representation in Europe', ETUI Working Paper 2018/5, European Trade Union Institute, 2018.

41 David Card, Jochen Kluve and Andrea Weber, 'What Works? A Meta-Analysis of Recent Active Labor Market Program Evaluations', *Journal of the European Economic Association* 16:3, June 2018, pp. 894–931; John P. Martin, 'Activation and active labour market policies in OECD countries: stylised facts and evidence on their effectiveness', IZA Policy Paper 84, June 2014; Gordon Betcherman, Karina Olivas and Amit Dar, 'Impacts of Active Labour Market Programs: New Evidence from Evaluations', Social Protection Discussion Paper 0402, World Bank, 2004; Amit Dar and Zafiris Tsannatos, 'Active Labour Market Programmes: A Review of the Evidence from Evaluations', Social Protection Discussion Paper 9901, World Bank, 1999.

42 Verónica Escudero, 'Are active labour market policies effective in activating and integrating low-skilled individuals? An international comparison', *IZA Journal of Labour Policy* 7:4, 2018.

43 Thomas Kochan and William Kimball, 'Unions, Worker Voice, and Management Practices: Implications for a High-Productivity, High-Wage Economy,' *RSF: The Russell Sage Foundation Journal of the Social Sciences* 5:5, December 2019.

44 OECD, "Back to Work: Sweden: Improving the Re-employment Prospects of Displaced Workers", Organization for Economic Co-operation and Development, 2015. 또다른 사례는 1992년에 텍사스 주 샌안토니오에서 설립된 Project QUEST(Quality Employment through Skills Training)이다. 1980년대에 샌안토니오에는 공장 폐쇄 바람이 불었으며, 이는 곧 닥쳐올 광범위한 실직 사태의 전조였다. 실직한 노동자들은 의료 분야와 IT 등의 다른 산업 분야에서 새로 창출되는 일자리에 지원할 기술이 부족했다. 그나마 지원할 자격이 되는 서비스 산업 일자리들은 중산층 가정을 부양하기에는 임금이 너무 낮았다. 종교단체 두 곳이 그 지역의 수많은 히스패닉과 지역대학 그리고 사업주들과 협력해 (강력한 IT시스템 기반) 집중 상담, 직업교육, 재정 지원 프로그램을 운영했다. 9년 후에 이들 프로그램을 평가한 결과, 참가자들의 소득이 통제집단보다 10퍼센트 더 많았고, 취약한 계층이 가장 많은 복지 혜택을 받은 것으로 나타났다. Anne Roder and Mark Elliott, *Nine Year Gains: Project QUEST's Continuing Impact*, Economic Mobility Corporation, 2019; Dani Rodrik and Charles Sabel, 'Building a Good Jobs Economy'; Ida Rademacher, Marshall Bear and Maureen Conway, 'Project QUEST: a case study of a sectoral employment development

approach', Sectoral Employment Development Learning Project Case Studies Series, Economic Opportunities Program, Aspen Institute, 2001.

45 OECD, 'Getting Skills Right: Engaging low skilled adults in learning', Organisation for Economic Co-operation and Development, 2019; OECD, 'Back to Work: Sweden'; Eurofound, *Working Conditions: Does employment status matter for job quality?*

46 Danish Government, *Prepared for the future of work: Follow-up on the Danish Disruption Council*, Danish Government, February 2019.

47 OECD, Back to Work: Improving the Reemployment Prospects of Displaced Workers, OECD, 2016.

48 Erik Brynjolfsson and Paul Milgrom, 'Complementarity in Organizations', in Robert Gibbons and John Roberts (editors), *The Handbook of Organizational Economics*, Princeton University Press, 2012.

49 Lorin Hitt and Prasanna Tambe, 'Health Care Information Technology, Work Organisation and Nursing Home Performance,' *ILR Review* 69:4, March 2016, pp. 834–59.

50 WEF, *Towards a Reskilling Revolution: A Future of Jobs for All*, World Economic Forum, 2019.

제6장

1 기존의 정책을 바꾸지 않으면 고령화 때문에 공공부채 부담이 G20 선진국의 경우 평균 GDP의 180퍼센트까지 증가할 것이고, G20 신흥경제국의 경우 향후 30년에 걸쳐 GDP의 130퍼센트까지 증가할 전망이다. 아니면 현재 수준의 GDP 대비 공공부채 비율을 안정시키기 위해서 2060년까지 세수를 GDP의 4.5-11.5퍼센트까지 늘려야 할 것이다. Dorothée Rouzet Aida Caldera Sánchez, Théodore Renault and Oliver Roehn, 'Fiscal Challenges and Inclusive Growth in Ageing Societies', OECD Economic Policy Paper 27, September 2019.

2 칠레는 1981년에, 멕시코는 1997년에 부과방식의 확정급여형 공적연금제도를 의무적인 확정기여형 개인연금제도로 대체했다. 최근에는 에스토니아, 헝가리, 폴란드, 슬로바키아, 스웨덴이 공적연금제도에 대한 보완책으로 확정기여형 개인연금제도를 도입하거나 혹은 연금을 조달하는 기여금의 비율을 인상했다. 네덜란드에서는 연금 법안을 연속적으로 개정해 개인연금과 확정급여형 연금이 혼합된 제도를 만들었다. 미국 같은 국가에서는 직장연금제도에서 확정급여형 연금이 차지하는 비율이 차츰 줄고 있고, 확정기여형 제도가 증가하는 추세이다. OECD, *Pensions at a Glance 2019: OECD and G20 Indicators*,

Organisation for Economic Co-operation and Development, 2019.

3 가령 연금 개혁에는 기여율의 인상(캐나다, 영국), 급여 감축 혹은 물가 연동의 제한(아르헨티나, 그리스), 기대 수명과의 연동(일본), 정년 연장(인도네시아, 러시아, 영국), 조기 은퇴 시 혜택 축소가 포함된다. 다른 사례들을 보고 싶다면 다음 글을 참조하라. Rouzet et al., 'Fiscal Challenges'.

4 Friedrich Breyer and Ben Craig, 'Voting on Social Security: Evidence from OECD Countries,' *European Journal of Political Economy* 13:4, 1997, pp. 705–24.

5 Rouzet et al., 'Fiscal Challenges', p. 29의 상자 2를 보라.

6 Rouzet et al., 'Fiscal Challenges'.

7 OECD의 추산에 따르면, (65세 남녀의 기대 수명이 평균 4.2년 증가하리라 예상되는) 2015년에서 2060년 사이에 정년이 3년 연장될 경우 저학력 은퇴자들의 총 연금이 고학력 은퇴자들보다 2.2퍼센트 감소할 것이라고 한다. OECD, *Preventing Ageing Unequally*, Organisation for Economic Co-operation and Development, 2017, p.41.

8 OECD는 이렇게 설명한다. "기대 수명에서 사회경제적 차이를 고려하는 연금 정책을 마련하려면 급여액 산출 공식(저소득층에 더 높은 연금지급률을 보장하는 포르투갈처럼)이나 기여율 수준(소득이 늘면 기여율을 높이는 브라질처럼), 혹은 연금 수급권보다는 연금 기여율에 대한 임금 상한선을 더 높이 설정하는 방법을 목표로 삼아야 한다. 확정기여형 연금제도에서 자산을 연금 급여로 전환하기 위해서 고려하는 연금화 요인들을 연금 대상 소득이 낮은 사람들(평균적으로 일찍 사망하는 사람들)이 연금을 더 많이 받고, 연금 대상 소득이 높은 사람들(평균적으로 오래 사는 사람들)이 연금을 더 적게 받는 방식으로 설정해야 한다. 영국은 '증액 연금보험'이라는 개인연금보험 상품을 통해서 이것을 보기 드물게 구현했다. 이 상품에서는 누적된 연금 자산이 동일하더라도 (흡연이나 비만 혹은 심혈관계 질환처럼 낮은 기대 수명과 관련이 있고, 사회경제적으로 취약한 집단에 더 만연한) 특정한 건강 상태 및 행동 요인을 지닌 사람들에게 연금이 더 많이 지급된다. OECD는 건강 위험 요인이 더 높은 사람에게 더 많은 편익이 제공될 수 있도록 더 정확한 사회경제적 집단별 사망률 자료를 요구하고 있다. 그렇기는 하지만 연금제도에서 위험한 행동에 '대가를 치르게 하는' 방식은 신중하게 설계해야 한다." See OECD, *Preventing Ageing Unequally*, p. 59.

9 Nicholas Barr, 'Gender and Family: Conceptual Overview,' World Bank Discussion Paper 1916, April 2019.

10 Richard H. Thaler and Shlomo Benartzi, 'Save More Tomorrow™: Using Behavioral Economics to Increase Employee Saving', *Journal of Political Economy* 112:S1, 2004, S164–S187.

11 이 문제에 관한 자세한 리뷰를 원한다면 다음을 참조하기 바란다. OECD *Preventing Ageing Unequally.*

12 일본은 여성이 일하는 것을 저해하는 소득세 제도를 개편해 배우자공 제제도를 도입했다. Randall S. Jones and Haruki Seitani, 'Labour Market Reform in Japan to Cope with a Shrinking and Ageing Population', Economics Department Working Paper 1568, Organisation for Economic Co-operation and Development, 2019; 'Japan: Selected Issues', IMF Country Report 17/243, IMF Asia Pacific Department, 2017, IMF International Monetary Fund, Organisation for Economic Co-operation and Development.

13 Rouzet et al., 'Fiscal Challenges'.

14 Asli Demirguc-Kunt, Leora Klapper, Dorothe Singer, Saniya Ansar and Richard Jake Hess, *The Global Findex Database 2017: Measuring Financial Inclusion and the Fintech Revolution*, World Bank Group, 2018.

15 Merve Akbas, Dan Ariely, David A. Robalino and Michael Weber, 'How to Help the Poor to Save a Bit: Evidence from a Field Experiment in Kenya', IZA Discussion Paper 10024, IZA, 2016.

16 Kevin Wesbroom, David Hardern, Matthew Arends and Andy Harding, 'The Case for Collective DC: A new opportunity for UK pensions', White Paper, Aon Hewitt, November 2013.

17 미국에서는 사업주 가운데 40퍼센트 정도만 유연근무제를 제공하며, 유럽 에서는 55세 이상 인구 가운데 80퍼센트에 가까운 사람들이 자신들이 일 을 하지 않는 이유가 시간제 근로를 하면서 점진적으로 은퇴를 준비하고 싶 어도 그럴 만한 일자리를 사업주가 제공하지 않기 때문이라고 언급한다. Rouzet et al., 'Fiscal Challenges', p. 49.

18 가령 독일은 비숙련 노동자와 45세 이상 노동자의 교육을 장려하기 위해서 기업에 임금과 교육비 관련 보조금을 지급한다. 오스트레일리아는 50세 이 상 노동자들을 위한 기술 평가 및 안내 서비스를 확대하고 있다. 한국은 40 세 이상 노동자, 비정규직 노동자, 중소기업 창업자들을 위해서 국가 인증 교 육기관에서 교과목 강의를 구매할 수 있는 바우처를 제공한다. Rouzet et al., 'Fiscal Challenges', p. 42.

19 Lindsay Flynn and Herman Mark Schwartz, 'No Exit: Social Reproduction in an Era of Rising Income Inequality,' *Politics & Society* 45:4, 2017, pp. 471–503

20 OECD, *Preventing Ageing Unequally.*

21 Kaare Christensen, Gabriele Doblhammer, Roland Rau and James W Vaupel, 'Ageing Populations: The Challenges Ahead,' *Lancet* 374:9696, 2009, pp. 1196–208.

22 케네스 맨턴이 주장하는 동적 균형 이론에서는 늘어난 기대 수명이 장애나 빈곤을 겪지 않으면서 늘어난 세월을 의미한다. Kenneth G. Manton, 'Changing Concepts of Morbidity and Mortality in the Elderly Population', *Milbank Memorial Fund Quarterly, Health and Society* 60:2, 1982, pp. 183–244를 보라. 비오른 린드그렌은 자료를 검토한 결과 고소득 국가에서 경험하는 현실이 건강한 고령화 가설을 지지하는 경향이 있음을 알아냈다. Bjorn Lindgren, 'The Rise in Life Expectancy, Health Trends among the Elderly, and the Demand for Care – A Selected Literature Review', NBER Working Papers 22521, National Bureau of Economic Research, 2016.

23 심지어 돌봄 서비스가 별로 필요하지 않은 사람들에게조차 돌봄 서비스를 제공하는 것은 연금 수급자의 가처분 소득에 비해서 너무 비쌀 수 있다. 관련 자료를 얻을 수 있는 OECD 국가 13개국에서 주당 6.5시간의 전문 돌봄 서비스를 받는 데에는 평균 65세 이상의 중위 가처분 소득의 절반에 해당하는 비용이 든다. 돌봄이 가장 필요한 사람들(주당 40시간 이상에 해당하는)은 노년층 가처분 소득의 3배가 필요할 것이다. 돌봄 서비스가 필요한 극빈층 노인은 요양시설을 이용하는 편이 더 저렴하겠지만, 그마저도 노인의 중위 가처분 소득의 2배가 넘는다. 필요한 돌봄 서비스 비용을 소득으로 감당할 수 있는 노인은 가장 부유한 계층에 속한 이들뿐이다. 주당 22.5시간의 방문 돌봄 서비스 비용은 소득 분포의 80분위에 해당하는 누군가의 가처분 소득의 96퍼센트에 달하고, 20분위에 해당하는 누군가의 가처분 소득의 2배가 넘는다. OECD, *Preventing Ageing Unequally*, p. 239

24 영국에서 의료 서비스와 돌봄 서비스를 분리해서 발생한 비효율성에 대한 설명을 원한다면 다음 글을 참조하기 바란다. Ruth Thorlby, Anna Starling, Catherine Broadbent and Toby Watt, 'What's the Problem with Social Care and Why Do We Need to Do Better?' Health Foundation, Institute for Fiscal Studies, King's Fund and Nuffield Trust, 2018.

25 Du Peng, 'Long-term Care of Older Persons in China', SDD-SPPS Project Working Paper Series, United Nations Economic and Social Commission for Asia and the Pacific, 2015.

26 Tineke Fokkema, Jenny De Jong Gierveld and Peal A. Dykstra, 'Cross-national Differences in Older Adult Loneliness,' *Journal of Psychology* 146:1–2, 2012, pp. 201–28.

27 2013년 기준으로 사회보장 수준이 낮은(장기 돌봄 서비스 부문의 정부 지출이 GDP의 1퍼센트 미만인) 국가들에서 50세 이상 여성이 일상적으로 비공식 돌봄 서비스를 제공할 가능성은 남성보다 41퍼센트 높았다. 사회보장 수준

이 높은(정부 지출이 GDP의 2퍼센트 이상인) 국가들에서는 그 비율이 23퍼센트에 불과했다. OECD, *Preventing Ageing Unequally*, p. 246.

28 비공식 돌봄노동 제공자들이 다른 사람들보다 정신건강 문제를 겪을 가능성이 20퍼센트 더 높고, 일을 그만두거나 근로시간을 줄일 확률은 훨씬 더 높게 나타난다. OECD, *Help Wanted? Providing and Paying for Long-Term Care*, OECD Publishing, 2011. 이 비용은 압도적으로 여성들이 많이 치르며, 여러 OECD 국가에서 비공식 돌봄 제공자들의 55-70퍼센트를 여성들이 차지한다. OECD, *Health at a Glance 2015: OECD Indicators*, OECD Publishing, 2015.

29 Duncan Jeffries, 'Are Carebots the solution to the Elderly Care Crisis?' *Hack and Craft*, 13 February 2019.

30 Junko Saito, Maho Haseda, Airi Amemiya, Daisuke Takagi, Katsunori Kondob and Naoki Kondoa, 'Community-based care for healthy ageing: lessons from Japan', *Bulletin of the World Health Organisation* 97:8, 2019, pp. 570–74.

31 Claire McNeil and Jack Hunter, *The Generation Strain: Collective Solutions to Care in an Ageing Society*, Institute for Public Policy Research, April 2014.

32 이 문제에 관한 심도 있는 글을 찾는다면, Atul Gawande, *Being Mortal: Illness, Medicine and What Matters in the End*, Profile Books, 2015를 보라.

33 Eric B. French, Jeremy McCauley, Maria Aragon, Pieter Bakx, Martin Chalkley, Stacey H. Chen, Bent J. Christensen, Hongwei Chuang, Aurelie Côté-Sergent, Mariacristina De Nardi, Elliott Fan, Damien Échevin, Pierre-Yves Geoffard, Christelle Gastaldi-Ménager, Mette Gørtz, Yoko Ibuka, John B. Jones, Malene Kallestrup-Lamb, Martin Karlsson, Tobias J. Klein, Grégoire de Lagasnerie, Pierre-Carl Michaud, Owen O'Donnell, Nigel Rice, Jonathan S. Skinner, Eddy van Doorslaer, Nicolas R. Ziebarth and Elaine Kelly, 'End-Of-Life Medical Spending In Last Twelve Months Of Life Is Lower Than Previously Reported', *Health Affairs* 36:7, 2017, pp. 1211–21.

34 Deborah Carr and Elizabeth A. Luth, 'Well-Being at the End of Life', *Annual Review of Sociology* 45, 2019, pp. 515–34.

35 2011년부터 2016년까지 발표된 150편의 연구 논문을 종합해 80만 명에 달하는 피험자들을 분석한 논문에 따르면, 미국의 성인 가운데 사전 연명의료 의향서를 작성한 비율은 37퍼센트에 불과했다고 한다. Kuldeep N. Yadav, Nicole B. Gabler, Elizabeth Cooney, Saida Kent, Jennifer Kim, Nicole Herbst, Adjoa Mante, Scott D. Halpern and Katherine R. Courtright, 'Approximately One in Three US Adults Completes Any Type of Advance Directive For End-Of-Life-Care', *Health Affairs* (Milwood) 36:7, 2017, pp. 1244–51. 하지만 65세 이상 성

인, 말기 환자, 최근 사망자의 경우에는 이 비율이 70퍼센트로 높았다. Deborah Carr and Sara M. Moorman, 'End-of-Life Treatment Preferences Among Older Adults: An Assessment of Psychosocial Influences', *Sociological Forum* 24:4, December 2009, pp. 754–78; Maria J. Silveira, Scott Y. H. Kim and Kenneth M. Langa, 'Advance Directives and Outcomes of Surrogate Decision Making before Death', *New England Journal of Medicine* 362, 2010, pp. 1211–18.

36 Benedict Clements, Kamil Dybczak, Vitor Gaspar, Sanjeev Gupta and Mauricio Soto, 'The Fiscal Consequences of Shrinking Populations', IMF Staff Discussion Note, October 2015

37 Noëmie Lisack, Rana Sajedi and Gregory Thwaites, 'Demographic trends and the real interest rate', Staff Working Paper 701, Bank of England, December 2017; Carlos Carvalho, Andrea Ferrero and Fernanda Nechio, 'Demographics and real interest rates: Inspecting the mechanism', *European Economic Review* 88, September 2016, pp. 208–26.

38 Takako Tsutsi and Naoko Muramatsu, 'Care-Needs Certification in the Long-Term Care Insurance System of Japan', *Journal of American Geriatrics Society* 53:3, 2005, pp. 522–27.

39 OECD, *Preventing Ageing Unequally.*

40 이 문제에 관해서 잘 설명한 글을 원한다면 다음 문헌을 참조하라. Andrew Dilnot, 'Final Report on the Commission on Funding of Care and Support', UK Government, 2010.

제7장

1 세대 간의 사회계약에는 또다른 측면이 있는데, 바로 과거에 저지른 잘못으로 인해서 서구인들은 과거의 비서구인 세대에게 빚을 졌으며, 그들의 후손에게 보상할 필요가 있다는 것이다. 노예제에 대한 보상 혹은 식민주의 시대에나 전쟁 중에 노획한 물건들의 반환은 그런 사례에 해당한다. 비록 이 책의 범위를 벗어나는 이야기이지만, 이 문제를 다룰 때는 투명하고 열린 태도가 중요하다.

2 고대 메소포타미아의 함무라비 법전은 채권자가 채무자의 가족에게 빚을 청산하기 위해서 최대 3년간 일을 시키는 것을 허용했다. 봉건시대 영국의 대헌장은 부모의 빚이 자녀들에게 상속될 수 있음을 암시한다. 빚을 청산하기 위한 아동노역은 불법이지만, 남아시아의 일부 지역에서는 여전히 행해지고 있다.

3 평균적으로 OECD 회원국에서 60-64세 노인층의 소득은 30-34세 청년층의 소득보다 13퍼센트나 더 증가했다. 1980년대 중반 이후로 대부분의 OECD 회원국에서 빈곤 위험이 노년층에서 청년층으로 이동했다. 연금 수급자들

은 2008년 금융위기에 큰 타격을 입은 국가들을 제외하고는 비교적 적절히 보호받았다. 그럼에도 75세 이상인 사람들은 여전히 빈곤에 가장 취약하다. OECD, *Preventing Ageing Unequally.*

4 Fahmida Rahman and Daniel Tomlinson, *Cross Countries: International Comparisons of Intergeneration Trends,* Intergenerational Commission Report, Resolution Foundation, 2018. 영국의 세대 간 문제에 관한 심도 깊은 논의를 보고 싶다면 다음 글을 참조하라. David Willets, *The Pinch: How the Baby Boomers Took Their Children's Future–And Why They Should Give It Back,* Atlantic Books, 2010.

5 나는 국가 부채에 초점을 맞추고 있는데, 국가 부채는 사회가 나눠지며 미래 세대가 낸 세금을 통해서 반드시 상환되기 때문이다. 가구, 기업, 금융 부문의 부채는 개인과 기업이 감당해야 하며, (적어도 이론상으로는) 그들의 책임이다. 물론, 구제금융조치가 이뤄지면 그 개인 부채들이 사회의 짐이 되기도 한다.

6 Intergovernmental Panel on Climate Change, *Special Report: Global Warming of 1.5°C,* United Nations, 2018.

7 Partha Dasgupta, *The Dasgupta Review: Independent Review of the Economics of Biodiversity,* Interim Report, Her Majesty's Treasury, UK Government, April 2020.

8 Shunsuke Managi and Pushpam Kumar, *Inclusive Wealth Report 2018: Measuring Progress Towards Sustainability,* Routledge, 2018.

9 Dasgupta, *The Dasgupta Review,* Box 2A.

10 World Commission on Environment and Development, *Our Common Future,* Oxford University Press, 1987.

11 Robert M. Solow, 'Sustainability: An Economist's Perspective', J. Seward Johnson Lecture, Woods Hole Oceanographic Institution, 1991.

12 이 주제에 관한 유익한 논의로는 다음 문헌을 참조하라. Chapter 6 in Nicholas Stern, *Why are We Waiting? The Logic, Urgency, and Promise of Tackling Climate Change,* MIT Press, 2015. Also see Axel Gosseries, 'Theories of intergenerational justice: a synopsis', *Surveys and Perspectives Integrating Environment and Society* 1:1, May 2008.

13 이 주제가 얼마나 논란의 여지가 많은지 알려면 다음 글을 참조하라. William D. Nordhaus, 'A Review of the Stern Review on the Economics of Climate Change', *Journal of Economic Literature* 45:3, September 2007, pp. 686–702; Graciela Chichilnisky, Peter J. Hammond and Nicholas Stern, 'Fundamental utilitarianism and intergenerational equity with extinction discounting', *Social Choice and Welfare* 54, 2020, pp. 397–427. 멸종위기를 감안하기 위해서 어느 정도 양의 시간선호율을 설정할 필요가 있다는 데에 의견이 일치한다.

14 Walter Mischel and Ebbe B. Ebbesen, 'Attention In Delay Of Gratification', *Journal of Personality and Social Psychology* 16:2, 1970, pp. 329–37. 가구소득 같은 다른 요인도 작용하는지에 관한 후속 논의가 많다. 가구소득은 아이들의 행동 발달에 차이를 결정지었다.

15 Lewis Carroll, *Through the Looking Glass*, Macmillan, 1871.

16 J. M. Keynes, 'Economic Possibilities for Our Grandchildren', in J. M. Keynes, *Essays in Persuasion*. Palgrave Macmillan, 2010.

17 Tjalling Koopmans, 'Stationary Ordinary Utility and Impatience,' *Econometrica* 28:7, 1960, pp. 287–309; Tjalling Koopmans, 'On the Concept of Optimal Economic Growth', *Pontificiae Academiae Scientiarum Scipta Varia* 28, reprinted in Tjalling Koopmans, *The Econometric Approach to Development Planning*, North Holland, 1966; Tjalling Koopmans, 'Objectives, Constraints, and Outcomes in Optimal Growth Models', *Econometrica* 35:1, 1967, pp. 1–15; Tjalling Koopmans, 'Representation of Preference Orderings over Time', in C. B. McGuire and R. Radner (editors). *Decision and Organization*, North Holland, 1972.

18 기후 문제 해결을 위한 글로벌 협정을 어떻게 조율할 수 있는지에 관한 종합적인 논의를 알고 싶다면 다음 글을 참조하라. Nicholas Stern, *Why are We Waiting?* MIT Press, 2015.

19 Ishac Diwan and Nemat Shafik, 'Investment, Technology and the Global Environment: Towards International Agreement in a World of Disparities', in Patrick Low (editor), *International Trade and the Environment*, World Bank, 1992.

20 OECD, 'Reforming agricultural subsidies to support biodiversity in Switzerland', OECD Environment Policy Paper 9, OECD Publishing, 2017; Andres A. Luis, Michael Thibert, Camilo Lombana Cordoba, Alexander V. Danilenko, George Joseph and Christian Borga-Vega, 'Doing More with Less: Smarter Subsidies for Water Supply and Sanitation', World Bank, 2019; David Coady, Ian Parry, Nghia-Piort Le and Baoping Shang, 'Global fossil fuel subsidies remain large. An update based on country-level estimates, IMF Working Paper 19:89, International Monetary Fund, 2019.

21 Raffael Jovine, *Light to Life: How Photosynthesis Made and Can Save the World*, Octopus Publishing Group, 2021.

22 이 추정치는 생물다양성 사업 관련 공적금융(2015년부터 2017년까지 평균 매년 678억 달러 규모)과 생물다양성 사업에 투입된 연간 102억-232억 달러 규모의 훨씬 포괄적인 범주의 자금 흐름(이를테면 경제적 유인, 자선 사업, 임팩트 투자)에 대한 추정치를 결합한 것이다. OECD, 'A Comprehensive

Overview of Global Biodiversity Finance', OECD Publishing, 2020.

23 Peter Kareiva, Heather Tallis, Taylor H. Ricketts, Gretchen C. Daily and Stephen Polaski, *Natural Capital: The Theory and Practice of Mapping Ecosystem Services*, Oxford University Press, 2011.

24 Ralph Chami, Thomas Cosimano, Connel Fullenkamp and Sena Oztosun, 'Nature's Solution to Climate Change, *Finance and Development*, 56:4, December 2019, pp. 34–38.

25 Oliver Balch, 'Meet the world's first "minister for future generations"', *Guardian*, 2 March 2019, available at: https://www.theguardian.com/world/2019/mar/02/meet-the-worlds-first-future-generations-commissioner

26 'Nicholas Stern urges world leaders to invest in sustainable infrastructure during signing ceremony for Paris Agreement on climate change', Press Release, Grantham Research Institute, 22 April 2016.

27 Cevat Giray Aksoy, Barry Eichengreen and Orkun Saka, 'The Political Scar of Epidemics', *Vox*, 15 June 2020.

28 Achim Goerres, 'Why are older people more likely to vote? The impact of ageing on electoral turnout in Europe', *British Journal of Politics and International Relations* 9:1, 2007, pp. 90–121; Julia Lynch and Mikko Myrskylä, 'Always the third rail? Pension income and policy preferences in European democracies', *Comparative Political Studies* 42:8, 2009, pp. 1068–109; Clara Sabbagh and Pieter Vanhuysse, 'Exploring attitudes towards the welfare state: Students' views in eight democracies', *Journal of Social Policy* 35:4, October 2006, pp. 607–28; Vincenzo Galasso and Paola Profeta, 'How does ageing affect the welfare state?' *European Journal of Political Economy* 23:2, June 2007, pp.554–63; Deborah Fletcher and Lawrence W. Kenny, 'The influence of the elderly on school spending in a median voter framework', *Education Finance and Policy* 3:3, 2008, pp. 283–315.

29 Tim Vlandas, 'Grey power and the Economy: Aging and Inflation Across Advanced Economies', *Comparative Political Studies* 51:4, 2018, pp. 514–52.

30 이 주장은 대니얼 픽 덕분에 알게 되었다. Matthew Weaver, 'Lower voting age to six to tackle bias against the young', *Guardian*, 6 December 2018.

31 YouTube, 'Dianne Feinstein rebuffs young climate activists' call for Green New Deal', 23 February 2019.

제8장

1 존 F. 케네디, 1962년 7월 4일, 필라델피아의 독립기념관 연설, 존 F. 케네디

대통령 도서관 및 박물관에서 구한 발췌문. https://www.jfklibrary.org/learn/
about-jfk/historic-speeches/address-at-independence-hall

2 더 최근의 일이지만, 2020년 9월에 World Interdependence Summit이 개최되어
100개국에서 100만 명이 온라인 토론에 참여해 공동 과제의 해결방안들을
논의했다. 다음 주소를 참조하기 바란다. www.oneshared.world

3 Martin Luther King Junior, 'A Christmas Sermon on Peace', Massey Lecture
Series, Canadian Broadcast Corporation, 1967. 마틴 루서 킹은 이 주장을 아
주 구체적으로 설명했다. "여러분은 세상의 나머지 부분에 의존하지 않고서
는 아침에 출근할 수도 없다는 사실을 생각해보신 적이 있습니까? 아침에 일
어나서 욕실에 들어가면 스펀지를 찾지요. 그것은 태평양 섬사람의 손을 거
쳐 여러분에게 전달되었습니다. 비누도 찾겠지요. 그것은 프랑스인의 손을
거쳐 여러분에게 도달했습니다. 그다음에는 아침 커피를 마시려고 주방에
들어가지요. 컵에 따르는 커피는 남아메리카 사람이 만들었습니다. 커피 대
신 차를 마시고 싶을지도 모릅니다. 차는 중국인 덕분에 여러분이 마실 수 있
는 것입니다. 아침 식사로 코코아를 마시고 싶을지도 모릅니다. 그것은 서아
프리카 사람 덕분에 여러분이 컵에 담아 마실 수 있 습니다. 그다음 토스트를
먹으려고 하겠죠. 그것은 영어를 사용하는 농부의 손을 거쳐 여러분에게 도
달했습니다. 제빵사의 도움도 있었다는 사실은 말할 필요도 없지요. 아침 식
사를 마치기도 전에 여러분은 세계 절반 이상에 의지한 것입니다. 우리 우주
는 이런 식으로 만들어져 있습니다. 우주의 본질은 이렇듯 상호연결되어 있
습니다. 실재하는 모든 것이 상호연결되어 있다는 이 기본적인 사실을 깨닫
지 못하는 한 평화를 얻지 못할 것입니다."

4 Eric Lonergan and Mark Blyth, *Angrynomics*, Agenda Publishing, 2020; Anne
Case and Angus Deaton, *Deaths of Despair and the Future of Capitalism*,
Princeton University Press, 2020.

5 1960부터 2010년까지 인재의 적절한 배치를 통해서 미국의 직업분포도가
각 집단 간에 비슷해졌다는 사실은 1인당 총생산이 20-40퍼센트 증가한 이
유를 설명해준다. Chang-Tai Hsieh, Erik Hurst, Charles I. Jones and Peter J.
Klenow, 'The Allocation of Talent and U.S. Economic Growth', *Econometrica*
87:5, September 2019, pp. 1439–74.

6 Alex Bell, Raj Chetty, Xavier Jaravel, Neviana Petkova and John Van Reenen
'Who Becomes an Inventor in America? The Importance of Exposure to
Innovation', CEP Discussion Paper 1519, London School of Economics, 2017.

7 한 가지 사례는 ILO의 노동의 미래위원회이다. 위원회는 노동의 세계에 전례
없는 변화가 닥칠 때 초래되는 어려움에 대처하기 위한 일련의 대책을 세우

는 데에 전념하라고 요구했다. 열 가지 권고사항 중에는 다음과 같은 내용이 포함된다. (1) 노동자의 기본권을 보호하는 보편적 노동권 보장, 적정 생활 급여, 최대 노동시간 제한, 안전하고 건강한 사업장, (2) 요람에서 무덤까지 생애주기 동안 사람들의 필요를 지원하는 사회복지, (3) 사람들이 재교육을 받고, 기술향상을 꾀하도록 하는 평생교육에 대한 보편적 수급권 제공, (4) 디지털 노동 플랫폼을 위한 국가 간 협력을 포함한 기술 변화 관리와 양질의 일자리 증진, (5) 돌봄 산업, 녹색 경제, 지방 경제에 대한 더 많은 투자, (6) 성 평등을 위한 측정가능하고 혁신적인 의제, (7) 기업의 장기 투자 증진을 위한 인센티브 구조 개편. ILO, *Work for a Brighter Future: Global Commission on the Future of Work*, International Labour Organisation, 2019.

8 이 현상에 관해 인류학적 관점에서 설명한 책은 다음을 참조하라. David Graeber, *Bullshit Jobs: A Theory*, Allen Lane, 2018.

9 Martin Sandbhu, *The Economics of Belonging*, Princeton University Press, 2020, p. 96.

10 Jaana Remes, James Manyika, Jacques Bughin, Jonathan Woetzel, Jan Mischke and Mekala Krishnan, *Solving the Productivity Puzzle: The role of demand and the promise of digitization*, McKinsey Global Institute, 2018.

11 Robert Gordon, 'US data: Why Has Economic Growth Slowed When Innovation Appears to Be Accelerating?' NBER Working Paper 24554, National Bureau of Economic Research, April 2018.

12 Remes et al., *Solving the Productivity Puzzle*.

13 Jonathan Tepper with Denise Hearn, *The Myth of Capitalism: Monopolies and the Death of Competition*, Wiley, 2018.

14 Thomas Philippon , *The Great Reversal: How America Gave Up on Free Markets*, Belknap Press, 2019.

15 Esteban Ortiz-Ospina, 'Taxation', published online at OurWorldInData.org, 2016.

16 Timothy Besley and Torsten Persson, 'Why Do Developing Countries Tax So Little?' *Journal of Economic Perspectives*, 28:4, 2014, pp. 99–120.

17 World Bank, 'World Development Report: The Changing Nature of Work', pp. 130–36.

18 시장 규제와 공공지출 사이에서 균형을 유지하는 방식은 나라마다 다르다. 맥킨지는 이것을 대체로 세 가지 그룹으로 분류했다. (1) 오스트리아, 벨기에, 프랑스, 북유럽 국가처럼 시장 규제가 강력하고, 공공지출도 높은 국가, (2) 독일과 네덜란드처럼 국가의 개입 수준이 높고, 공공지출이 중간 수준인 국가, (3) 시장 개입이 적고 공공지출 역시 비교적 낮은 국가. 후자에는 일본, 한

국, 스위스, 영국, 미국이 포함된다. 제5장에서 기술했듯이 이러한 추세는 갈수록 규제를 완화하고, 노동자들이 더 유연한 노동시장에서 일하고, 은퇴연금이 점차 줄어드는 방향으로 나아가고 있다. McKinsey, *The Social Contract.*

19 모든 이를 대상으로 시행하는 보편 복지 정책이든 특정한 대상에 한정해 시행하는 선별 복지 정책이든, 재분배 정책을 조직하는 최선의 방법을 다루는 문헌은 아주 많다. 이를 잘 정리한 자료로는 다음과 같은 글이 있다. D. Gugushvili and T. Laenen, 'Twenty years after Korpi and Palme's "paradox of redistribution": What have we learned so far, and where should we take it from here?' SPSW Working Paper 5, Centre for Sociological Research, KU Leuven, 2019.

20 최상위 소득 구간 세율은 미국과 같은 국가에서 가장 많이 떨어졌는데, 이곳에서는 최상위 소득자 1퍼센트가 1970년에는 세전 소득 10퍼센트를 차지했으나 이제는 20퍼센트를 차지한다. 피케티, 사에즈, 스탄체바는 최상위 세율을 80퍼센트 이상 올릴 수 있으며, 부자에 대한 낮은 세율이 생산성과 경제성장률을 높인다는 증거는 없다고 주장한다. Thomas Piketty, Emmanuel Saez and Stefanie Stantcheva, 'Taxing the 1 per cent: Why the Top Tax Rate May be Over 80 per cent', *Vox*/Centre for Economic Policy Research, 8 December 2011.

21 Arun Advani, Emma Chamberlain and Andy Summers, 'Is it Time for a UK Wealth Tax?' Institute for International Inequality, London School of Economics, and Centre for Competitive Advantage in the Global Economy, Warwick University, 2020.

22 Anthony Atkinson, *Inequality*, Harvard University Press, 2015. 사실 토니 블레어 정부는 이 아이디어를 근거로 삼아 2005년에 아동신탁기금을 도입했다. 하지만 아동 1인당 250파운드라는 정부의 지원금은 원안에서 구상했던 수준에 훨씬 못 미치는 금액이었다.

23 Piketty, *Capital and Ideology.*

24 Fatih Guvenen, Gueorgui Kambourov, Burhanettin Kuruscu, Sergio Ocampo-Diaz and Daphne Chen, 'Use It or Lose It: Efficiency Gains from Wealth Taxation', NBER Working Paper 26284, National Bureau of Economic Research, 2019. 저자들은 이렇게 주장한다. "한편, 부유세 아래에서는 비슷한 수준의 부를 지닌 기업가들이 생산성과 무관하게 비슷한 수준의 세금을 지불하는데, 이 세금은 과세 기준을 확대하며 비생산적인 기업가들 쪽으로 조세 부담을 이동시킨다. 더 나아가 부유세는 생산성이 높은 기업가의 세후 수익률보다 생산성이 낮은 기업가의 세후 수익률을 더 감소시키고, 이에 대한 반응으로 생산성이 낮은 기업가들은 투자보다 은행에 돈을 저축하게 된다. 이것은 부를 더욱 생산적인 기업가 쪽으로 이동시킨다. 결국 부유세에 대해 시장

가격이 균형을 유지하려는 반응을 보이면서 전반적으로 저축 유인을 위축시킬 수 있지만, 부의 재분배에 미치는 효과는 처음 두 가지 영향과 여전히 동일한 방향이다. 결과적으로 발생하는 재분배는 총 생산성과 성과를 증진한다."

25 James Hansen, 'Environment and Development Challenges: The Imperative of a Carbon Fee and Dividend', in *Oxford Handbook of the Macroeconomics of Global Warming*, Lucas Bernard and Willi Semmler (editors), Oxford University Press, 2015.

26 Sandbhu, *The Economics of Belonging*, p. 186

27 Hansen, 'Environment and Development Challenges'.

28 Hauser Institute for Civil Society, *The global philanthropy report: Perspectives on the global foundation sector*, Harvard University and UBS, 2014.

29 Truman Packard, Ugo Gentillini, Margaret Grosh, Philip O'Keefe, Robert Palacios, David Robalino and Indhira Santos, *Protecting All: Risk Sharing for a Diverse and Diversifying World of Work*. World Bank, 2019, pp. 180–82.

30 Andrew Summers, 'Taxing wealth: an overview', in *Let's Talk about Tax*, Jonathan Bradshaw (editor), Institute for Fiscal Studies, 2020.

31 OECD, 'Tax Policy Reforms in the OECD', OECD, 2016.

32 Daron Acemoglu and Pascual Restrepo, 'Secular Stagnation? The Effect of Aging on Economic Growth in the Age of Automation', *American Economic Review*, 107, no.5, May 2017, pp. 174–79; Ana Lucia Abeliansky and Klaus Prettner, 'Automation and Demographic Change', GLO Discussion Paper, no. 518, Global Labor Organization, 2020.

33 Daron Acemoglu, Andrea Manera and Pascual Restrepo, 'Does the US Tax Code Favor Automation?' prepared for the Brookings Institution Spring Conference of 2020, 6 April 2020.

34 Packard et al., *Protecting All*, pp. 209–10.

35 Rui Costa, Nikhil Datta, Stephen Machin and Sandra McNally, 'Investing in People: The Case for Human Capital Tax Credits', CEP Industrial Strategy Working Paper, London School of Economics, February 2018.

36 Katarzyna Bilicka, 'Comparing UK Tax Returns of Foreign Multinationals to Matched Domestic Firms', *American Economic Review*, August 2019.

37 Tabby Kinder and Emma Agyemang, 'It is a matter of fairness: Squeezing more tax from multinationals', *Financial Times*, 8 July 2020.

38 Ernesto Crivelli, Ruud A. de Mooij and Michael Keen, 'Base Erosion, Profit Shifting and Developing Countries', IMF Working Paper 15/118, International

Monetary Fund, 2015.

39 저크먼은 8조7,000억 달러로 추정한 반면, 헨리는 36조 달러로 추정한다. Gabriel Zucman, 'How Corporations and the Wealthy Evade Taxes', *New York Times*, 10 November 2017; James S. Henry, 'Taxing Tax Havens', *Foreign Affairs*, 12 April 2016.

40 잠재적 이익은 엄청나다고 추정되고 있다. 유럽의 큰 나라들은 법인세 소득이 18-28퍼센트 증가할 수 있고, 미국은 14퍼센트(GDP의 약 0.5퍼센트)까지 증가할 수 있다. Thomas R. Tørsløv, Ludvig S. Wier and Gabriel Zucman, 'The Missing Profits of Nations', NBER Working Paper 24701, National Bureau of Economic Research, August 2018.

41 OECD, 'OECD Presents outputs of OECD/G20 BEPS Project for discussion at G20 Finance Ministers meeting', OECD, 2015: www.oecd.org/tax/beps-2015-final-reports.htm

42 일례로 2019년 8월 주요 미국 기업들의 CEO 모임인 비즈니스 라운드테이블에서 내놓은 기업의 지배구조에 관한 성명서를 참조하라.

43 Colin Mayer, *Prosperity: Better Business Makes the Greater Good*, Oxford University Press, 2019.

44 민주국가와 독재국가의 성과를 비교하는 문헌의 양은 방대하다. Acemoglu et al. survey performance on a range of redistributive policies (Daron Acemoglu, Georgy Egorov and Konstantin Sonin, 'Political Economy in a Changing World', *Journal of Political Economy*, 123:5, July 2015). 하딩과 스타새비지는 아프리카 국가에서 제공되는 공공 서비스 범위의 다양성을 살핀다. (Robin Harding and David Stasavage, 'What Democracy Does (and Doesn't Do) for Basic Services: School Fees, School Inputs, and African Elections', *Journal of Politics* 76:1, January 2014). 베슬리와 구다마쓰는 기대 수명과 영아사망률과 민주주의 사이에서 강한 연관성을 발견한다. (Timothy J. Besley and Masayuki Kudamatsu, 'Making Democracy Work', CEPR Discussion Paper DP6371, 2008). 이 문헌은 다음 글에 잘 요약되어 있다. Tim Besley, 'State Capacity, Reciprocity and the Social Contract, *Econometrica* 88:4, July 2020.

45 Besley and Kudamatsu, 'Making Democracy Work'.

46 Amartya Sen, *Development as Freedom*.

47 조지 워드가 분석한 바에 따르면 거시경제학적 지표들, 삶의 만족도를 구성하는 다양한 인구 구성비 요인과 정파적 요인, 그 밖에 여러 대안적 변수들을 제거해도 개인이 주관적으로 느끼는 행복도가 선거 결과를 예측하는 데에 강력한 지표이다. 선거 결과와 행복도 사이에 보이는 상관성은 꽤 크다.

개인이 느끼는 행복도에서 표준편차 1당 선거에 이긴 연립 정당의 득표율에
는 약 8.5퍼센트의 변동이 발생한다. 이것은 소득 변동이 미치는 영향과 뚜렷
하게 대비되는데, 선거가 치러진 해 경제 성장률의 표준편차 1당 지배 정당의
득표율에는 약 4.5퍼센트의 변동이 발생했으며, 실업률의 경우 표준편차 1당
득표율에는 약 3.5퍼센트의 변동이 초래되었다. George Ward, 'Is Happiness
a Predictor of Election Results?', *London School of Economics Centre for
Economic Performance Discussion Paper* 1343, April 2015.

48 에스토니아는 2005년부터 온라인 투표를 이용하면서 투표율과 온라인 투
표를 선택하는 비율이 증가했다. 물론 부정 선거와 조작의 위험성에 관
한 논란이 많지만, 시스템은 시간이 흐르면서 개선되고 있다. European
Commission, 'Estonian Internet Voting: https://ec.europa.eu/cefdigital/wiki/
display/CEFDIGITAL/2019/07/29/Estonian+Internet+voting, 29 July 2019. 비
판적 관점은 다음 글을 참조하라. Travis Finkenauer, Zakir Durumeric, Jason
Kitcat, Harri Hursti, Margaret MacAlpine and J. Alex Halderman, 'Security
Analysis of the Estonian Internet Voting System', University of Michigan and
Open Rights Group, November 2014.

49 Torben Iversen and David Soskice, 'Democratic limits to redistribution
Inclusionary versus Exclusionary Coalitions in the Knowledge Economy',
World Politics 67:2, April 2015, pp. 185–225.

50 Luis Catao and Maurice Obstfeld (editors), *Meeting Globalization's Challenges:
Policies to Make Trade Work for All*, Princeton University Press, 2019, p. 21. 정
치 이데올로기와 무역 정책에 관한 흥미로운 논의는 30–34쪽을 참조하라.

51 Acemoglu and Robinson, *Why Nations Fail*, pp. 96–101.

52 Ibid. pp. 96–123.

53 Michèle Belot, Syngjoo Choi, Egon Tripodi, Eline van den Broek Altenburg,
Julian C. Jamison and Nicholas W. Papageorge, 'Unequal consequences of
Covid-19 across age and income: Representative evidence from six countries',
Covid Economics 38, 16 July 2020, pp. 196–217.

54 Alison Andrew, Sarah Cattan, Monica Costa Dias, Christine Farquharson,
Lucy Kraftman, Sonya Krutikova, Angus Phimister and Almudena Sevilla,
'The gendered division of paid and domestic work under lockdown', *Covid
Economics* 39, 23 July 2020, pp. 109–38.

55 William Beveridge, *Social Insurance and Allied Services*, His Majesty's
Stationary Office, 1942.

역자 후기

코로나19 사태로 우리의 일상이 많이 달라졌다. 나의 안전과 행복이 나뿐만이 아니라 내 이웃과 국가에 달려 있다는 사실을 그 어느 때보다 절감한다. 코로나의 최전선에 있는 필수 노동자들만 생각해도 우리 일상이 다른 수많은 이들에게 빚지고 있음을 부정할 사람은 없을 것이다. 국가의 역할에 관해서도 생각이 많아지는 요즘이다. 개인의 자유를 중시하는 몇몇 나라에서는 마스크 착용을 거부하며 시위를 펼치는 일도 있지만, 강한 국가를 향해 거부감을 가졌던 이들이 어느새 생각이 바뀌어 국가에 적극적인 개입을 요구하기도 한다.

포스트코로나 시대에 국가의 역할을 고민하는 모든 이들에게 이 책은 시의적절하다. 코로나19 사태를 계기로 새로운 사회계약을 요구하는 목소리가 거세지고 있기 때문이다. 이 책의 저자인 미노슈는 에콰도르 아마존 지역을 방문했을 때 열대우림에서 자급자족하는 한 부부의 집에서 잠시 지낸 적이 있다. 부부는 곧 태어날 아이에게 미노슈라는 이름을 붙여주겠다고 했고, 저자는 자신과 똑같은 이름으로 살아갈 소녀를 문득문득 떠올린다. 그 소녀는 장차 어떤 세상을 살아갈까. 저자에 따르면 이 소녀의 인생에 막대한 영향을 미치는 힘은 그 소녀가 속한 사회구조에서 오며, 이 구조를 형성하는 것이 바로 사회계약이다.

현재 우리가 사회계약을 재설계해야 하는 이유는 코로나19 사태 외에도 여러 가지이다. 사회 불평등 문제가 갈수록 심각해지고, 의료기술이 발전해 사회가 고령화되고 있다. 기술 발전이 가져온 자동화가 사람들의 일자리를 대체하고 있으며 사회보장연금의 재원을 지탱할 젊은 세대의 부담이 커지고 있다. 또 과거 세대와 현재 세대가 개발이라는 이름으로 행하는 자연 파괴는 미래 세대의 기회를 빼앗는 일이 될 수 있어서 세대 간의 갈등이 증폭되고 있다.

새로운 사회계약에는 어떤 내용을 담아야 하는가? 저자는 세계은행이나 IMF 등에서 근무하며 여러 국가의 상황을 다룬 경험을 토대로 우리가 나아갈 방향을 제시한다. 현재 진행되는 변화의 흐름이나 주기적으로 닥치는 경제위기에서 사회가 지속가능한 방식으로 번창하려면 반드시 고민해야 할 과제가 있다. 미래 세대를 양육하고 교육하는 일, 아픈 사람을 돌보는 일, 새로운 경제 현실에 노동자가 적응하도록 돕는 일, 노인을 부양하는 일 그리고 권리와 의무에서 세대 간 균형을 유지하는 일이 그것이다.

저자에 따르면 모두에게 균등한 기회를 보장하고, 개인이 아니라 공동체가 함께 위험을 분담하는 방향으로 사회계약을 새로 써야 하는 까닭은 그것이 경제적으로 더 이득이기 때문이다. 오늘날 기업가들이 사회적 책임을 고려하게 된 것도 기업가들의 도덕성이 남달라서가 아니라 경제적으로 더 이득이기 때문이었다. 각성한 시민들이 사회적 책임을 고려하지 않는 기업의 제품이나 서비스에 불매 운동을 전개하고, 그러한 기업에 불이익을 주는 제도를 마련하도록 정치인들을 압박했을 때 기업에 변화가 일어났다. 사회계약을 다시 쓰는 일도 마찬가지이다.

　환경이 바뀌었다고 해서 더 나은 사회계약이 저절로 주어지지는 않는다. 사회계약을 더 나은 방향으로 개선하는 일은 사람들의 선택에 달렸다. 저자는 이 책에서 사회계약을 다시 쓰는 일이 어째서 경제적으로 이득인지 사례를 들어 설명한다. 그리고 우리 사회가 소모적 갈등에 빠지거나 기득권이 더욱 견고해져 저항이 커지기 전에 더 나은 사회계약에 사회적 합의를 이룰 방법을 일찌감치 모색해야 한다고 강조한다. 저자에 따르면 민주 사회에서 이를 실현하기 위한 가장 좋은 수단은 다름 아닌 선거이다. 과거 유럽에 흑사병이 돌았을 때에도 인구가 급감해 농노의 협상력이 높아졌지만, 그들의 처지는 저절로 나아지지 않았으며 오히려 처지가 더 나빠진 사례가 있었음을 저자는 지적한다.

　코로나 위기 속에서 우리는 서로 만난 적도 없는 이들이 우리의 생존에 크게 이바지하고 있음을 새삼 확인한다. 지금은 함께 위기를 극복하고 함께 잘사는 사회구조를 구축하기 위해서 개인과 기업, 시민 사회와 국가가 새로운 계약을 맺어야 할 때이다. 계약관계에서는 서로 의무를 진다. 우리는 서로 빚을 지고 있으며 미래 세대에게 좋은 세상을 물려줄 의무가 있다. 번역자로서 이 책을 번역하는 시간은 '요람에서 무덤까지' 내 인생을 사회계약 관점에서 돌아보는 시간이기도 했다. 이 책에서 다루는 내용은 자녀를 키우고 부모를 돌보는 모든 이들과 사회에 나갈 채비를 하는 젊은 세대에게 유익한 사유거리를 제공한다.

2022년 2월

이주만

인명 색인